普通高等教育旅游管理类专业“十二五”规划教材

旅游心理学

主　编　和　湛　袁秀芸
副主编　陶　琼
参　编　黄　敏　王思清　张丽美

机 械 工 业 出 版 社

旅游心理学是旅游管理专业的必修课。本书在借鉴国内外旅游心理学研究成果的基础上，结合自身教学、科研与实践经验，打破传统的结构体系，从实践出发，根据旅游业的发展需要安排内容，以案例引出，讲解理论，再由理论来指导实践的方法构建体系，全面、系统地介绍了旅游心理学的基本原理以及解决旅游实践中有关心理学问题的方法。

本书可作为高等院校旅游管理类专业的本科生教材，也可以供相关旅游工作者及对心理学感兴趣者参考。

图书在版编目（CIP）数据

旅游心理学/和湛，袁秀芸主编.—北京：机械工业出版社，（2025.1 重印）
普通高等教育旅游管理类专业“十二五”规划教材
ISBN 978-7-111-42648-6

Ⅰ.①旅… Ⅱ.①和… ②袁… Ⅲ.①旅游心理学-高等学校-教材
Ⅳ.①F590

中国版本图书馆 CIP 数据核字（2013）第 110645 号

机械工业出版社（北京市百万庄大街 22 号　邮政编码 100037）
策划编辑：常爱艳　王淑花　　责任编辑：常爱艳　刘　静
版式设计：常天培　　责任校对：赵　蕊
封面设计：鞠　杨　　责任印制：郜　敏
北京富资园科技发展有限公司印刷
2025 年 1 月第 1 版第 7 次印刷
169mm×239mm · 17.25 印张 · 331 千字
标准书号：ISBN 978-7-111-42648-6
定价：43.80 元

电话服务　　网络服务
客服电话：010-88361066　　机　工　官　网：www.cmpbook.com
010-88379833　　机　工　官　博：weibo.com/cmp1952
010-68326294　　金　书　网：www.golden-book.com
封底无防伪标均为盗版　　机工教育服务网：www.cmpedu.com

普通高等教育旅游管理类专业“十二五”规划教材

编审委员会

主　任：王　琳

副主任（按拼音排序）：

丁　林　董林峰　单德朋　辛建荣

尹正江　张　侨　赵志忠

委　员（按拼音排序）：

付　迎　高蓓蘅　金海龙　李　昭　李洁琼　李晓东

李雨轩　林子昱　刘红霞　罗艳菊　彭　聪　任　云

申琳琳　唐少霞　田言付　田　宇　王有攀　魏亚平

吴丽娟　谢明山　余珊珊　袁秀芸　张　侨　张　夏

张洪双　张　静　周金泉　朱海冰　朱沁夫

序

旅游业是朝阳产业，发展前景广阔，在国民经济中的地位与作用日益显著。旅游管理类专业是随着我国旅游经济的发展、旅游产业的发育而建立的一个新学科。2012 年 9 月，教育部公布了调整后的专业目录，其中旅游管理类专业从工商管理类专业中独立出来，成为与工商管理类专业平级的一级专业，其下包括旅游管理、酒店管理、会展经济与管理三个专业。旅游管理类专业就业前景较好，学生毕业后可以在旅行社、旅游景区、邮轮公司、邮轮接待港、酒店、旅游集散中心等相关旅游企业的服务和管理岗位就业，或者在城市公共交通系统、客运站场、航空地勤、高铁等交通企业的服务和管理岗位就业，就业范围很广。

近年来，为更好地培养旅游管理高层次应用型人才，旅游管理高等教育不断进行人才培养的改革探索。国内许多高等院校通过校企合作和国际交流，创新旅游管理高等教育的培养模式，在更加明确“理论与实践相结合”的同时，通过“课堂学习 + 校内实训 + 社会调查 + 专业综合实习”的培养方式，越来越突出应用型人才培养的目标。

建设一套满足高等院校旅游管理类专业应用型人才培养目标的课程体系和教材体系，是“旅游管理应用型人才培养”教学改革项目的核心内容之一，并成为旅游管理高等教育向应用型方向改革和发展的重要任务。为此，在机械工业出版社的大力支持下，海南大学、云南大学旅游文化学院、海口经济学院、三亚学院、琼州学院、海南师范大学等具有一定旅游管理高等教育基础和规模的院校联合起来，从我国旅游管理高等教育的实际情况出发，共同编写出版了本系列教材。

本系列教材以“高等院校应用型人才培养目标”为编写依据，以思想性、科学性、时代性为编写原则，以应用性、复合性、拓展性为编写要求，力求建立合理的教材结构，体现“高等教育”和“应用、实用、适用”的教学要求，培养旅游管理高层次应用型人才的创新精神和实践能力，满足社会对旅游管理人才的需要。

本系列教材的特色是特别强调实践性和可操作性，坚持做到理论与实践相结合、叙述与评价相结合、论证与个案相结合，具体体现在以下几点：

1. 教材内容“中国化”，有意识地把普遍原理与中国的旅游资源相结合，书中案例多采用国内案例。

2. 增设有特点的栏目，如“引例”、“小资料”、“观念应用”、“阅读材料”等，以方便学生理解理论知识、扩大学生的视野，做到知识性和趣味性相结合。

3. 加大案例的比例，做到微型案例、中型案例和大型案例三者结合，对案例进行理论分析，有益于老师进行案例教学，方便学生掌握知识并用于指导以后的实践工作。

本系列教材可作为高等院校旅游管理类专业教材，也可供高等院校相关专业师生和从事相关工作的人员进修或自学使用。

普通高等教育旅游管理类专业“十二五”规划教材编审委员会

前言

作为研究旅游经济领域内旅游心理规律的“旅游心理学”，其课程的建设和发展是与世界旅游经济以及我国旅游业的快速发展密切相关的。近年来，心理学搭乘旅游经济快速前进的列车，不仅使心理学研究的内容和范畴得到了极大的丰富和拓展，而且也极大地促进了旅游业的蓬勃发展。根据联合国世界旅游组织的预测，到2015年，中国将成为世界上第一大旅游接待国、第四大旅游客源国和世界上最大的国内旅游市场。

随着旅游事业的蓬勃发展，旅游市场的竞争也越来越激烈。如何提高旅游业的服务质量、旅游企业管理者的管理水平以及如何对旅游者的心理和行为做科学的预测，将是“旅游心理学”研究的主要课题。

旅游心理学是研究旅游活动中人的行为规律的科学，它是“心理学”的一个分支。其特点是运用心理学的基本原理和研究方法，对旅游过程中人的心理活动及其规律进行分析与研究的一门学科。其主要研究对象为旅游者、旅游服务人员及旅游企业管理人员。旅游心理学着力分析旅游者的心理与行为，并依据旅游者的心理需求探索旅游服务中各环节的心理规律，为做好旅游服务工作提供心理依据。同时，注意分析旅游企业管理中的心理因素，借鉴国外的一些研究成果，结合我国国情，从管理心理学的视角摸索提高我国旅游企业管理水平的对策。

本书旨在使学生掌握心理学的基本知识，并培养学生运用这些知识分析实际旅游活动中旅游者旅游行为的能力。因此，编者在总结前辈研究的基础上结合教学、科研与实践经验，打破传统的结构体系，从实践出发，根据旅游业的需要安排内容，用“以案例引出，讲解理论，再由理论来指导实践”的方法构建体系。

本书在编写过程中突出关注以下方面：

第一，内容体系相对完整、新颖，彰显旅游心理学学科的独立性。本书以旅游行为的特点为基点，以旅游行为的主体，即旅游者在不同存在状态和情景下的心理为核心，来构建结构层次分明、连贯顺畅的内容体系。

第二，内容阐述深入浅出。本书在概念范畴的界定上力求严谨、清晰，在对相关理论的解释上，通过案例分析使之明了、易懂。

第三，突出旅游心理学的实用价值。本书注意将抽象的旅游心理学理论转化为可操作的应用原则或策略，对实践领域具有较大的指导意义。

全书内容有四篇，共计十二章。第一篇导言，包括第一章，阐述了旅游心理学的萌生及研究内容、方法和意义。第二篇旅游者心理与行为，包括第二、三、四、五章，阐述了旅游知觉、旅游者的需要与动机、旅游态度和旅游者的人格特征。第三篇旅游服务心理，包括第六、七、八、九章，阐述了旅游服务双方的心理互动、专项旅游服务中的心理技巧、旅游购物服务心理、旅游企业售后服务心理。第四篇旅游企业管理心理，包括第十、十一、十二章，阐述了旅游企业员工个体心理差异及管理、旅游工作者的心理卫生与保健、旅游企业领导心理。每章均设学习目标、案例导入、关键概念、复习与思考等项目。

在理论引用方面，编者也尽量强调“理论够用，学以致用”。因此，本书突出的特点就是大量采用了一些直接反映当前旅游业现实的新案例，并力图做到真实、生动和有趣。通过这些生动鲜活的案例，旅游心理学理论变得深入浅出，易于理解。

本书由云南大学旅游文化学院为主组织编写，和湛、袁秀芸担任主编，其中第一章由黄敏编写，第二、三、四、五章由和湛、袁秀芸编写，第六、七章由陶琼编写，第八、九章由张丽美编写，第十、十一、十二章由王思清编写。全书最后由袁秀芸、陶琼统纂定稿。

本书的编者都是多年从事旅游业务实践和具有丰富教学经验的业务骨干，既能跟踪不断变化的旅游业的发展，也了解相关专业学生的需要和兴趣所在。因此，在编写这本书中，编者既借鉴、汲取了国内外专家多年来在这一领域的研究成果，也融合了自己在教学和科研方面的心得体会，同时尽可能地联系旅游业发展和变化的实际，简明扼要、重点突出地介绍这门课程的主要内容，力争做到观点新、内容新、资料新、案例新，使本书具有自己鲜明的特点。希望能提供一本使读者生动了解旅游心理学知识和技能的好书。

牛顿曾经说过：“如果说我看得比别人更远些，那是因为我站在巨人的肩膀上。”目前国内外已经出版的关于旅游心理学的专著和教材，对本书的框架结构、观点、材料以及编写方法等方面给予了极大的启迪与帮助。此外，由于旅游专业的操作性、实践性很强，心理学理论又较为抽象，因此本书在编写过程中，选择了大量案例来帮助学生将理论与实践相结合。这些案例有的是编者自己归纳总结的，有的来自于其他学者的汇集、整理和分析。编者对这些学者、专家致以深深的敬意和谢意。

编者的出发点是要编一本好书，希望能为云南大学旅游文化学院为社会培养应用型人才作一点贡献，但由于水平所限，疏漏和错误难以完全避免，真诚地希望专家、学者、同仁不吝赐教，也希望使用本书的师生能给予指正。

编　者

目录

第三篇　旅游服务心理

第四篇　旅游企业管理心理

第一篇

导　言

第一章

旅游心理学概述

［学习目标］

通过对本章的学习，了解旅游心理学的发展历程和研究内容，以及清楚学习旅游心理学的意义和价值。本章的知识将为旅游心理学的学习打下坚实的基础。

◆［案例导入］

一条丢失的浴巾

郑州某酒店上午10：15，随着电梯“铛”的一声到达一楼，四位先生带着行李步出电梯，走向前台。前台服务人员看见客人走过来，就微笑着向客人示意、问好。住在608房间的许先生把钥匙放在台面上说：“把房退了。”服务人员微笑着拿过钥匙，便通知楼层服务中心查房，收银员为客人整理账目。一分钟后，服务中心打电话到总台告知接待员608房间缺少一条浴巾，接待员就委婉地对许先生说：“许先生，您好，您昨晚沐浴的时候是否把其中一条浴巾放到其他地方了？服务员在洗手间找不到。”许先生严肃地说：“不会吧？昨晚我们没有洗浴，也没有用浴巾，更没有私藏。”说着他们把手包举起，在接待员面前舞动了一下。

前台接待员让服务员再查一遍，又打电话给服务中心再次确认，随后又将这一情况告知部门经理。客房部李经理在最短的时间内赶到了前台，微笑着问候了许先生和他的几位朋友，并对许先生说：“作为星级酒店，我们是严格按照标准为所住客人提供设施设备完全的房间，我们都不愿看到这种情况出现。”正说着话，服务中心打来电话告知在房间里的确没有找到另外一条浴巾，由于联系不到昨天负责清扫608房间的服务员，不能绝对肯定特殊情况出现——服务员没有为客人按标准配备两条浴巾。客房部李经理得到这一答复后，对许先生说："在房间的确找不到……"许先生打断了李经理的话，略显激动地说："我们的确没有拿，你看我像那种人吗？要不要把所有的包打开让你看看？"李经理看客人态度十分坚决，就灵机一动，微笑着对许先生说："您看，我对您的话是充分相信的，但现在的确是一条浴巾暂时找不到了。看几位都是性情中人，我提个建议，您在这里押50元现金，如果是我们的工作失误，那我们会在最短时间内退还押金，如果的确是在您入住期间丢失的，那就按酒店规定作为一种补偿，您看这样如何？"许先生听了李经理的建议说："算了算了，押50元就押50元吧。这是第一次也是最后一次来住你们酒店了。"收银员很快结清房费退了房，开了押金收据，并让许先生留下了电话号码。李经理陪同客人走出大门，并对许先生说："无论结果怎么样，我们都会给您回个电话。"送走了客人，李经理心里仍不轻松。

次日上午8：30，李经理找到了负责清洁608房间的服务员了解情况，他说那天打扫房间时，缺一条浴巾，刚好那天浴巾少，后来由于忙着办其他事情就给忘了。李经理又找到当天的查房主管，主管说那天恰巧就没有查608房。得到结果之后，李经理拨通了许先生的电话说："许先生，您好。我是某酒店客房部李经理，先向您道个歉，昨天的事情是我们工作的失误，我们工作没有做到位，给您带来了不必要的麻烦。如果您方便的话，我们今天就将50元押金送还给您。"许先生在电话里惊讶地说："哦，不用，不用，以前我在西安碰到过这种事情，押了钱就石沉大海，没想到你们工作这么认真，我不在郑州，下次到郑州住你们酒店时再取钱。"

数日之后，许先生取走了押金，并成了该酒店的一位朋友、常客。

酒店的对客服务就像一套机器设备，一个环节出错，就会造成下一步服务的被动，就像案例中，清洁服务员的一时疏忽，造成了前台服务人员面对突发事件的难题。服务人员运用了得体的微笑、恰当的语言，没有与客人冲突，通知了相关管理人员来处理这件事情，说明酒店员工、管理人员都比较关注客人，说明对客服务事无巨细，都要认真对待。案例中客房部李经理的出现，很大程度上缓和了酒店员工与客人之间的矛盾升级。尔后在客人言辞可信度较高的情况下，提出了押金的建议，得到客人的认可，是相当不容易的。而这些要借助心理学的知识来分析和解决。

从案例中可以看到客人的心理变化，由刚开始被酒店误解的不平衡心理，到后来退一步尽快离开酒店的心理，再到后来接到退还押金的电话、听到结局后惊讶的心理，说明从员工到管理人员都应该用心去做，认真对待工作中出现的差错，竭尽全力找回不经意之间失去的客人对酒店的信任。

第一节 旅游心理学的萌生

心理学是研究心理现象的科学，它是一门古老而又年轻的科学，其发展经历了几个阶段。心理学的发展为旅游心理学的产生奠定了坚实的基础。旅游心理学是心理学的一个重要的分支，是研究与旅游相关的心理活动和现象以及其规律的科学，也是现代发展最迅速的学科之一。

一、心理学的发展历程[㊀]

（一）国外心理学的发展历程

在西方，心理学的历史可以追溯到古希腊的著名思想家柏拉图、亚里士多德。柏拉图观察到，哲学始于惊奇，科学也始于惊奇，而且一切科学，包括心理学，最初都是哲学的组成部分。随着时间的推移，一些特殊的研究内容逐渐从哲学中分化出来，成为独立的学科。19 世纪之前，心理学还是哲学的组成部分，因此，心理学的缔造者既是心理学家又是哲学家。

亚里士多德（公元前384—前322）是一位学识渊博的哲学家，对灵魂的实质、灵魂与身体的关系、灵魂的种类与功能等问题从理论上进行了探讨。亚里士多德的主要贡献有二：一是他编写的《灵魂论》是历史上第一部论述各种心理现象的著作；二是他把心理功能分为认知功能和动求功能，在他看来，认知功能有感觉、意象、记忆、思维等，动求功能包括情感、欲望、意志、动作等过程。亚里士多德的这些思想影响到后来心理学的发展，对当代的心理学思潮也有重要的影响。

直到 19 世纪末，德国的威廉·冯特（Wilhelm Wundt）在莱比锡大学建立了世界上第一个心理学实验室，才标志着心理学成为一门独立的科学。总的来说，现代心理学的诞生和发展有两个重要的历史渊源。

1. 近代哲学思潮

近代哲学是指 17～19 世纪欧洲各国的哲学，主要是指法国 17 世纪的唯理论和英国 17～18 世纪的经验论。

（1）唯理论。唯理论又称为理性主义，是片面强调理性作用的一种认识论学说。唯理论的著名代表是 17 世纪法国著名哲学家、杰出的自然科学家让内·笛卡儿（Rene Descartes）。笛卡儿是 17 世纪最伟大的哲学家之一，被誉为近代西方哲学之父，也是唯理论的开创者。他的哲学思想开启了理性主义的先河，实

㊀ 彭聃龄．《普通心理学》．2 版．北京师范大学出版社．2001.

现了认识论转向，并且高扬了人的主体性。笛卡儿只相信理性的真实性，认为只有理性才是真理的唯一尺度，后人称他的哲学为唯理论哲学。笛卡儿提出了以下几个观点：

1）方法论。笛卡儿认为理性是人类天然具有的，但是人在还不能完全运用理性时就接受了各种教育和观念，形成了各种偏见和判断，以致理性为许多谬论和偏见所扼杀。为了能清除人们思想中的各种谬论和偏见，发挥理性的权威，他提出了怀疑方法。怀疑方法就是对以往所接受的一切观念、知识乃至整个世界进行一次彻底的怀疑，之后在理性的基础上重建科学大厦。

2）二元论。在身心关系的问题上，笛卡儿认为灵魂与身体有密切的关系。他认为某些心理现象如感知觉、想象、某些情绪活动，都离不开身体的活动。他还认为，人的存在与自己的思考有关系，以及人是一个具有思想特征的实体。他把人体和动物看成一部自动机械，它们的活动受力学规律的支配。他还用反射概念解释动物的行为和人的某些无意识的简单行为。但他认为，身体的原因不足以解释全部的心理活动，为了引起心理活动，还必须有灵魂参加。这样，笛卡儿就把统一的心理现象分为了两个方面，其中一个方面依赖于身体组织，而另一个方面是独立于身体组织之外的，因而陷入了二元论。

3）天赋观念论。天赋观念即人的某些观念不是由经验产生，而是人的先天组织所赋予的。笛卡儿认为人的理性中存在着一些与生俱来的真理，如道德原则以及数学公理等，它们是一些知识的基础。笛卡儿关于身心关系的思想推动了对动物和人体作解剖学和生理学的研究，这对现代心理学的诞生有直接的影响。他对理性和天赋观念的重视也影响到现代心理学的理论发展。

（2）经验论。经验主义起源于英国哲学家托马斯·霍布斯（Thomas Hobbes）和约翰·洛克（John Locke）。霍布斯被认为是经验主义的先驱，约翰·洛克被认为是经验主义的奠基人。对于经验论，本书只就洛克的相关观点进行简略的介绍。

洛克反对笛卡儿的天赋观念论。在他看来，人的心灵最初像一张白纸，没有任何观念，一切知识和观念都是后天从经验中获得的。洛克把经验分成外部经验与内部经验两种。外部经验叫做感觉，它的源泉是客观的物质世界，而物质世界的属性和特性作用于外部经验；内部经验叫做反省，它是人们对自己的内部活动的观察。洛克的思想同样具有明显的矛盾，摇摆在唯物主义和唯心主义之间。他重视外部经验，承认客观的物质世界是外部感觉的源泉，这是唯物的；但他同时承认反省和外部感觉一样，是观念的独立源泉。

直到18世纪英国经验主义循着两个对立的方向继续发展。英国哲学家哈特莱（David Hartley）和法国哲学家康狄亚克（Condillac）发展了洛克思想中的唯物主义方面，他们强调感觉在认识世界中的作用，并且认为它的源泉是客观世界。但英国哲学家贝克莱（George Berkeley）和休谟（David Hume）的实在性，否认客观世界的存在，贝克莱的一句名言叫做“存在就是被感知”。在他们看来，不仅观念是感觉的复合，而且物体也是感觉的复合。离开了感知觉经验，离开了感知的主体，物体以及它们的种种性质也就不存在了。

英国经验主义演变到十八九世纪，形成了联想主义的思潮。其代表人物有詹姆斯·穆勒（James Mill）、约翰·穆勒（John Mill）、培因（Alexander Bain）等。他们把联想的原则看成全部心理活动的解释原则，认为人的一切复杂的观念是由简单观念借助联想进而形成的。

哲学上唯理论与经验论的斗争一直持续到现代，并表现在现代心理学各种理论派别的斗争中。后面的相关章节将会探讨旅游者人格，在个体发展的问题上存在遗传决定论和环境决定论的争论，这种争论实际上反映了唯理论与经验论的斗争。同样，联想主义对现代学习、记忆和思维的理论也产生了深远的影响。20世纪80年代中期产生的新联结主义也和联想主义有着密切的关系。

2. 实验生理学的影响

近代哲学为西方现代心理学的诞生提供了理论基础，而现代心理学的实验方法则直接来源于实验生理学。

19世纪中叶，生理学已成为一门独立的实验科学。生理学的发展，特别是神经系统生理学和感官生理学的发展，对心理学走上独立发展的道路产生了重要的影响。1811年，英国人柏尔（C. Bell）和法国人马戎弟（F. Magendie）首次发现了脊椎运动神经与感觉神经的区别。1840年德国人雷蒙德（Raymond）发现了神经冲动的现象。1850年，德国著名科学家赫尔姆霍茨（Hermann von Helmholtz）用青蛙的运动神经测量了神经的传导速度，这项研究为在生理学和心理学中反应时间的测量方法奠定了基础。1861年，法国医生布洛卡（Paul Broca）从尸体解剖中发现，严重的失语症与左侧额叶部分组织的病变有关，从而确定了语言运动区（布洛卡区）的位置。这个时期生理学和物理学家在感官生理学方面的一系列重要发现，也为心理学用实验方法研究感知觉问题奠定了基础。

（二）国内心理学的发展历程

中国是一个有着悠久文化历史底蕴的国家。由于东西方文化的差异，心理学在中国的发展道路也有所不同。中国心理学的发展对整个心理学的发展研究也有着重要的推进作用。

1. 古代的心理学思想

中国古代没有心理学相关的专著，但有多种心理学思想。在先秦时期，儒、墨、道、法等各派都提出过一些重要的心理学思想，分别讨论了天人关系、人兽关系、身心的关系、人性的本质和发展以及知行关系等。

到秦、汉和魏、晋、南北朝时期，中国心理学思想继续围绕“天人关系”

和“神形关系”而展开（朱智贤）。董仲舒主张唯心主义，提出了天人感应的思想，认为天和人之间有一种神秘的关系；王充提出“形朽神亡”的主张，认为精神离开肉体不复存在；刘劭在《人物志》中讨论了“才”、“性”的关系，对人的才能和性格进行了系统的分类，并提出人的才性可以通过九种外部表现来诊断。

唐代的柳宗元、刘禹锡坚持唯物主义的天人观，并对感知和思维两种认识活动进行了分析。韩愈提出教师的“传道授业解惑”职责，对我国教育界有重大的影响。

宋朝的理学在思想界起到了主导作用。宋朝的心理学思想在教育心理学和学习心理学方面提出了一些积极的主张。例如，朱熹提倡胎教，认为母亲在怀孕时期的一举一动都会对胎儿产生影响；程颐和程颢认为人的智力和能力、性格和品质都是在幼年学习形成的，强调学习的作用；刘智认为脑的不同部位分管不同功能。

2. 近代心理学发展

1917 年，北京大学首次建立心理学实验室，开创了中国现代心理学。1918 年陈大齐出版《心理学大纲》。1920 年，南京高师（现东南大学）建立中国第一个心理学系。1921 年中华心理学会在南京成立。1922 年中国第一种心理学杂志——《心理》出版。这个时期的心理学成果标志着中国的心理学开始规范化，并开始培养心理学人才。

1980 年，中国心理学会加入国际心理学联合会。近些年，心理学作为重要的基础学科之一，被列入国家重点发展的学科，一大批心理学家成长起来。

二、心理学的研究派别

1879 年，德国著名心理学家威廉·冯特在德国莱比锡大学创建了第一个心理学实验室，开始对心理现象进行系统的实验室研究。在心理学史上，人们把这个实验室的建立，看做是心理学脱离哲学的怀抱、走上独立发展道路的标志。

在心理学独立成为学科之初，即从 19 世纪末到 20 世纪二三十年代，是心理学派别林立的时期，心理学家们在建构理论体系时存在着尖锐的分歧。

（一）构造主义

构造主义是 19 世纪末由威廉·冯特在德国奠基、铁钦纳（Titchener）在美国发展起来的一种严密的心理学体系，是心理学成为一门独立的实验科学之后的第一个心理学流派。构造主义的奠基人为冯特，著名的代表人物为铁钦纳，其学派观点主要有以下几点：

（1）心理学的研究对象是直接经验，主张心理学和物理学都是直接研究经验的，只不过是从不同的观点来考察人类的经验。

（2）元素分析与创造性综合。把人的经验分为感觉、意象和激情状态三种元素。感觉是知觉的元素，意象是观念的元素，所有复杂的心理现象都是由这些元素构成的。

（3）实验内省法。在他们看来，观察是一切科学通用的方法，了解人们的直接经验，要依靠被试者对自己经验的观察和描述。心理学的观察是一种向内的观察，即自省。他们认为，心理学为了得到清楚的经验和准确的分析结果，就必须结合观察和实验法。因此，就有了实验内省法。

在心理学史界，对构造主义及铁钦纳多持负面的评价，但是，任何一个学派的出现都有其历史的必然性和历史存在价值。构造主义的心理学思想对之后的心理学发展具有深远的影响，构造心理学的许多著作影响了世界范围内的心理学学习者，为美国心理学界培养了大批优秀的人才。

（二）机能主义

机能主义是近代心理学发展中与构造主义相对抗而形成的一种学术思想，机能心理学也主张研究意识。但是，他们不把意识看做个别心理元素的集合，而看成川流不息的过程。机能主义认为研究意识的作用就是使有机体适应环境。如果说构造主义强调意识的构成成分，那么机能主义则强调意识的作用与功能。以思维为例，构造主义关心什么是思维，而机能主义则关心思维在人类适应行为中的作用。机能主义的创始人是美国著名心理学家詹姆斯（William James），其代表人物还有杜威（John Dewey）和安吉尔（James Rowland Angell）等人。机能主义心理学家詹姆斯的主要研究对象是“心理生活现象”或“意识状态”，提出著名的意识流学说。他的学术观点主要有以下几点：

（1）每一种意识都是个人意识的一部分。

（2）意识是经常变化的。

（3）每个人的意识都是连续不断的，每个人的意识状态都是意识流的一部分。

（4）意识具有选择性。

机能主义的心理学观点带有明显的唯心主义色彩，具有一定的局限性。但是，其学术观点推动了美国心理学面向实际生活的过程。20世纪以来，美国心理学一直比较重视心理学在教育领域和其他领域的应用，这和机能主义的思潮是分不开的。

（三）行为主义

19世纪末20世纪初，正当构造主义和机能主义在一系列问题上发生激烈争论的时候，美国心理学界出现了另一种思潮：行为主义。1913年，美国心理学家华生（John Watson）发表了《行为主义者心目中的心理学》，宣告了行为主义的诞生。行为主义是美国现代心理学的主要流派之一。行为主义分为早期行为主义、新行为主义和新的新行为主义。早期行为主义的代表人物分别有美国心理学家桑代克（Edward Thorndike）、华生和巴甫洛夫（Pavlov）。新行为主义的主要代表人物则为斯金纳（Burrhus Skinner），新的新行为主义代表人物是班杜拉（Albert Bundura）。桑代克是行为主义心理学先驱、联结主义学习理论的建立者、现代教育心理学之父。华生是行为主义学派的创始人。

行为主义有两个重要的特点：一是反对研究意识，主张心理学研究行为；二是反对内省，主张用实验方法。在华生看来，意识是看不见、摸不着的，因而无法对它进行客观的研究。心理学的研究对象不应该是意识，而应该是可以观察的事件，即行为。行为主义的主要观点有以下几点：

（1）心理学是一门自然科学。华生认为心理学应该是一门纯粹的自然科学，并且严厉批评了传统的意识心理学。华生在《行为主义者心目中的心理学》一书中说道："心理学是自然科学的一个分支，它以人类的活动和动作作为研究的对象。通过系统的观察和实验来表达支配人类行为的规律和原理。"

（2）心理学的研究对象是行为。华生认为，心理学的研究对象是人和动物的行为。行为就是可以观察到的有机体的反应。华生主张将行为分析为刺激和反应，反应又分析为肌肉收缩和腺体分泌。

（3）环境决定理论。1925 年，华生否认本能的存在，拒绝承认人类有任何种类的遗传的能力、气质或才干。他认为所谓的"遗传"，大抵都是训练出来的。华生曾说："给我一打健康的婴儿，并在我自己设定的特殊环境中养育他们，那么我愿意担保，可以随便挑选其中一个婴儿，把他训练成我所选定的任何一种专家——医生、律师、艺术家、小偷，而不管他们的才能、嗜好、倾向、能力、天资和他们祖先的种族。"

（4）学习理论。华生认为，在其他条件相等的情况下，某种行为练习得越多，习惯形成得就越迅速。另外，思维和语言习惯一样也是一种习得的感官运动行为。

（5）情绪理论。情绪是一种涉及整个身体机制，特别是内脏和腺体系统之深刻变化的遗传模式行为反应，不过是对特定刺激作出的身体反应。华生通过观察发现，新生婴儿有三种原始的情绪，即恐惧、愤怒和爱。人的各种复杂情绪都是在三种原始情绪的基础上，通过后天习得而逐渐形成的。

行为主义产生后，在世界各国心理学界产生了很大的反响。行为主义锐意研究可以观察的行为，这对心理学走上客观研究的道路有积极的作用。但是由于它的主张过于极端，不研究心理内部结构和过程，否定研究意识的重要性，因而限制了心理学的健康发展。

（四）格式塔心理学

在美国出现行为主义的同时，德国也涌现出另一个心理学派别——格式塔心理学。格式塔心理学和行为主义都依靠批判传统心理学起家，但在一系列基本问题上，两派又有截然不同之处。格式塔心理学的创始人有韦特海默（Max Wertheimer）、柯勒（Wolf gang Kohler）和考夫卡（Kurt Koffka）。格式塔在德文中意味着“整体”，它代表了这个学派的基本主张和宗旨。格式塔心理学反对把意识分析为元素，而强调心理作为一个整体、一种组织的意义。其主要观点有以下几点：

（1）研究对象是直接经验和行为。直接经验包括客观经验和主观经验。直接经验就是主体在对现象的认识过程中所感受到或体验到的一切经验，它是一个有意义的整体。格式塔心理学家认为外界的客观刺激只具有几何属性或物理属性，这些属性只有以整体的方式被人感受到以后才成为直接经验。

（2）同型论。格式塔心理学家重视探讨心理现象的生理机制。格式塔心理学家们试图证实一个总的假设：人的每一个知觉过程中，人脑内都会产生一种与物理刺激构造精确对应的皮质“图画”，这就是格式塔的同型论，也就是意识经验与大脑基本过程的结构一致。

（3）突现论。似动现象是指先后呈现的原本静止的两条线段在一定条件下被知觉为单线移动的现象。韦特海默认为似动现象是一个依附在一定心理物理场中的崭新现象，也就是说是一个格式塔，是一种突现的现象。

格式塔心理学的理论主张带有明显的唯心主义色彩。但是其相关的研究资料是心理学的重要财富。

（五）精神分析学派

精神分析学派又称为心理学分析学派，于19世纪后期产生于欧洲，由奥地利维也纳精神病医生弗洛伊德（Sigmund Freud）创立。他的理论主要来源于治疗精神病的临床经验。它重视研究异常行为，强调心理学应该研究无意识现象。到20世纪中叶，精神分析学派已发展成为一个追随者众多、影响颇广的学派。

所谓精神分析，是指一种临床技术，它通过释梦和自由联想等手段，发现病人潜在的动机，使精神宣泄，从而达到治疗疾病的目的。弗洛伊德的主要观点有以下几点：

（1）结构观。弗洛伊德形成了他的意识和无意识的概念。意识是由个人当前知觉到的心理现象；无意识是指个人没有察觉到的心理现象，但它对人的思想和行为影响极大。同时他认为人格结构由本我、自我和超我组成。“本我”是与生俱来的，属于无意识层面，是原始的本能驱力，没有道德是非的限制，旨在寻求最大限度地满足自己这种本能的需要，本我遵循快乐原则。“自我”是通过后天的学习和对环境的接触发展起来的，往往要求对自己的欲望或生活方式加以理性化，根据环境的情况来满足自己的各种欲望，自我遵循现实原则。“超我”就是道德化了的自我。它是从儿童早期体验的奖赏和惩罚的内化模式中产生的，即儿童根据社会的道德价值来约束自己的行为，超我遵循道德原则（完美原则）。

（2）动力观。弗洛伊德将人的行为内在动力分为性本能和自我本能。本能是人的生命和生活中的基本要求、原始冲动和内驱力。性本能是指与性欲和种族繁衍相联系的冲动。自我本能也就是自卫本能，是指有助于个体自我保存的原始性冲动，如呼吸、饥渴、排泄等。

（3）发展观。弗洛伊德认为人格的发展依次经历了口腔期（0~1岁）、肛门期（1~2岁）、性器期（3~5岁）、潜伏期（6~11岁）、生殖期（12~18岁）。

（4）适应观。适应观也就是自我防御机制，是指一些为保护自我免受冲突、内疚或焦虑之累的潜意识反应。当自我不能理性或直接地控制焦虑时，自我可以在不知不觉中，发展出许多保护性的机制，以某些方式调整冲突之间的关系。

精神分析学派的贡献是重视无意识的研究。但是，过分强调无意识的作用和性欲的作用，使得其与意识的作用对立起来，这些都是错误的。

总的来说，每个新学派都丰富和发展了心理学的研究历程，对心理学的发展起到了积极的作用。

三、旅游心理学的产生

随着心理学的发展和心理学研究的细化，心理学产生了与其他学科结合的分支，其中心理学与旅游业相结合产生了旅游心理学。从心理学的角度来看，旅游心理学的产生是为了更好地描述心理现象和探索心理世界；但从旅游业的角度来看，旅游心理学的产生是为了更好地发展旅游、服务客人和服务员工。

回顾旅游业的发展历史，不得不提及托马斯·库克（Thomas Cook）。1841年7月5日，他第一次公开登广告组织人们乘车游览。火车将旅游者从英格兰的莱斯特运送到拉夫巴勒去观看禁酒示威游行。从此，库克建立了一个家喻户晓的旅游机构，旅游业由此而诞生。

心理学与旅游业的诞生相距38年，看似毫无关系的两件事情，却在一个世纪后有了交集，并衍生出一门新的心理学分支学科——旅游心理学。

旅游已成为人们物质文化生活需要中不可缺少的内容之一。而心理因素对旅游业的发展起着重要作用。这使得旅游心理学成为旅游业的必修课，也使其成为旅游专业学生的必修课之一。

对旅游活动中的心理现象进行探讨，几乎在旅游业形成之时就开始了。许多旅游管理人员和服务人员从实践中注意到了心理因素在旅游服务中的作用，开始探索针对旅游者心理做好服务工作的措施，从而积累了大量的经验素材，只是缺乏系统的理论论证和深化。每一门新的学科都是适应客观的需要而出现的。随着旅游业的发展，心理学家及其他领域的学者逐渐开始从不同的角度来研究旅游心理。同时，旅游业本身的发展也迫切要求系统地、深入地研究旅游活动中各种复杂的心理现象，为发展旅游业、提高旅游服务和效率、培养优秀的旅游从业人员提供心理依据。20 世纪 70 年代末至 80 年代初，陆续有相关的论文、著作发表。在这种背景下，旅游心理学应运而生了。

旅游心理学尽管还很年轻，但它的作用和意义已开始为人们普遍承认和重视，它的各种理论观点在旅游学科的研究中会大有作为。在我国的旅游事业中，旅游心理学也应该，而且必然会发挥日益重要的作用。

第二节 旅游心理学的研究内容

旅游心理学在心理学的基础上发展起来，但研究的内容和重点有一定的差异。心理学研究个体的心理现象，相对范畴较大；旅游心理学研究的是特定群体的心理现象，相对范畴较窄。但心理学的研究为旅游心理学提供了理论上的支持，在研究内容上也是相通的。

一、心理学的研究内容㊀

心理学是研究心理现象的科学，它既研究动物的心理，也研究人的心理，但以人的心理现象为主要的研究对象。概括起来，心理学主要研究心理过程、心理结构、心理的脑机能、心理现象的发生与发展、心理现象与环境。

（一）心理过程

人的心理现象是在时间上展开的，它表现为一定的过程，如认知、情绪、技能形成过程等。心理过程是指心理活动发生、发展的过程，也就是人脑对现实的反应过程。简单地说，心理过程是指人的心理现象展开的过程。心理现象的产生、发展和消失，需要经历一定的时间，并遵循一定的规律。以知觉过程为例，当人看到一个物体，先要用眼睛接收到物体的光刺激，然后经过神经系统加工，把光刺激转化为神经冲动，从而察觉到物体的存在，然后，人就将物体从它所在的环境或背景中区分出来，最后确认这个物体，并叫出物体的名称。虽然这个过程发生得很快，是瞬间完成的，但用科学的方法还是可以把它的时间进程分离开来。

（二）心理结构

心理结构是指心理现象不是杂乱无章的，各种心理现象之间存在一定的联系和关系，成为一个有结构的整体。人的大脑就像一台计算机，每天都会更新、存

㊀ 彭聃龄.《普通心理学》.2 版. 北京师范大学出版社. 2001. 有改动。

储和提取相关的一些资料。由于资料都有各自的性质和门类，都按照文件夹的名称有序存放，因此，使用者能很容易地找到相关的资料，用来解决相关的问题。

研究心理结构，就是要揭示各种心理现象之间的联系和关系，这也是心理学的一项重要任务。

（三）心理的脑机能

心理是神经系统的机能，特别是脑的机能。心理的脑机能强调了神经系统的重要性。一个健康发育的神经系统，是各种心理现象发生和发展的基础。因此，深入研究心理的脑机能、揭示脑与心理现象的关系成为心理学研究的一个重要的方面。

（四）心理现象的发生与发展

心理现象是动物发展到一定阶段才产生的。心理现象也是从低级到高级逐步发展的。因此，心理现象的发生和发展也成为心理学研究的重要任务。

从个体发育的角度来看，脑的发育为心理的发生和发展提供了基础。人在不同的时期和不同的年龄段，心理活动都有着不同的特点。例如，儿童学会走路首先也是从爬行慢慢发展过来的。

（五）心理现象与环境

人脑是一个开放的系统，它和周围的世界存在着复杂的联系。个体的心理现象源自外界世界的信息，而外界环境的刺激作用于人，才导致人脑中产生各种心理现象。反过来，人的心理现象引起人的活动去改造外界环境。可见心理现象与外界环境之间有着密切的联系。所以，心理现象与环境的联系也成为心理学研究的内容之一。

二、旅游心理学的具体研究内容

旅游心理学的研究内容是心理学研究内容上的细分。旅游心理学的主要研究对象是旅游消费心理、旅游服务心理和旅游企业员工的心理现象，这三个方面构成了旅游心理学的研究主体。此外，旅游地居民的心理也是旅游心理学研究的对象之一。但目前，我国旅游心理学教科书对此类问题的研究还比较少。旅游者的心理本身是一种复杂的社会、经济、文化和心理现象的综合，因而旅游心理学的研究也是比较复杂的。

旅游活动是一种综合性的活动，它是一种地理现象，是一种商业活动，也是一种社会行为。根据旅游心理学的研究对象，旅游心理学的具体研究内容包括以下几个方面：

1. 旅游者心理

旅游者心理活动是旅游者在旅游活动过程中对旅游刺激物的反应活动，是人脑所具有的特殊功能和复杂的活动方式。心理活动可以支配人的行为，决定人们做什么，不做什么，以及如何去做。或者说，人的外显行为各种各样，但是无一不受人的心理支配。人们的心理活动是可以通过外显行为来推断和总结的，这样就可以间接地去了解人们内心的活动。同样，旅游者在旅途过程中的行为也受其心理活动的支配。旅游目的地、旅游方式、旅游时间、旅游内容以及旅游商品的购买等选择都受到个人心理和偏好的影响。

相应的，旅游者心理与行为则是指旅游者在一系列心理活动的支配下，为实现预定旅游活动目标而作出的各种反应、动作、活动和行为，包括旅游知觉、旅游动机、旅游态度、旅游学习、旅游活动中的情感情绪、旅游者人格、旅游审美心理等。作为旅游活动的主体——旅游者的这些心理活动与行为是旅游心理学研究的主要内容。

旅游企业的经营者必须关注旅游者心理活动的规律和需求。谁把握了旅游者的心理，谁就可以把握旅游市场的变化，就可以抢占市场先机，甚至还可以开发新的市场。

2. 旅游服务心理

旅游心理学要在旅游过程中的食、住、行、游、购、娱几个方面，总结出迎合旅游者心理的服务规律，帮助旅游工作者有效地开展工作，争取最佳的服务效果。因此，也需要对酒店服务、导游服务、旅游商品服务和交通服务及旅游资源的开发等方面进行研究。

首先，旅游服务工作具有工作时间长、负荷量大、突发事件多、心理压力大、与旅游者处于互动关系中等特点。旅游工作者的心理素质、工作效率和工作技术技巧等综合能力的好坏直接关系到旅游服务质量、旅游者的心理感受、旅游产品创新等问题。因此，旅游心理学必须研究导游人员和酒店包括前厅、客房、餐厅、商场服务员等从事具体工作的旅游工作者的心理活动特点、应具备的心理品质，以及怎样锻炼和培养良好的心理品质。如何呵护旅游工作者的心理健康，提高旅游工作者心理健康水平，探究旅游工作者心理疲劳的种种原因及表现，了解心理疲劳的生理学与心理学因素、心理疲劳的预防和消除，以及工作疲劳的测定方法等都是旅游心理学关注的问题。旅游工作者的心理状态也是旅游心理学关注的重点。

其次，旅游心埋学对旅游者在旅游活动中的心理发展历程进行剖析，探讨旅游业服务对象的特点及其心理需求。旅游工作者的心理素质直接影响服务质量，旅游工作者要克服来自内部和外部的各种困难，完善自己的心理素质，遵循“高品质服务理念”的系列旅游服务心理原则。只有这样，才能留住客源，提高旅游企业的社会效益和经济效益。

旅游企业对旅游者的服务不是抽象的，而是通过导游、前厅服务、客房服务、餐厅服务、交通服务、商场服务等具体环节实现的。因此，旅游心理学研究旅游者在游览过程中的系列心理特点以及与其相应的心理服务措施。旅游服务心理通过分析存在于旅游业服务过程中旅游者的心理因素，旨在揭示并遵循旅游者的心理和行为规律，采取相应的积极的服务措施，从而不断改进和提高质量。旅游心理学为有针对性的旅游服务提供了理论基础。[一]

3. 旅游管理心理

旅游业中的各个企业都涉及管理方面的知识。若要建立一个高效的企业或组织，离不开管理学。因此，旅游心理学的研究内容也要涉及管理心理。旅游业服务质量的提高和工作成败的关键，在于科学的管理。

旅游业服务本体由“顾客第一”向“员工第一”转化。作为管理者，要认识到“快乐的员工是具有高生产效率的员工”，只有快乐的员工才能提供优质的服务，只有自信、自尊的人才能提供真正的优质服务。旅游工作者能否积极主动、创造性地为顾客服务，也是能否提高旅游服务质量的关键。因此，要使旅游者得到最佳服务，在于拥有一支高水准、高素质的员工队伍。这就需要管理者将员工的利益放在首位，关爱下属、尊重下属。只有对员工的思想、感受和需要深入地了解，才能使员工获得提供优质服务所不可缺少的精神力量。旅游心理学应在管理工作方面研究如何遵循人的心理和行为方面的特点而采取有效的措施。要研究组织内成员在心理和行为方面的特点，在个体行为、团体行为、领导行为方面应该怎样调节和控制，从而发挥管理的最佳效能。旅游心理学正是从旅游管理心理、员工心理的角度，研究如何调动员工工作的积极性，如何引导员工培养良好的心态，克服挫折感，与旅游者建立良好的关系等，使旅游管理工作更加科学化、人性化。同时，旅游心理学还可以为旅游企业员工培训提供理论原则与方法。

第三节　旅游心理学的研究方法[二]

每门学科都有适合该学科的研究方法。科学的研究需要采用科学的研究方法。旅游心理学是一门应用性很强的学科，它研究的主要对象是旅游活动中活生生的人。因此，在研究方法上，它综合了多种学科的研究方法，综合运用了心理学、社会学、人类学、统计学、经济学的方法；同时还突出了很强的应用性，用以解决旅游实践活动中亟待解决的问题。

概括来讲，旅游心理学的研究主要采用了观察法、心理测验法、实验法和个案法。

[一] 薛群慧.《现代旅游心理学》. 科学出版社. 2005.

[二] 彭聃龄.《普通心理学》. 2版. 北京师范大学出版社. 2001.

一、观察法

观察法就是在自然的状态下，对个体表现的心理现象的外部活动进行系统的、有计划的观察，从中发现心理现象产生和发展的规律性。运用自己的感官获取资料，称为直接观察；运用科学仪器，称为间接观察。一般来说，在研究的对象无法控制，或者由于某些原因不能对某些现象加以控制的情况下，将采用观察法进行研究。

观察法的基本要求：首先，观察要自然地进行；其次，观察要具有严密的计划；再次，观察要消除干扰；最后，观察需要准确、系统地记录。

二、心理测验法

心理测验法是指用一套预先经过标准化的问题（量表）来测量某种心理品质的方法。心理测验法要注意信度和效度两个方面。信度是指测验的可靠程度。不同时期的多次测量结果的差异程度直接反映了信度。效度是指一个测验有效地测量所需心理品质的程度。如果测试结果具有较好的行为预测作用，说明测试的效度较高。

三、实验法

在某种条件可以控制的情况下，对某种心理现象进行观察的方法叫做实验法。实验法的优点是研究者可以积极干预被试者的活动，创造某种条件使某种心理现象得以重复出现，能够比较准确地反映出因果关系，实验结果能够比较合乎实际。实验法的缺点是由于被试者的条件可以严格控制，使得实验的情境具有很大的人为性质。

实验法就是严格控制条件下的观察法，采用实验法应注意实验自变量、因变量和无关变量的选择和确定。

四、个案法

个案法就是案例研究法。个案法要求对某个个体进行深入和详细的观察和研究，从中发现某种规律和某种现象。其缺点是推广性不强，可能其研究结果只适合于某些特殊的个体。因此，此种研究方法一般用于提出某种理论假设，需要进一步的检验。

个案法的实施步骤如下：①制定研究方案；②确定研究对象和进行个案现状评定；③收集资料；④发现问题并进行指导；⑤撰写研究结果和报告。

第四节　旅游心理学的研究意义

旅游心理学是研究与旅游现象相关的人的心理活动及其规律的一门科学。旅游心理学为旅游市场的开发与预测、旅游企业的经营管理和客我交往提供了心理学的科学依据，促进了旅游业的迅速发展。

一、有助于旅游业提供满足旅游者需求的旅游产品

较之普通的产品，旅游产品具有无形性、生产与消费的同时性、不可存储性、季节性、雷同性、独特性和互补性等特点。此外，旅游产品还具有心理性，它要满足旅游者的心理需求。因此，研究旅游心理学有助于旅游业提供满足旅游者需求的旅游产品，且有助于旅游业提供满足旅游者现实需求和潜在需求的旅游产品。把握了潜在的旅游需求，就能把握住人们未来的需求，甚至可以引导人们的旅游需求。旅游心理学正是以满足旅游者心理为研究目的，所以它能为旅游规划与开发原则——差异性、参与性、真实性、挑战性提供理论依据。

二、有助于为旅游体验提供理论依据

旅游业从诞生的那一刻起就注定了与心理学结盟。旅游产品的核心在于体验。旅游产品的设计必须对旅游体验给予更多的关注，使之能够满足旅游者的需要与期望。获得美好的旅游体验是现代旅游者的终极目标。

旅游心理学能为旅游体验提供理论依据。旅游体验项目可以从旅游知觉、旅游动机、旅游态度、旅游者人格、旅游学习、旅游活动中的情绪情感、旅游活动中的人际关系的理论和知识中获得理论上的指导和启迪。

三、有助于旅游业提高旅游服务质量

旅游服务心理要研究的是以旅游者为研究对象，在旅游业的主要工作范围内，如何从旅游者的心理和行为特点出发，提供符合旅游者心愿的最佳服务。研究旅游业的工作或服务对象是做好服务工作的前提，旅游业的宗旨是“顾客至上，宾至如归”。

旅游服务人员要对服务对象有深刻的认识，并在工作实践中不断发现和了解旅游者的心理需求，迎合和满足旅游者的心理，这样才能保证应有的服务质量。

四、有助于提高旅游企业的经营管理水平

近年来我国旅游业发展迅猛，旅游企业之间的竞争也日趋激烈，每个企业都

面临着生存和发展的问题。在这种机遇与挑战并存的时候，只有提高经营管理水平，才能立于不败之地。旅游心理学的研究可以帮助人们运用心理学知识分析旅游者的心理规律，针对旅游者心理变化特点和趋势，及时调整经营方针和策略。旅游业的竞争就是争夺旅游者的竞争。想吸引旅游者，就要充分了解旅游者的心理需求及其变化方向，旅游心理学就是研究这类问题的。

旅游心理学有助于提高旅游企业管理水平。如果简单地对企业管理的内容进行分析，则可以分为人、财、物和市场四个大的方面。而关于人的管理则成为各项管理中的重中之重，具有统率性的意义。旅游心理学为旅游企业人的管理提供了必要的理论支持。利用旅游心理学方法对旅游企业员工心理进行深入的分析和研究，可以帮助管理者了解员工心理状态和个性心理，了解企业内部人际关系状况，有的放矢地做好员工的思想工作，调动员工的积极性，为实现组织目标而共同努力。

总之，旅游心理学为旅游企业提高旅游服务质量、设计新的旅游产品、旅游资源开发与规划、市场营销等提供心理依据和理论基础，旅游心理学会为旅游业提供把握旅游需求的理论依据，会为旅游企业打开旅游创新的思路，旅游心理学为旅游工作者的工作开展指明了方向，为提供满足旅游者的旅游产品提供了心理学上的理论支持。

[关键概念]

1. 心理学 （psychology）
2. 旅游心理学 （tourism psychology）
3. 心理过程 （mental process）
4. 心理结构 （mental structure）
5. 服务心理 （psychological services）
6. 管理心理 （management psychology）
7. 旅游者心理 （tourist psychology）

[复习与思考]

1. 旅游心理学的研究方法有哪些？
2. 心理学有哪些研究学派，其主要观点有哪些？
3. 心理学和旅游心理学的研究内容分别是什么？
4. 西方心理学发展与国内心理学发展的特点和区别是什么？
5. 旅游心理学的研究意义是什么？
6. 旅游服务心理的研究内容是什么？

[案例分析]

日　喻

宋代文学家苏轼有一篇文章——《日喻》，内容是这样的：一个生来就双目失明的人，不知道太阳是什么样子，很想认识太阳的样子。一次，有人告诉他："太阳的形状是圆的，像一个铜盘。"说着敲了敲铜盘。他点点头，表示明白了。过了几天，忽然远处传来了"当，当，当"的声音，他高兴地叫道："啊，太阳出来了！"有人纠正他："不对，这是敲钟的响声。太阳是很亮的，比蜡烛还要亮呢。"说时，让他摸了摸蜡烛。他又点点头，以为这次总算清楚了。又过了几天，他摸到了一枝竹笛，不禁惊喜地高叫："啊，这是太阳呀！"

[问题讨论]：

1. 人们几次把太阳的形状告诉他，可是他到底也没有认识太阳，这是为什么呢？

2. 人们的认识过程是什么？

3. 认识过程由哪些部分组成？

第二篇

旅游者心理与行为

第二章

旅游知觉

[学习目标]

通过对本章的学习，掌握旅游知觉的概念、特性及影响因素，熟悉旅游者对他人的知觉、自我知觉、人际知觉的含义、途径与影响，了解旅游者对旅游点、时间、旅游距离、旅游交通的知觉，以便认识旅游知觉的规律，为旅游经营管理和服务提供心理依据。

◆[案例导入]

知觉的神奇㊀

中华人民共和国成立前，内蒙古赤峰地区有一个放羊娃。因为是给地主家放羊，所以如果走失一只羊，那他就会受重罚。于是他就留意羊走路留下的蹄印。慢慢地，如果有哪只羊走失，他就能根据蹄印找到它。再后来他开始观察人的脚印，可以从一个脚印出发，一直跟到此人的家门口。由于常年留心于此，最后他能做到看见一个脚印，脑子里就想象出此人的身材和步行特点。

中华人民共和国成立后，这项惊人的木领成了当地公安局的法宝。只要犯罪嫌疑人在现场留下脚印，他一般都可以一直追下去。中间即使隔着水沟、石板，他也能在对面轻松地找到脚印线索继续跟踪。甚至，即使被跟踪者爬上树再从另一面溜下来，也不能干扰他的追踪。在最神奇的一个案件里，某个犯罪分子在现场留下脚印，但本人逃到了外地。几个月后，这位高人在火车站遇到一个陌生人，突然上前一把扭住他。因为此人的走路方式和

㊀ http：//image. psychcn. com/adv/topic/20051125/text/059. htm. 有改动。

那个脚印相匹配！最后审问结果显示果然没错。

但是，这位高人却是文盲。他完全说不清自己是怎么练出这种本事的。

类似的奇闻不止这一件。曾经有一位摩托车运动员，他的爱车被偷了。一年以后在一个闹市区，他听到附近有人在发动摩托车。尽管车子早已重新被油漆过，但发动机的声音却被他听出来，他一下子就抓到了偷车贼。事后这位高人告诉记者，每辆摩托车的发动机都有“个性”，他能听出来。普通人就分不清。

这些近乎“特异功能”的神奇例子都是“知觉选择性”规律的极端例子。现实世界只有一个，它们发出的物理刺激都是相同的。每个人都有自己感知世界的特点。然而，无论它们多么复杂，最基本的无非是人对客观事物的认识活动。这个过程又都起始于感觉和知觉。所以，要理解旅游行为和心理，就首先要懂得知觉。了解旅游知觉规律对做好旅游工作很重要。另外，旅游知觉也是影响旅游者行为的重要因素。实践表明，旅游者的旅游决策、对旅游景点的印象、具体的旅游活动以及旅游需要满足与否的评价等，都与旅游知觉心理特点有密切的关系。

第一节　旅游知觉概述

人们对客观世界的认知过程，是人们获得各种知识和经验所表现出来的心理活动的过程，它是心理活动的基础和起步。这一过程是通过感觉、知觉、记忆、想象、思维等心理机能的活动完成的。旅游者离开自己所熟悉的生活地，到陌生的地方去旅游，对摆在面前的诸多选择会作出主观判断与评价，这取决于许多因素，如目的地的距离、交通状况、景区特点、已有的经验等，但其中一个最重要的因素就是人们对每个选择能否满足人们要求程度的感知。旅游知觉是影响旅游者行为的重要心理因素。

一、旅游知觉的概念

人的心理过程是从感知觉开始的。所谓感觉，就是人脑对直接作用于感觉器官的客观事物的个别属性的反映。人们通过感觉，可以反映刺激物的各种不同属性，如颜色、声音、气味、光滑程度、冷暖等。通过感觉，也可以使人们反映自己体内所发生的变化，如身体的运动和位置、各种器官的工作状况等。

在实际生活中，任何客观事物的属性并不是脱离具体事物而独立存在的，因此，人们在对事物的个别属性进行反映时，是把个别属性作为事物的一个方面而与整个事物同时被反映的。这就是知觉。所谓知觉，是指客观事物直接作用于人的感觉器官，人脑中产生的对这些事物各个部分和属性的整体反映。例如，人们不但看到“红色的”、“圆的”，闻到“香味”，尝到“甜甜的滋味”，还知道它是苹果。可见，知觉是在感觉的基础上，借助于经验和知识帮助的纯粹的心理活动。

同样，对于旅游者来说，当他们到达某一旅游目的地时，例如，当旅游者抵达云南时，看到如画的风景，听到悦耳的葫芦丝，感受到多姿多彩的民族风情，在他们的头脑中就产生了云南四季如画、民俗风情绚丽多彩的整体形象。由此，所谓旅游知觉是指旅游者为了赋予旅游环境以意义而解释感觉印象的过程。

二、旅游知觉的特性

旅游知觉具有选择性、理解性、整体性和恒常性等特性。这些基本特性使人能够对客观事物迅速获得清晰的感知。

1. 旅游知觉的选择性

作用于旅游者的客观事物是纷繁复杂、千变万化的。由于感官通道的限制，在一个短时间内，人不可能接受外部的全部刺激，或某些刺激的全部细节，人总是有选择地把少数刺激物作为知觉的对象，对它们反映得格外清晰，而相对于同时起作用的其余刺激物则反映得模糊笼统，这就是知觉的选择性。被选出来给以格外知觉的事物叫做知觉的对象，而其他事物成为烘托对象的背景。对象和背景的分化是知觉最简单、最原始的形式。但对象与背景的关系不是一成不变的。例如，当旅游者在展销会上注视某种展品时，这些展品成了知觉的对象，而周围的人、场地和其他展品都成了背景；当旅游者选购另一些展品时，刚刚被注意过的对象就变成了背景。

知觉对象和背景的关系也可以用一些双关图形来说明，如图 2-1 所示。

把知觉的对象从背景中分化出来，客观上受许多条件的影响。客体本身的强度、对比度、颜色差异、活动性以及客体的组合规律都对知觉的选择有一定影响。对于旅游经营者来说，可以利用这些影响因素更好地吸引旅游者的目光。另外，旅游者的兴趣、爱好、知识、经验、年龄、职业、个性等更是影响旅游知觉选择性的重要因素。古人云：“仁者乐山，智者乐水。”山水并存，乐山或乐水，取决于人的知觉选择。不同类型的旅游者，由于其旅游需要与旅游目的的不同，在旅游活动中所选择的知觉对象也就有所不同。有人注意民族风情，有人注意奇山异水；有人喜欢安全系数大的旅游项目，有人喜欢冒险刺激的旅游项目。不同类型的旅游者对同一旅游区的知觉世界就可能大不相同。

图 2-1　对象和背景可相互转化

2. 旅游知觉的理解性

人在知觉客观事物时，总是用自己过去的知识、经验加以解释，把它归入一定类别的范畴之内，并用词来概括它，这就是知觉的理解性。旅游知觉并不是像照相机那样详细而精确地反映出旅游刺激物的全部细节，它并不是一个被动的过程。相反，旅游知觉是一个非常主动的过程，它要根据旅游者的知识、经验，对感知的旅游刺激物进行加工处理，并用概念的形式把它们标示出来。

旅游知觉的理解性主要受个人的知识经验、言语指导、实践活动任务以及个人兴趣、爱好等多方面因素的影响。个人已有的知识、经验是人对知觉对象理解的前提，知识、经验不同的人对同一事物的理解不同。对事物的知识、经验越丰富，对该事物的理解也就越深刻、越丰富，知觉的速度也相对较快。比如，对于考古挖掘出来的陶罐，一个有经验的考古专家要比一般人认识得更深刻，理解的内容也更丰富。在旅游过程中，言语指导是导游工作的一项重要内容。通过导游人员的讲解，可以使旅游的画面更加丰富、形象，使旅游者对旅游目的地的整体形象的理解更加完整。

人的活动任务不同，对同一对象的理解可能不同，产生的知觉效果也就不同。如图 2-2 所示，如果不解释（“这是一片雪地吗？雪地里有什么？中间好像有个动物！它是什么？是熊吗？不像！是狼吗？也不像！那是什么呢？”），很难看出是狗的图形。

3. 旅游知觉的整体性

旅游知觉的整体性是指旅游者在过去知识经验的基础上，能够把由多个部分和多种属性构成的旅游刺激物知觉为一个统一的整体特征。甚至当旅游刺激物的个别属性或个别部分直接作用于旅游者时，也会产生这一旅游刺激物的整体印象。例如，旅游者在观赏石林时，由于观赏的角度和距离不同，映入旅游者眼帘的可能只是某个部分，但是旅游者会根据导游的讲解或是个人以往的知识、经验产生一个完整的形象，有的像大象，有的像猴子，那个是阿诗玛。知觉整体性特征的出现是有条件的，当若干个刺激物在空间上接近、形状上相似或共同包围一个空间时，知觉才容易出现整体性特征，心理学称之为组织法则。知觉整体性的组织法则主要有闭合法则、接近法则、连续法则和相似法则。

图 2-2 雪地中的狗

（1）闭合法则。闭合法则是指如果几个知觉对象共同包围着一个空间，就容易被知觉为一个整体。如图 2-3 所示，靠近在一起的成分倾向于组成知觉单位。尽管这些点没有用线段连接起来，但仍能看到一个三角形和一个长方形。例如“上有天堂，下有苏杭”这句话已为人们所熟悉，只要说出上半句人们自然会想到下半句。在很多的广告中也运用此法则，例如，模糊广告、掐尾广告等，让消费者自己联想补充。

（2）接近法则。接近法则是指在感知各种刺激物时，彼此相互接近的刺激物比彼此相隔较远的刺激物更容易组合在一起，构成知觉对象。如图 2-4 所示，人们在意识中就会将图形分为三个部分。这种接近可以是空间上的接近，也可以是时间上的接近。在实际的旅游活动中，人们往往倾向于将彼此地理位置接近的旅游点，如杭州、上海、苏州、无锡、南京等视为一个游览区。

在旅游区域规划和资源整合中，接近法则被广泛应用。

（3）连续法则。连续法则是指几个性质相同或相似的事物，如果在时间上或空间上具有连续的性质，也容易被知觉为一个整体。如图 2-5 所示，前者被看成是一条曲线，后者被看成方和圆的组合而不是两个不规则图形的结合。人们倾向于将缺损的轮廓加以补充，使知觉成为一个完整的封闭图形，因此，连续性原则也称为良好图形原则。

知觉上的连续法则不仅用于视知觉上，听知觉也会有连续心理组织倾向。例如，听音乐时，放出熟悉的音乐前奏，人们就可以根据经验补充后面的曲调。在绘画艺术、建筑艺术及服装设计上，也较多地运用连续法则，增加作品的美感。

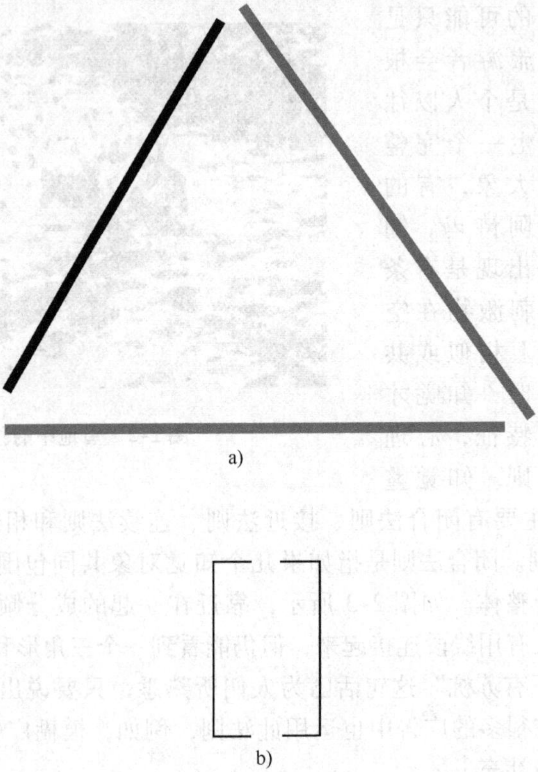

图 2-3　闭合法则

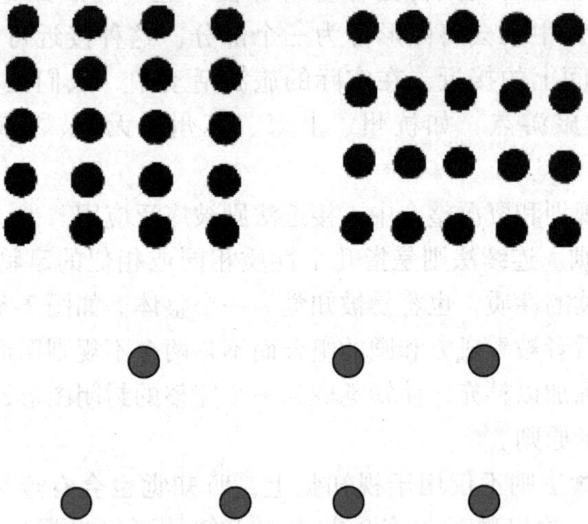

图 2-4　接近法则

a)　　b)

图 2-5　连续法则（良好图形原则）

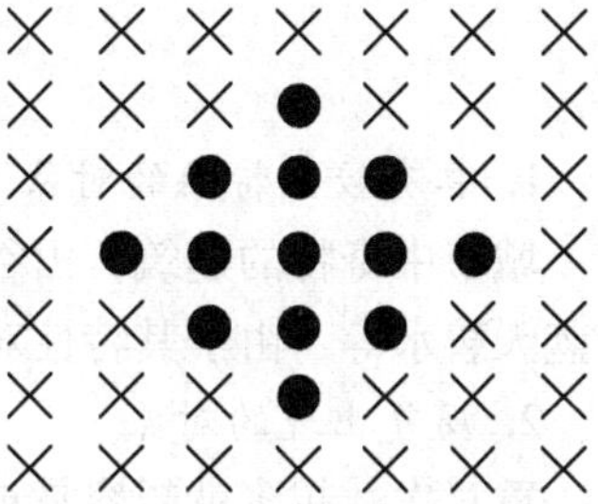

图 2-6　相似法则

（4）相似法则。相似法则是指人们在感知各种刺激物时，容易将具有相似自然属性的事物组合在一起。即将相似的物体集成系列，从而产生一个统一的整体。如图 2-6 所示，在方阵中，原点与斜叉各自相似，很明显地被看成是由斜叉组成的大方阵当中，另有一个由圆点组成的方阵。例如，黄山、庐山常被作为一类名山，峨眉山、青城山被认为是另一类。它们之间都有在历史、文化等方面的相似特征。

4. *旅游知觉的恒常性*

旅游者在知觉旅游刺激物时，虽然感知条件，如距离、位置、光线、时间等发生变化，但知觉印象仍然保持不变，这就是旅游知觉的恒常性。知觉恒常性的种类很多，尤以视知觉的恒常性表现最为明显，主要是由于对象的大小、亮度、颜色、形状等映像与客观刺激的关系并不完全服从于物理学的规律，尽管外界条件发生了一定的变化，但人们在观察同一物体时知觉的映像仍相当稳定。例如，煤炭、白雪和红旗，无论是在强光照耀下，还是在暗光阴影处，人们总是把煤看成黑的，把雪看成白的，把红旗看成红的。实际上，强光下煤的反射亮度远远大于暗光下雪的反射亮度，但人们绝不会把黑白颠倒。如图 2-7 所示，这四个不同侧面的门，人们都可以恒常地认知为同样的门。

三、旅游知觉的影响因素

旅游知觉是旅游者对旅游刺激物的感知过程，必然会受到刺激物本身即刺激情境和旅游者个人心理因素的影响。因此，影响旅游知觉的因素可以从客观和主观两个方面来分析。

（一）客观因素

在旅游活动中，具有以下特性的对象，容易引起旅游知觉：

图 2-7　四个门

1. 具有较强特性的对象

城市中奇特的建筑，山谷中飘忽的云海，群山中挺拔入云的峰峦，一望无际的蓝天碧水等，由于其特性对人有较强的作用，因而容易引起人们的知觉。

2. 反复出现的对象

重复次数越多就越容易被知觉。人们多次看到旅游广告、旅游宣传材料，或者经常听到某旅游地的情况，由于信息反复出现，多次作用，会使人们产生较为深刻的知觉印象。

3. 运动变化的对象

在相对静止的背景上，运动变化着的事物容易成为旅游知觉的对象。例如倾泻的瀑布、奔驰的骏马、闪烁的霓虹灯等，都容易成为知觉的对象。

4. 新奇独特的对象

如果知觉对象新奇刺激，那就容易被人们首先感知，而司空见惯、平淡无奇的事物反而会被人们所忽略。例如中国的万里长城、埃及的金字塔、印度的泰姬陵等，都能引起人们的格外注意。

（二）主观因素

知觉经验的获得，除依靠感觉器的生理功能吸收信息外，更重要的是依靠个人对引起知觉刺激情境的主观解释。主观因素是指知觉主体心理方面的因素。影响旅游知觉的心理因素包括：旅游者的需要与动机、旅游者的知识与经验、旅游者的兴趣、旅游者的个性及情绪等。

1. 需要与动机

人们的需要与动机不同也在很大程度上决定着人们的知觉选择。凡是能够满足旅游者的某些需要和符合其动机的事物，就能成为旅游知觉的对象和注意中心。例如，某研究历史学的旅游者外出旅游，他旅游的目的是为了提高自己的业务专业水平，那么他对那些历史比较悠久、文化比较深厚的旅游目的地和旅游项目就会特别关注。

2. 知识与经验

经验是从实践活动中得来的知识和技能，是客观事实的反映，它是人们行为的“调节器”。在旅游活动中，如果没有对旅游景点的知识和经验，观察就可能是表面的、笼统的、简单的，如果旅游者之前有过充分的准备和资料的收集，或从去过的朋友那儿接受过经验，那么他对旅游地的知觉会更全面、更深刻。

3. 兴趣

旅游者的兴趣不同常常决定着旅游知觉选择上的差异。一般的情况是旅游者最感兴趣的事物往往被首先知觉到，而人们毫无兴趣的事物就会被排除在知觉之外。例如，对艺术感兴趣的旅游者可能会选择民间艺术浓厚的旅游目的地，对历史文化感兴趣的旅游者就会选择历史悠久、文化深厚的旅游地，喜欢猎奇的旅游者对于奇风异俗的旅游地感兴趣。

4. 个性及情绪

个性是影响知觉选择的因素之一。不同气质类型的人，知觉的广度和深度就不一样。多血质的人知觉速度快、范围广，但不细致；黏液质的人知觉速度慢、范围较窄，但比较深入细致。此外，有调查表明，胆大自信的人对乘飞机旅游十分积极、主动；而胆小谨慎的人对安全问题十分重视，外出旅游时乐于乘坐火车。

情绪是人在知觉客观对象时个人的主观态度和精神状态。情绪状态在很大程度上影响着个人的知觉水平。在心情愉快的时候，旅游者对旅游产品的感知在深度上和广度上都会深刻鲜明；相反，情绪不好，心情烦躁，知觉水平就会降低，而且影响对整体旅游产品的质量评价，旅游服务人员此时应对旅游者给予特别关注，了解旅游者情绪低落的原因，积极提高旅游者的情绪状态。

第二节　旅游中的社会知觉

旅游知觉包括对人的知觉，它是影响人际关系的建立和活动效果的重要因素。旅游活动中的社会知觉主要包括对他人的知觉、自我知觉和人际知觉。

一、旅游者对他人的知觉

旅游活动中，人对人的知觉是普遍存在的，对人的知觉主要是指对他人的外表、语言、动机、性格等的知觉。旅游者对他人的知觉属于人对人的知觉，是指旅游者对他人的行为、心理及其附属物等现象的整体反映。

（一）对他人知觉的主要内容

人际交往中对他人的知觉包括很多方面，其中主要的有以下三个：

1. 对他人表情的知觉

表情是个体情绪状态的外显行为，是个体身心状态的一种客观指标，也是向他人传递信息的一种工具，是探索他人心理活动的基本线索。目瞪口呆，反映一个人的惊恐心理；眉飞色舞，反映一个人的欢乐心理；愁眉苦脸，反映一个人情绪沮丧。在旅游活动中，游客观察到某服务员表情不自然，会认为该服务员是个新手；如果发现他不苟言笑，则会认为他是个性格内向的人。

2. 对他人性格的知觉

性格是个体对待现实稳定的态度和与之相适应的习惯化的行为方式的心理特征，是人的心理差异的重要方面，是个性的核心。通过对一个人的性格的深入了解，就可以预测这个人在一定情境中的行为特点。例如，知道一个人热心肠、讲义气，就可以预测在紧急情况下他会挺身而出、见义勇为；对吹毛求疵的旅游者，可以预测他在旅游中会比较爱挑剔。

3. 对他人角色的知觉

角色是指人在社会上所处的地位、从事的职业、承担的责任以及与此有关的一套行为模式。例如，对教师、医生、导游、驾驶员等角色的知觉主要包括两个方面：一是根据某人的行为判断他是什么职业，如教师、学生、艺术家等；二是关于角色行为的社会标准的认知，如对医生这一角色，认为他的行为标准应该是救死扶伤、沉着冷静、值得信赖等。

（二）社会知觉误区

从认知主体心理方面看，存在一些社会知觉规律，它们的存在容易给社会认知带来一些偏差。因此，也将这些社会知觉规律称为社会知觉误区。

1. 第一印象

第一印象是指人们在首次接触某种事物时所形成的印象。在日常生活当中，随时随地都有机会对人或物产生第一印象。例如第一次来到新学校，第一次到某家商场购物，第一次到某家宾馆住宿，第一次听某位老师讲课等。人们总是有这样一种心理，喜欢在首次接触时根据对方的表面特征对人作出评判。对第一印象，旅游活动中的人们有意无意地在旅游活动中运用着它。例如导游人员初次与旅游者见面，新员工第一次与管理人员见面。

第一印象一旦形成以后很难改变，对今后的人际知觉会起重要的作用。不论是招聘面试，还是业务交往，或是来到一个陌生的环境，给人留下的第一印象往往成为以后的基本印象。例如，客人第一次到某家饭店就餐就恰好遇到一位态度傲慢的服务员，他很可能今后再也不驻足这家饭店。

因此，在旅游工作中，给游客留下良好的第一印象尤为重要。饭店服务人员和导游人员必须注重自己的仪表仪容，如果与客人初次见面就衣冠不整、眼睛水肿、举止不雅，这就会给客人留下极差的第一印象。

当然，第一印象也有其片面性，由于某些客观原因，它可能根本不代表一个人的真实面目，因此不能把它的作用夸大到不适当的程度。不能仅凭第一印象就对他人妄下定论。

另外，在旅游景区的视觉识别形象策划中，要特别重视第一印象区的设计。第一印象区是旅游者最先进入旅游景区的视域空间，第一印象区设计得好将会使旅游者对景区产生良好的、先入为主的印象。

2. 晕轮效应

晕轮效应是指由对方的某种特征推及对方的总体特征，是在人际交往中形成的一种夸大的社会印象和盲目的心理倾向，是个人主观判断泛化、夸张、定式的结果。其主要特点是以点盖面、以偏概全，即平常所说的“只见树木，不见森林”。

在人际交往中，晕轮效应既有美化对方的作用，也有丑化对方的作用。例如，当人们选购物品时，往往会认为那些包装精美、价格偏高的商品品质更优良。在日常生活中，人们也认为那些外表有风度、谈吐优雅的人具有良好的道德品质，而对其他方面忽略不计。“一好百好”、“情人眼里出西施”、“一俊遮百丑”，这都是晕轮效应在起作用，它使人们把对方的某种优点泛化为全部印象。

在更多的情况下，晕轮效应是起到丑化对方的作用，常常因对方的某一点不足而否认其全部优点，从而产生消极影响。例如某家饭店本来很不错，但有一天一位餐厅服务员不小心把汤洒到客人身上，客人就会认为这家饭店服务水准太差，如果处理不好，连饭店其他部门的销售也要受影响，晕轮效应一旦产生便难以消除，饭店要花费大量力气才能挽回形象。所以做旅游工作要认真负责，尽量避免出差错，以免因小失大。

在导游人员与游客的交往中，晕轮效应是一把“双刃剑”。如果导游人员好的品质先被游客认知，所形成的“晕轮”会遮掩导游人员的某些失误，也使导游人员有机会来对自己的失误加以弥补。如果其不良品质先被游客认知，所形成的“晕轮”则会遮掩导游人员的优点，而“放大”导游人员的微小失误。

晕轮效应对旅游业的启示是：为了使旅游者对旅游业产生一个好的印象，在提供旅游产品和服务时要避免劣质产品和劣质服务的出现，以防止由于晕轮效应使旅游者把劣质产品和服务扩大到企业的整个产品和服务中。

3. 刻板印象

在社会生活中，每个人都属于一定的群体，而每个群体都存在区别于其他群体的特殊规定性，这种规定性表现为不同的规范、作风、习惯、风格，这就使任何一个人都带有他所在群体的特征，因此人们对某一职业、地区、民族的人形成一种固定看法，当以这种看法为依据去认知他人时，就叫做形成了刻板印象。

刻板印象对旅游业的启示是：在旅游工作中，知觉来自不同国家和地区的游客时，除了了解他们共同的特征，还应注意不受刻板印象的影响，进行具体的观察和了解，并且注意纠正错误、过时的旧观念。以下列举了一些对不同国家游客的刻板印象：

(1) 美国人：民主、天真、乐观、热情、较随和自由、重实利。

(2) 法国人：爱好艺术、爽朗、浪漫、潇洒、热情。

(3) 德国人：勤勉、有朝气、守纪律、进取、爱国、有科学精神。

(4) 英国人：冷静、寡言少语、保守、有教养、有绅士风度。

(5) 日本人：善于模仿、爱国、尚武、争强好胜

（三）旅游者的他人知觉原理与旅游服务㊀

从旅游业的角度看，掌握旅游者对他人知觉的基本规律，是旅游服务人员为旅游者留下良好的第一印象的重要前提。当认清第一印象这一特点之后，作为旅游服务人员在第一次与旅游者接触时，应努力树立自己的美好形象，而不要因为开始小小的不足影响旅游者对旅游产品的整体知觉。在旅游过程中，旅游服务人员要通过细心、仔细地观察旅游者的表情变化，了解旅游者的基本性格和喜好，用优质的服务给旅游者留下良好的第一印象，从而给旅游者形成对整体旅游产品的晕轮效应，给旅游地留下良好的口碑，吸引更多的旅游者。

旅游者对他人知觉的基本原理显示：观察旅游服务人员的言谈举止、神情仪表、行为方式，是旅游者获得旅游服务人员第一印象的重要途径，第一印象的好坏会极大地影响企业的声誉和服务质量的评价。要想为旅游者留下良好的第一印象，服务人员必须注意自己的言谈举止、神情仪表、行为方式：一要有良好的语言表达能力，"好话常说"、"好话好说"；二要有规范、自然的举止，站有站相，走有走相；三要善于运用表情，"一颦一笑"，表现得当；四要养成良好的行为习惯，接人待物礼貌、文明。

对旅游业来讲，应该提供优质的产品和服务，使人们同样通过晕轮效应把企业的整个产品和服务视为优质的。但是，绝不能利用旅游者的晕轮效应来蒙骗和坑害旅游者，这样会适得其反。

按照唯物辩证法的观点，要用发展的眼光来对待事物，一切事物都不是一成不变的。一些饭店在招聘新员工时，要求"无工作经验者优先"是有一定道理的。

二、旅游者的自我知觉

每个人都对自己的形象有一个认识，把自己归为某一类人，具有某些特点、习惯、职业关系和行为方式。自我知觉是自我意识的重要组成部分。不少学者认为：自我知觉是一个人通过对自己行为的观察而对自己心理状态的认识。

在旅游活动中，旅游者对自我的知觉往往通过他人对自己的态度、评价来实现。

㊀ 邹本涛，赵恒德．《旅游心理学》．中国林业出版社．2008.

如果他人对自己态度好、评价高，则往往自信心增强、自尊感增加，自我感觉良好；相反，则自信心受到打击，自尊心受到伤害，容易产生自卑感，即使认为自己遭到歪曲，不服之余，也会反省自己。因此，服务人员对旅游者的态度与评价，旅游者本人格外在意。旅游产品对旅游者来说具有一定的象征价值。产品与自我知觉是否能保持一致是旅游者对产品进行评估的重要内容之一。那些认为自己身份、地位较高的旅游者不会去庸俗的场所，而自我知觉一般的人也不会去追求过高的档次。

旅游者自我知觉是旅游者自我意识的一部分。自我意识具有什么样的动机、期望，将采取什么样的行动，通过自我知觉可以观察出来。因此，作为旅游服务人员，认识旅游者自我知觉规律，一方面可以准确判断旅游者的心理、行为，提供相应的个性化服务，从而满足旅游者的合理需要；另一方面有助于充分认识自己的工作意义和职责，与旅游者建立良好的人际关系。这就要求服务人员在服务时，要特别注意自己的服务态度，讲究评价对象的方式、方法。

三、旅游者的人际知觉

人际知觉就是对人与人之间相互关系的知觉。每个人都是一本打开的书，要真正读懂它并不容易，正如俗话所说的“知人知面不知心”。在旅游活动中必然发生人与人之间的关系和交往。人们彼此之间如何相互了解、认识，如何避免误会就是要讨论的问题。

从旅游业的角度看，服务人员掌握旅游者人际知觉原理，对提高旅游的服务质量、增进人际吸引、改善人际关系，具有重要意义。

旅游服务人员一方面要通过各种途径，尽快了解旅游团体的人际关系状况，另一方面也要洞悉自己与旅游者之间的人际关系状况。在旅游服务过程中，服务人员还应充分调动交往距离、交往频率、类似性、互补性等因素，改善旅游者的人际关系，进而改变旅游者的人际知觉，为旅游者愉快旅游、为自己顺利工作奠定基础。在与人交往中，要尊重他人人格，对旅游者热情，关心和重视旅游者的兴趣和利益，以真诚、自信、热情的情绪在旅游者之间建立融洽的人际关系。

第三节　旅游者对旅游条件的知觉

旅游者的旅游活动是由食、住、行、游、购、娱六个要素构成的，与这些行为有关的事物就是基本的旅游条件。旅游者对旅游条件的知觉印象，对具体的旅游决策、旅游行为以及对旅游服务的评价等都有显著的影响。

一、旅游者对旅游点的知觉

人们决定要去旅游时，首先要选择能够最大限度满足自己需要和兴趣的旅游点。虽然大多数人在日常生活中，都能得到关于某旅游点的一些信息，但由于内容数量少，留存在自己记忆中的就少，仅靠这种被动感觉是远远不够的。因此，人们一旦决定出去旅游，就会首先收集各种信息资料进行分析、评价和判断，选定具体的旅游目的地。当然，由于需要、兴趣的不同，人们会关注不同的旅游目的地，从而选定不同的旅游目标。例如，如果有的人是想通过旅游满足休息、娱乐和健康的需要，就会注意收集风光明媚、气候适宜的旅游点的信息；如果是为了增长知识、开阔眼界，就会对名胜古迹或具有现代发展水平的旅游地格外看重。

通常，旅游者对旅游点的知觉印象取决于以下三个方面：

（1）旅游景观必须具有独特性和观赏性，这样才能把旅游景观的吸引力和旅游者的需要结合起来使之进一步形成旅游动机。例如，日本的温泉旅游一直很盛行，但却面临着一个十分严峻的问题，虽然参加温泉旅游的旅游者在不断增加，但很多知名的温泉旅游度假地却不见了往昔的繁荣。形成这种矛盾现象的主要原因是由于日本温泉资源较丰富，在“在家乡创事业”思维的影响下，全国各地的村镇都挖掘了温泉。由此，那些著名温泉地的旅游价值的独特性已不复存在，不再具备激发旅游者前来“泡温泉”的吸引力要素了。

（2）旅游设施安全、方便、舒适，在标准化的同时，注意特异性。旅游者的旅游体验强调物质生活体验的“日常性”与精神体验的“非日常性”。给旅游者提供标准化的旅游接待设施，让旅游者能够安全、方便、舒适地使用这些设施，是引导旅游者形成积极知觉印象的必要条件之一。但同时也应注意到标准化的服务设施和服务，会稀释旅游目的地的个性化。在世界经济一体化的今天，酒店业、餐饮业与商品流通业的连锁经营日渐兴盛，现代人造旅游资源不断增加，许多旅游地的独特性已越来越不明显。其实，设计独特的旅游设施本身就是旅游对象，甚至可以成为旅游目的地的标志。例如，悉尼的歌剧院、被誉为伦敦四大旅游标志之一的“红色双层公共汽车”等。

（3）旅游服务礼貌、周到、诚实、公平。但同时又要提供个性化服务，强调服务的超常性；将功能性服务转变成为情感性服务。

个性化旅游时代也要求旅游产品或服务富于个性化。在21世纪，旅行社的业务正在发生巨大的变化，对大多数人而言，旅行社将成为协助旅游者制定旅游计划以及提供相关旅游信息的咨询服务者。与家庭医生和私人律师一样，旅行社也会成为个人生活不可缺少的参谋者。就酒店业而言，从简单的提供食宿服务的场所，到当今世界的各种功能齐全的综合性国际连锁酒店，超常服务这一概念的界定不断地被更改。

二、旅游者对时间的知觉

旅游活动是利用闲暇时间，离开日常生活地而进行的消遣活动。关于旅游者时间知觉的含义，一般界定为“旅速游缓”，意思就是旅途要快，游览要慢，旅游活动安排要准时。

1. 旅途要快

旅游者一般都希望以最快的速度到达目的地，因为旅途这段时间常常被认为是没有意义的，感觉枯燥乏味而且容易引起肌体疲劳。为了降低旅游者的这种不良感觉，导游人员可以在旅途中安排一些有趣的活动，做一些旅游者感兴趣的沿途讲解或游戏。

2. 游览要慢

在游览的时候，旅游者都希望以较多的时间慢慢享受。因为人们外出旅游的真正目的就是为了游览山水、感受异域文化等。游览的内容越丰富，越具有魅力，就越能使人们不惜时间去观赏，达到“乐而忘返”的境界。而对于一些导游人员为了个人利益多拿回扣缩短游览时间、增加购物时间的行为，是很让旅游者反感甚至投诉的。旅游工作者一定要考虑旅游者的时间知觉，让旅游者感到满意。

3. 旅游活动安排要准时

另外，一切活动要准时的要求，也与旅游时间知觉有关。一方面是由于旅游者的出行都在计划之中，他们希望一切活动都要准时进行。另一方面则是时间的压力。旅游者在购买旅游产品时会承担一定的感知风险，因此为了减少这种风险，设计的旅游产品在时间安排上要尽可能详细，避免不确定性。任意地变动旅游计划、不守时的旅游活动安排会给旅游者带来时间上和经济上的损失，并且打乱了旅游者的生活规律和节奏，不但不能达到消除紧张的旅游目的，还会给旅游者造成心理紧张和压力。在旅游活动中，旅游服务时间提前或滞后，会给旅游者造成很大不便，使旅游者感到不满，甚至会引起纠纷和投诉。于是旅游者普遍要求一切活动要准时。

三、旅游者对旅游距离的知觉

空间上的间隔称为距离。旅游活动是一种异地的空间流动，旅游者对空间距离有深刻的体验，这种体验始于旅游者对距离的知觉。所谓旅游者对距离的知觉，是指旅游者对旅游对象距其远近的知觉，也即对旅途长短、远近的感受与判断。例如，从上海到杭州，使用空间远近计算时，旅游者会说大约165km。旅游者的距离知觉对旅游行为及态度的影响具有两方面的作用，主要表现在：

1. 阻止作用

任何旅游者都知道，旅游是需要付出代价的消费行为。而旅游距离是决定旅游者要付出的时间、金钱、精力、安全，甚至是情感的代价的主要因素。虽然，在通常情况下，旅游效果与旅游距离成正比，但只有当旅游者认为，能够从旅游行为中得到的收益大于所要付出的代价时，他们才会作出相关的旅游决策。这些和距离成正比的代价，被称为旅游行为的“摩擦力”，抑制人们的旅游动机，阻止旅游行为的发生。通常，距离越远，要付出的金钱、时间等代价也就越大，旅游者的顾虑也就越多。从这个意义上说，距离会对人们的旅游产生阻止作用。由此也可以理解，为什么出国旅游的人要比在国内旅游的人少，近距离的游客比远距离的游客多。

2. 激励作用

人们出去旅游的动机之一，是寻求新奇、刺激和别具一格的体验。对旅游者而言，远距离的旅游目的地，有一种特殊的吸引力和神秘感。同时，从审美心理学的角度看，距离越远，人们在感知对象时，就更容易增加信息的不确定性，给人以更广阔的想象空间，从而产生了一种“距离美”。正是由于这种吸引力、神秘感、“距离美”，有的人舍近求远，宁愿到陌生、遥远的地方去旅游。从这个意义上说，距离又会对人们的旅游产生激励作用。

总而言之，距离知觉对人们旅游行为的作用具有双重性，既有阻止作用，又有激励作用。但是，哪种作用更大，则取决于很多因素。这些因素除了旅游者自身的时间、金钱、身体、兴趣等以外，还和旅游景区景点的开发、建设、宣传等因素有关。因此，根据旅游距离的知觉原理，旅游企业要双管齐下，既要抓住邻近地区的客源，也要吸引远距离的旅游者。同时，要不断提供高质量的旅游产品，应该破除“酒香不怕巷子深”的落后观念，充分利用各种方法，积极开展旅游宣传，引导旅游者的旅游决策。

四、旅游者对旅游交通的知觉

人们外出旅游，不可避免地要借助于各种交通工具。随着现代社会的发展，可供人们选择的交通工具越来越多，主要有飞机、火车、汽车和游船等。旅游者选择什么交通工具，与他们对这些交通工具的知觉印象密切相关。

1. 旅游者对飞机的知觉

旅游者总是希望旅行时间越短越好。旅游者进行国际旅游和远距离国内旅游时，飞机是首选的交通工具。在通常情况下，旅游者对各种客运班机的知觉主要与以下四个因素有关：飞机的起降时间；飞机的安全性和舒适性；机组人员的服务水平；中途着陆次数。

对旅游者而言，飞机能否按时起降直接影响到后续的旅游安排，影响到旅游计划是否会顺利地完成。因此，他们经常以飞机起降时间是否准时的知觉印象来评价航空公司的实力和服务水平。

安全是乘飞机的旅游者关注的另一个重要因素。自美国“9·11”恐怖事件以后，由于对飞行安全的顾虑而放弃这一便捷、快速的交通工具的旅游者的数量骤然增加。虽然飞机发生事故的概率要远远小于汽车、火车和游船，但是一旦发生事故，其破坏性大多是致命的。因此，旅游者都非常关注并收集有关航空公司和机型的飞行事故记录，以选择安全系数最高的航空公司和机型。

另外，舒适的乘机环境和良好的服务也是旅游者非常重视的因素。一般说来，热情、友好、周到、礼貌的服务，会使人产生亲切感，并留下美好的印象，使人乐于接近，乐于选择；否则，人们就会产生疏远的态度，拒绝选乘。因此，世界各航空公司都非常重视飞机上乘务员的服务态度与服务质量，并以此作为占领市场、提高竞争力的关键因素。

旅游者关注的另一个安全因素是飞机中途着陆的次数。所以旅游者都比较喜欢直达航班，这可能是因为直达航班一般不会在途中由于上、下旅客而耽搁时间，也不会有再次降落、起飞带来的不便，更降低了事故发生率。

2. 旅游者对火车的知觉

许多旅游者之所以喜欢乘坐火车旅游，主要原因是火车价格便宜、安全可靠、乘坐方便，而且还可以欣赏沿途风光。例如，日本的东海道新干线、上海浦东的磁悬浮列车，都以其快速、安全、方便、舒适等特征，赢得了旅游者的喜爱。旅游者对火车的知觉印象主要取决于三个因素。第一是速度，安全快速的直达列车最受欢迎。第二是发车及抵达时间。人们外出旅游都希望火车的发车和抵达时间能方便自己的观光游览等旅游活动，有利于制定自己的旅游计划。近些年来，我国铁道部门开通的特别是旅游列车，往往是朝发夕至、夕发朝至、朝发午至、午发夕至等。第三是舒适程度。旅游者希望火车车型好，设备齐全，车体外观和车内装饰高雅漂亮，整洁干净。此外，舒适的乘车环境和便利的设施也使火车成为休息、娱乐、社交的场所。例如，现在有一些全程卧铺的旅游列车，车上设有餐厅、酒吧等设施，这样的火车已经变成了“移动的旅馆”。

3. 旅游者对汽车和游船的知觉

现代高速公路网的建立健全，为旅游者选择乘坐汽车出游提供了越来越大的支持。尤其是在距离不太远的国内旅游中，汽车更显得安全、便捷和便宜。例如，在欧洲，大多数低收入的旅游者以花费更多旅行时间为代价选择乘坐旅游汽车的廉价旅行。旅游者对旅游汽车的知觉印象主要受下列因素的影响：车窗和车体的宽敞程度，座椅的舒适性，车身减振功能是否良好，有没有空调、导游服务、视听设备等。

游船经常被称为“浮动的休养地”、“浮动的大饭店”、“浮动的休闲娱乐场”等，因而并非一般意义上的交通工具。游船既包括海上漫游世界的豪华游轮，也包括穿行江河湖泊的一般观光船舶。旅游者对游船的知觉印象，主要与下列因素密切相关：游船能够到达的港口城市或旅游景点的多少，航程的远近，停靠地观光娱乐项目的吸引力，游船的舒适豪华程度，游船上的娱乐活动是否丰富、有趣等。

[关键概念]

1. 感觉 （sensation）
2. 知觉 （perception）
3. 旅游知觉 （tourism perception）
4. 人际知觉 （Interpersonal perception）
5. 第一印象 （first impression）

[复习与思考]

1. 什么是旅游知觉？旅游知觉有哪些特性？
2. 什么是第一印象？举例说明第一印象在旅游知觉中的地位和作用。
3. 联系实际分析应从哪些方面对旅游者进行鉴貌辨色。
4. 旅游者对于旅游目的地的知觉有哪些规律和特点？
5. 举例说明时间和空间价值在旅游交通知觉中的地位和作用。

[案例分析]

小路的委屈

宾馆服务员小路第一天上班，被分配在酒店A楼5层做值台。由于刚经过两个月的岗前培训，她对做好这项工作充满信心，自我感觉良好，一上午接待工作也顺手。午后，电梯门打开了，走出两位来自我国香港的客人。小路立刻迎上前去，微笑着说："先生，您好。"她看过客人的住宿证后，接过行李，一边说"欢迎入住本饭店，请随我来"，一边领他们走进房间，随手为他们沏了两杯茶放在茶几上，说道："先生，请用茶。"接着她又一一介绍客房设备设施："这是床头控制柜，这是空调开关。"这时，一位客人用粤语打断她的话，说："知道了。"但小路仍然继续说："这是电冰箱，这里有入住须知和电话指南……"没等她说完，一位客人便掏出10元港币不耐烦地递给她。这时小路愣住了，一片好意被误解，使她感到委屈。她红着脸对客人说："对不起，我们不收小费！谢谢你！如果没有别的事，那我就先走了。"小路出了房间，回到服务台。此刻，她心里乱极了。她实在想不通，自己按服务规范耐心给客人介绍客房设施，为什么会不受客人欢迎？

[问题讨论]：

如果你是小路，你会怎么做？

第三章

旅游者的需要与动机

[学习目标]

通过对本章的学习，掌握旅游需要与动机的内涵、类型及特点，了解旅游需要与动机的产生及影响因素，熟悉激发旅游动机的基本方法，为工作中最大限度地满足旅游者需要、激发旅游者动机提供心理依据。

[案例导入]

我们为什么旅行[1]

——皮寇·爱耶尔（Picou Ayer，美国）

我们去旅行，最初是想迷失自我，我们去旅行，最终是要找到自我。我们去旅行，开阔眼界，敞开心扉，去了解这个不能仅仅从报纸上了解到的世界。我们轻装上阵，以我们有限的知识，去领略地球上其他地方的富饶。我们旅行，使自己返老还童，让时间放缓它的脚步，沉溺于其中，再一次坠入爱河。

“旅行”意味着“自找苦吃”，至少我自己的旅行很大程度上是去寻找艰辛，包括感受自己的艰难和体验旁人的辛苦。这样一种意义上的旅行，可以让我们取得理性和感性的完美结合，一方面清晰地看世界，另一方面真实地思考。不假思索的观光显然是漫不经心的，而离开观察的思想又可能是盲目的。

旅行带来的最大乐趣就是：将我所有的相信和确定的事情统统留在家里，然后在不同的光线下，以不同的角度去审视那些我曾经认为完全了解的事情。

[1] http://www.topit.me/user/topic/272890. 有改动。

我们在旅途中学到的第一课，不管我们是否情愿，就是我们脑海中的许多自认为“放之四海而皆准”的概念，往往在其他地方、其他时间并非如此。我们将价值观、信仰和新闻带到要去的地方，在世界的许多地方，我们就是活动的电视和报纸，是将他们从根深蒂固的局限性中带出来的唯一频道。

我们旅行是为了找寻更好的问题，而不是为寻找答案。我们在审视他人的同时，自己也成为他人审视的对象；我们在吸收外界文化的同时，也被这一文化吸收着。普鲁斯特有句古老的格言：真正探索的旅程，并不是去看新的地方，而是用新的眼光。

旅行，不过是为了迷失自己，然后找到自己。

人们为什么要旅游？是什么原因使得人们兴致勃勃地一次又一次地选择旅游？这涉及旅游心理学首先要回答的一个基本问题——旅游消费行为的动因。旅游行为的产生，直接的心理动因是人的旅游动机，而隐藏在旅游动机背后的原因则是人们的旅游需要。需要引发动机，动机驱动行为，整个过程受到人格因素和外在环境的影响。研究旅游需要和旅游动机是旅游心理学必须回答的最基本问题。

第一节　旅游需要

随着社会的发展和人们生活水平的日益提高，人们对高层次的生活水准和生活方式的需要越来越强烈，需要已经成为人们旅游的最基本、最核心的内在动因。研究旅游者的需要可以解释人们从事旅游活动的内在动力，有助于深刻理解人们的旅游行为，有助于对旅游行为进行预测和有针对性的引导。

一、旅游需要的概念

需要是指个体由于缺乏某种生理或心理因素时而产生的一种主观紧张状态，也就是个体对一定事或物的需求和追求。人的生存和发展必须依赖一定的条件，条件不足就会导致生理上或心理上的匮乏状态，就会出现不平衡。当这种不平衡达到一定程度时，就必须进行调节，这时人就会感到需要的存在，产生恢复平衡的要求。需要是人类活动的基本动力，它能激发人们朝一定的方向努力，并指向某种具体对象，以求得自身的满足。

旅游需要是人的一般需要在旅游过程中的特殊表现，是旅游者或潜在旅游者由于对旅游活动及其要素的缺乏而产生的一种好奇心理状态，即对旅游的意向和愿望。

旅游需要的主体是旅游者，包括现实旅游者和潜在旅游者；对象是旅游，包括旅游活动本身及其旅游涉及的诸种要素。凡是以旅游为对象的需要都是旅游需要，而不是仅仅限定在人们对旅游产品和旅游服务的愿望与要求。

二、旅游需要的类型及特点

(一) 旅游需要的类型

人的需要是多种多样的，可以按照不同的标准对它进行分类。大多数学者采用两分法，把人的各种不同的需要归属于两大类，例如，划分为生理性需要与社会性需要，或外部需要与内部需要，或物质性需要与精神性需要等。

美国人本主义心理学派的主要代表马斯洛（A. H. Maslow）的需要层次理论是比较有影响、比较有代表性的学说。马斯洛把人的需要划分为五大类——生理需要、安全需要、社交需要、尊重需要、自我实现需要。

(1) 生理需要。生理需要是人的最基本需要，是维持个体生存和发展的一种基本需要，是应当最先得到满足的需要，如食物、睡眠、住所、御寒等需要。生活在贫困线上的人们关心的首要问题是最低层次的生理需要。只有解决了生存问题，才有可能考虑其他需要。

(2) 安全需要。人的基本生存条件得到保障之后，也就是生理需要基本满足后，就会出现安全需要。人们之所以愿意接受熟悉的事物，是因为陌生也就意味着不安全。人们都希望有一个安全、稳定、有秩序的生存环境，都希望保护自己免受来自各方面的危害。安全需要包括生命的安全、财产的安全、职业安全、社会治安等。如果这种需要不能得到满足，人们就会产生危机和恐惧感，就谈不上社交和尊重等更高层次的需要。

(3) 社交需要。社交需要又称为爱与归属的需要，是指个人渴望得到家庭、团体、朋友、同事的关怀、爱护、理解，是对友情、信任、温暖、爱情的需要。这一层次的需要如果得不到满足，人们就会感到孤独和失落。在现代社会中，随着物质生活的日益富裕，人们更加重视感情生活，追求归属感，因此人们的社交需要也越来越迫切。

(4) 尊重需要。尊重需要可分为自尊和他尊，包括自我尊重、自我评价以及尊重别人。尊重需要很少能够得到完全的满足，但基本上的满足就可产生推动力。

(5) 自我实现需要。自我实现需要是人所追求的最高目标，是最大限度地开发自身的潜能，实现自己的理想和抱负的需要。自我实现需要是最高等级的需要。满足这种需要就要求完成与自己能力相称的工作，最充分地发挥自己的潜在能力，成为所期望的人物。这是一种创造的需要。有自我实现需要的人，似乎在竭尽所能，使自己趋于完美。自我实现意味着充分地、活跃地、忘我地、全神贯注地体验生活。事实上，能满足这种需要的人很少。

从上述论述可以看出，人的需要是一个多维度、多层次的结构系统。因此，当从某个维度来考察需要时，应该注意人的各种需要都不是彼此孤立的，而是相互联系的。所以，对需要的各种分类仅具有相对的意义。

旅游需要是人的一般需要在旅游过程中的特殊表现。旅游者是旅游活动的主体，旅游者之所以要出门去旅游，首先就是为了满足自身对旅游活动的需要。从旅游者参与旅游活动的目的来看，旅游者的需要属于马斯洛需要层次理论中社交需要以后的高层次需要。但是从旅游者的具体旅游过程来看，旅游者的需要则是多方面的复杂的社会心理现象，涉及马斯洛需要层次理论的各个层次。

（二）旅游需要的特点

旅游需要是一种高层次的需要，是物质需要和精神需要的集合体，其特点主要表现在以下几个方面：

1. 多样性

旅游者的旅游需要千差万别、多种多样。旅游者包括各式各样的人，其宗教信仰、生活方式、兴趣爱好等方面各有不同，因此，他们的旅游需要是多方面的、复杂的。不同类型的旅游者有不同的旅游需要，同一类型的旅游者也有不同的旅游需要，就是同一个旅游者在不同的阶段也有不同的旅游需要。从旅游模式上看，有观光型、度假型、特种旅游型，特种旅游与度假旅游需要呈上升趋势，但观光旅游的需要主体地位不会动摇；从出游方式上看，有组团旅游、散客旅游、家庭旅游等多元化方式，旅游方式小型化是旅游需要的发展趋势，散客旅游方式在上升，组团旅游方式在下降；从旅游主题上看，有观光旅游、度假旅游、文化旅游、探险旅游、生态旅游等各种动机与目的的多元化方式，多元化旅游需要产生和促进多元化旅游方式的发展。

2. 层次性

旅游者的需要表现出明显的层次性。旅游者为缓解压力、寻求放松，为扩大交际，为提高声望、获得尊敬，为满足好奇和求知，为追求美好事物，为施展才华显示自己价值而外出旅游，正是他们不同层次需要的表现。不同旅游者由于经济、文化基础的不同，主导需要也有层次差别，有的旅游者看重生理享受，有的看重友谊和人际关系，有的看重文化，有的看重自然美，有的看重名誉和面子，有的则通过旅游实现自己的人生价值。

3. 发展性

人的需要是不断发展的，一种需要被满足了，另一种需要就会出现，低层次的需要得到满足时高层次的需要就会产生。旅游者的需要也是不断发展的。随着人们物质生活水平的提高，对求知、求异、求美、愉悦等精神方面的需求日益增强。他们希望借助旅游缓解紧张生活造成的精神压力，希望在旅游过程中获得知识，满足社会交往等。他们更加关注旅游产品中蕴涵的历史、地理、文学、艺术等文化内涵。对旅游中的物质性享受后，也更多地追求精神层面的需要，对旅游过程舒适性方面的追求越来越高。在旅游方式和旅游目的上，观光旅游正在向休闲度假旅游方向发展。在旅游地的选择上，人们出国旅游的需求明显增强。

[补充案例]

俄太空旅游生意日趋兴隆㊀

尽管目前每趟太空旅游的费用高达2500万美元，但显然比费用更膨胀的是人们对太空旅游的需求。据太空冒险公司总裁透露，目前已有12人报名参加太空旅行，以期在国际空间站上度过短暂的数天时间。与此同时，数位俄罗斯官员也表达了前往国际空间站的愿望。不过，他们并不会因为自己的地位而享受到价格上的优惠。

第二节 旅游动机概述

一、旅游动机的概念

1. 动机的内涵

动机是指引起和维持个体的活动，并使活动朝向某一目标的心理过程或内部动力。动机是一种心理过程，动机是由需要引起的紧张状态，由此成为一种内驱力推动个体行为以满足需要。需要得到满足后，动机过程随即结束，同时又产生新的需要，如此循环往复。

2. 旅游动机的含义

旅游是人的一种有意识的实践活动，是一种有目标吸引的外在行为反应。推动旅游行为产生、演进的内部力量是旅游动机。所谓旅游动机，是指直接引发、维持个体的旅游行为并将行为导向旅游目标的心理驱动力。旅游动机是个体整个旅游活动的起点，又贯穿在整个旅游活动的全过程，导向旅游活动的方向，并且对个体未来的旅游活动产生极大的影响。一个人一旦产生了旅游需要，旅游动机就推动其为满足旅游需要而进行种种努力，把行为指向特定的方向：作出旅游决策；开始旅游活动；维持旅游活动的进行并达

㊀ 舒伯阳.《旅游心理学》. 清华大学出版社. 2008.

到目的；满足旅游需要；最终消除心理紧张。不管旅游动机如何复杂，其实质都是为了满足人们的多种旅游需要。

[补充案例]

拉脱维亚另类旅游
——游客可体验前克格勃监狱痛苦[一]

据俄罗斯新闻网报道，拉脱维亚波罗的海港口城市利耶帕亚市推出一种另类旅游业务，允许外国游客和当地居民花上5欧元，到市内前克格勃监狱体验当年囚犯们遭受的所有痛苦，如果额外消费，还可体验被虐待、被（模拟）处死的感觉，也可以在牢房内过夜，不喝水、不睡觉。

在一个炎热的夏天，前监狱楼前聚集了20名另类游客，包括15名拉脱维亚当地居民和5名美国游客，准备在其后2h内到神秘莫测、阴森可怖的监狱一游。充当“克格勃看守”的迈里斯开始进入角色，向游客们说：“谁会到这所监狱里来？（当然是）企图窃取我们机密情报的资本主义间谍！”

游客们走过两层楼内阴暗的走廊，依次参观前克格勃监狱内部牢房，沿途可以感受到混合着血腥汗渍和悲惨过去的气息。全程监狱游的口号非常简单：服从！儿童也不能例外。参观过程中，突然响起了（模拟处决犯人）的枪声，一个8岁的小男孩在人群中哇哇大哭起来，随后就被禁止参观下一个房间。

充当囚犯的游客在监狱内各有分工，有人洗地板，有人举起双手、脸对着肮脏的墙壁罚站，所有人都要执行命令。和弟弟一起来旅游的27岁的美国女教师福勒说：“他们对我们说，如果我们放下手，就应（受罚）清洗卫生间，其实很难说那是厕所，只是在牢房地板上打了三个洞。”

近百年来这所监狱里关押的囚犯主要是政治犯，初建于1905年，沙皇用于关押起义的水兵。第二次世界大战期间，纳粹分子在这里虐待、杀害叛国者和开小差者。战后这里成了前苏联克格勃的秘密监狱，主要关押反对派分子。1997年彻底关闭，现在由利耶帕亚市军港拯救者协议管理、维持。

拉脱维亚举办的“监狱游”，让游客体验囚犯的感觉，在国内引起较大争议。反对者认为，把虐待人民的监狱变成旅游胜地是不正确的，不伦不类；支持者认为此举有教育意义，甚至还吸引了前苏联囚犯前来讲述自己悲惨的历史。

[一] 固山．中国新闻网．2006－08－07．有改动。

迈里斯说："纳粹占领利耶帕亚市期间共在这所监狱里杀害了160人，第二次世界大战时的囚犯至今还有两人健在，但他们不愿到这儿来回忆过去在这儿的痛苦时光。"

为什么有人愿意体验"痛苦"？这种现象似乎违背常理，但是旅游心理学对旅游者动机的探讨能够给出答案。人的一切行为都受动机支配，动机驱使人追求某一事物，从事某一活动；或驱使人避开某一活动，停止某一活动。动机是人行为的直接的、内在的原因。

二、旅游动机产生的条件

旅游动机的产生必须同时具备两个方面的条件：主观条件和客观条件。主观条件是个体的内在条件，即人对旅游的需要。但是人们具备了旅游动机的主观条件后，如果客观条件不允许，并不一定能够形成旅游动机，因而旅游行为最终也不一定能够发生。所谓的客观条件就是外在的诱因或刺激条件。旅游动机产生的客观条件通常可以归纳为三个方面：时间条件、经济条件和社会条件。

1. 时间条件

人们外出旅游必然要占用时间，如果不能摆脱繁忙的公务或无休止的工作，没有供自己自由支配的闲暇时间，人们就难以产生旅游动机。我国实行了每周五天工作制，增加传统节假日的放假天数，有国庆、春节两个"黄金周"。实践证明，这些时间条件对中国人旅游动机的产生起到了很重要的作用。

2. 经济条件

经济因素是产生旅游动机的基本前提。经济收入和旅游需要与旅游动机正相关。旅游是一种较高层次的消费行为，需要有一定的经济条件和支付能力作基础。旅游支付能力是指在人们的全部收入中扣除必须缴纳的税金和必需的生活及社会消费支出后的可自由支配的余额中，可以用于旅游消费的货币量。可自由支配的余额越大，旅游支付能力就越强。当一个人的收入水平仅仅能够维持基本生活需要时，他就很难产生外出旅游的动机。分析国际旅游发展的现状，可以发现，经济水平和旅游者的需要和动机有着密切的联系。旅游业的发达程度已经成为一个国家人们生活水平富裕程度的重要标志之一。研究表明，当一国的人均GDP达到800～1000美元时，其居民普遍会产生国内旅游动机；当人均GDP达到4000～10 000美元时，居民通常会产生国际旅游动机。我国目前正向全面小康社会迈进，2012年中国人均GDP已达到6100美元，居民的实际收入水平正在逐步提高，中国居民的消费结构也开始向发展型和享受型转变。我国现在的人均GDP水平正是使旅游需求全面释放的时期。从这个意义上来说，中国人也正处在普遍产生旅游动机的初始阶段。

3. 社会条件

旅游作为现代人的一种生活方式，不可能离开社会背景而单独存在，旅游动机的产生与国家或地区的经济状况、文化因素、社会风气有密切关系。一个国家的旅游发展程度同其经济发展水平成正比。由于经济发达，才有足够的实力开发旅游资源，建设旅游设施，促进旅游交通的发展，从而提高旅游综合吸引力和接待能力，激发人们的旅游兴趣和愿望。人们周围的环境和团体压力也会影响人们的旅游动机。单位经常组织旅游，或奖励旅游行为，对个体参加旅游活动有强烈的吸引力，从而促进人们旅游需要的产生，增强旅游意识，强化旅游动机，形成旅游行为。另外，社会风气与旅游时尚也能影响人们旅游动机的产生。邻居、同事、朋友的旅游行为和旅游经历往往能够互相感染、互相启发，在从众心理或一些攀比心理的作用下，也产生了旅游冲动，形成一种效仿旅游行为。除此之外，个体的人格特质、知识与受教育程度、价值观念、生活经历与旅游阅历等受社会文化因素影响的状况，也会影响人们的旅游方式。旅游动机也对政治环境和经济环境的变化特别敏感。当旅游目的地发生社会动荡或与客源国关系紧张时，旅游者会出于安全的考虑，放弃旅游计划或转向其他旅游目的地。

三、旅游动机的多元性

“人们为什么出去旅游？他们的旅游动机是什么？”许多学者对此进行了探究。事实上，由于人们的旅游需要是复杂多样的，同时旅游本身又是一项综合性的社会活动，因此，人们的旅游动机也呈现出十分复杂多样的特征。国内外许多学者从不同的角度对旅游动机进行了分析和归类，尽管这些分析和归类都具有共同之处，但是难以达成一致。

（一）国外对旅游动机的分类㊀

1. 罗伯特·麦金托什的旅游动机分类

美国学者罗伯特·麦金托什（Robert W. McIntosh）在与格普特（Gupta）合著的《旅游的原理、体制和哲学》一书中，把人们的旅游动机划分为健康、文化、交际、地位与声望四种基本类型。

（1）健康的动机：具体包括休息、运动、享受海滩乐趣以及其他与身体直接有关的动机。其特点是以身体的活动来消除紧张和不安。

（2）文化的动机：了解和欣赏异地文化、艺术、风俗、语言和宗教等动机。其特点是表现为一种求知的欲望。

㊀ 薛群慧.《现代旅游心理学》. 科学出版社. 2008.

（3）交际的动机：包括探亲访友、摆脱日常工作、家庭事务等动机。这类动机常常表现为对熟悉的事物感到厌倦和反感，并逃避现实和免除压力的欲望。

（4）地位与声望的动机：包括考察、交流、会议以及从事个人兴趣的研究等。这类动机的特点是通过旅游满足其被承认、被赏识、被尊重以及获得良好声誉的欲望。

这种分类方法把文化的动机专门作为一类划分出来，反映了现代旅游发展趋势的特点。

2. 田中喜一的旅游动机分类

日本学者田中喜一在1950年由日本旅游事业研究会出版的《旅游事业论》中将人的旅游动机也归为四类：

（1）心情的动机：包括思乡心、交友心和信仰心等。

（2）身体的动机：包括治疗需要、保养需要和运动需要等。

（3）精神的动机：包括知识需要、见闻需要和欢乐需要等。

（4）经济的动机：包括购物目的和商业目的等。

这种分类方法的优点在于每种动机的内容都比较具体、明确，但心情的动机与精神的动机的区分较为困难。

3. 波乃克的旅游动机分类

澳大利亚旅游学者波乃克则把旅游动机分为修养、文化、体育、社会、政治、经济六种类型。

（1）修养动机：包括休闲、娱乐、游憩以及异地疗养等。

（2）文化动机：包括修学旅行、参观、参加宗教仪式等

（3）体育动机：包括观摩比赛、参加运动会等。

（4）社会动机：包括蜜月旅行、亲友旅行等。

（5）政治动机：包括政治性庆典活动的观瞻。

（6）经济动机：包括参加订货会、展销会等。

通过几种类型旅游动机的观点分析比较，本书认为波乃克的分类比较通俗易懂，便于研究和应用。

国外较有影响的旅游动机分类还有很多。例如，日本学者今井省吾将旅游动机划分为消除紧张、扩大自己的成绩、社会存在三种类型；美国学者奥德曼把旅游动机划分为健康、好奇、体育、寻找乐趣、精神寄托和宗教信仰、专业或商业、探亲访友、自我尊重八种类型；美国学者约翰 A. 托马斯把旅游动机划分为教育文化方面、疗养娱乐方面、种族方面及其他四大类共18种。

（二）国内对旅游动机的分类

1. 刘纯的旅游动机分类

刘纯认为旅游行为来自以下六种动机：

（1）社交的、尊重的和自我完善的动机。通过旅游这一象征性行为，结交新朋友，获得独立感、自信心和自我舒适感，满足个体对爱、归属和自我完善的需要。

（2）基本智力的动机。通过旅游收集书本上没有的周围世界的事实，满足尚未满足的智力需要。

（3）探索的动机。用登山、滑翔、跳伞、潜水、乘坐气球或航海来满足人的好奇心和探索欲望。

（4）冒险的动机。大多数健康的人都喜欢冒险，这类旅游者通常都有以所有感官来体验世界的强烈欲望。

（5）一致性的动机。个体尽量在旅游情境中寻找标准化的旅游设施和服务，寻求和谐舒适感。

（6）复杂性动机。追求旅游带来的新奇和刺激，解除由单调生活引起的紧张感。

此种分类方法侧重理论假设的分析，而缺乏实证分析和实际应用价值，同时也有重叠交叉之处。

2. 其他学者的旅游动机分类

钟明喜和骆静珊主编的《现代旅游理论与实践》一书中将旅游者的动机概括为求实求异、求名求美、求知求胜和旧地重游、溯源访古四种类型；甘朝有认为能够引发人们旅游行为的主要旅游动机有健康、好奇心、获取乐趣、社会交往、寻求精神价值、闲暇和消遣、探亲访友与寻根归祖、地位和自我实现等九种；薛群慧主编的《现代旅游心理学》一书则将旅游动机分为六类：身心健康的动机、探奇求知的动机、社会交往的动机、求实的经济动机、纪念象征的动机、宗教朝觐的动机。

关于旅游动机的分类和类型，还可以列举出许多，而且从现存有关旅游动机的分类来看，都有其合理的内涵。分析和研究旅游动机对于预测人们的旅游行为、开发旅游资源、提供合适的基础设施等都具有指导意义。

（三）综合的旅游动机分类

综合诸家旅游动机的分类观点，结合我国具体国情，联系我国相当数量的旅游者的心理需要、社会需要和精神需要的实际中的差异，可以把旅游动机分为以下七种基本类型：

1. 探奇求知型动机

这是驱使人们认识和了解自己生活环境和知识范围以外的事物的旅游动机，包括以探险猎奇为目的的探险动机和以增长见闻为目的的求知动机。探奇动机和求知动机往往互相渗透，密不可分，故归为一类。探奇求知型动机与娱乐审美型动机在旅游动机中一样具有普遍性。文化旅游、考古地质考察旅游、工业旅游、民俗旅游、乡村旅游、森林旅游、草原旅游、沙漠旅游、修学考察旅游、军事旅游、体育旅游、参观博物馆与展览馆都有探奇求知型动机的成分，而探险旅游、科考旅游、生态旅游、登山旅游、海洋观光、横渡海峡旅游更是探奇求知型动机的直接产物。

探奇求知型动机的特点是，旅游者主要是以满足好奇心和求知欲为目的，从事具有新异性、知识性乃至冒险性的旅游活动。发展到今天，探奇求知型旅游动机已成为推动现代旅游的主要动机之一。由于此类动机能推动人们获得奇特的感受和全新的知识，即使在将来，它也不会呈萎缩之势。

2. 娱乐审美型动机

旅游活动是娱乐审美活动，所以，休闲、游览、娱乐、审美也是人们旅游的主要动机。娱乐型动机包括游山玩水的观光游览型，景区小憩的度假休闲型，是以获得休闲、快乐、乐趣为目的的；审美型动机以获得愉悦、美感为目的。娱乐型动机和审美型动机往往如影随形，也是密不可分的，归为一类。

娱乐审美型动机的特点是，旅游者主要是以满足求悦、求美需要为目的，从事快乐有趣、具有审美价值的旅游活动。在旅游动机中，娱乐审美型动机具有普遍性，几乎各类旅游活动的背后，都有娱乐审美型动机的推动。去异地参加游乐活动、游览名山大川，其主要动机便是娱乐审美。获取快乐、美感是人人所向往的，所以，该旅游动机一经形成，便发展迅速。近代以来，娱乐审美型动机已成为最普遍的旅游动机之一。在今后相当长的时间内，娱乐审美型动机仍将在各种旅游动机中居中心地位。

3. 身心健康型动机

此类动机包括两个方面的内容：一是生理上的健康动机，如以增强体质、恢复体力、治疗疾病、医疗保健为目的的旅游动机；二是指心理上的健康动机，如以消除心理紧张、缓解心理压力为目的的旅游动机。纵观古今旅游，不难发现，许多旅游类型的背后，都有身心健康型动机的存在，保健旅游、疗养旅游、温泉旅游、避暑避寒度假旅游等，主要是身心健康型动机推动的结果。

身心健康型动机的特点主要是：以促进身心健康或疗养为目的，推动人们从事调节身心节律、增进身心愉悦的旅游活动，满足人们身心健康的旅游需要。

今天，随着人们对健康的高度重视，健康旅游已成为旅游者最主要的旅游动机之一。随着社会文明的进一步提高，健康理念的深入人心，旅游的身心健康型动机在所有的旅游动机中将更为突出、更为重要。

4. 社会交往型动机

社会交往是人之本性，它既是人们需要的层面，也是人们外出旅游的重要动机。旅游的社会交往型动机包括以结识新朋、探访亲友为目的的亲和动机，和以故地重游、溯源怀古、归宗认祖为目的的寻根怀旧动机。近些年开展起来的拜访革命圣地、重走长征路、博物馆纪念馆旅游等红色旅游，知识青年返乡游，新婚或结婚纪念游，大型艺术节庆旅游，海外华侨、外籍华人、在华居住过或出生的外国朋友的探亲游、故国游、寻根游等，大多是出于这种动机。

社会交往型动机的特点是：旅游者以扩大交往、沟通情感为目的，从事增进友谊、联络感情的旅游活动，以满足人们爱和归属的旅游需要。任何一种旅游活动，都需要接触新的人际环境、进行新的人际交往，所以每一种旅游的背后都不同程度地存在社会交往的旅游动机。

随着人们非工作交流的日益减少和孤独感的日益加重，社会交往的旅游动机也会越来越强烈。

5. 宗教信仰型动机

这一动机是指直接推动某一宗教信徒暂时离开常住地参加宗教活动的内在驱动力。宗教信仰型动机的特点是：以增强认同、规范行为、调节心理、整合社会为目的，推动某一宗教信徒暂时离开常住地朝拜、求法、传教或参加宗教节日，满足人们宗教情感或宗教式情感的需要。宗教信仰型动机也是重要的旅游动机之一，所谓宗教旅行就是该动机推动的结果。即便宗教旅行不算旅游，该旅游动机也不容忽视。每年有数以万计的游客涌向宗教场所，旅游类型各种各样，多数类型都有宗教信仰型动机的推动。

6. 经济型动机

旅游的经济型动机主要包括购物动机和商务动机。前者以购物为主要目的，后者以商务为主要目的。由这种动机推动的旅游类型包括某地购物游、学术会议旅游、奖励旅游、大型商业活动游、大型体育活动游、庆祝或纪念活动游、差旅型旅游、商务旅游等。

旅游的经济型动机的特点是：以购买商品或从事商务活动或其他活动为主要目的，引发人们从事“捎带旅游”，满足人们的需要。旅游主要不是为了从事经济活动，但由经济型动机推动的经济活动却常常引发“捎带旅游”。现代社会讲究效率，即使异地购物或经商，人们也希望能兼顾经济活动与旅游活动，常常借购物或经商之机进行一些旅游活动。有些人为了购物专程或绕道到某地旅游，有些人为了商业或其他企业生产和营销的目的，去某地旅行以至停留相当长的时间，还有人作为企业的代表到某国、某地旅行并长住。这些都是受经济型动机的支配。

现代社会，旅游的经济型动机势头不减，购物旅游和商务旅游已成为两大主要旅游类型。随着旅游经济色彩的日益浓厚，旅游的经济动机仍将继续普遍存在。

7. 自我实现型动机

自我实现型动机主要包括展现自我动机和发挥自我动机。前者以炫耀自己的特殊经历、提高自己的社会地位为主要目的，后者以挖掘自己的最大潜能、充分发挥自己的个性为主要目的。豪华旅游、探险旅游、象征身份的出国旅游在很大程度上是这种旅游动机推动的结果。

自我实现型动机的特点是：以展现自我、发挥自我为目的，推动人们从事能够体现自我的旅游活动，满足人们自我实现的旅游需要。人人都有被尊重、被承认、被注意、施展才能、取得成就的需要。这种需要往往产生巨大的动力，驱使人们去展现、去发挥。旅游是极富有象征意义的产品，它能赋予旅游者以地位、声望和与众不同的感受，引起他人的仰望和羡慕。旅游又是一个自由的环境，人们完全可以按照自己的意愿去体验人生价值，发挥自己的个性。于是，旅游便成为满足人们这一需要的理想形式之一，越来越多的人把旅游看做是他们实现自我的一种有效手段。

[**补充案例**]

旅游境界的九重天㊀

网络上有人将旅游的境界分为以下九重：

第一重：奔有名的景点、大城市，比如中国长城的八达岭一段，或巴黎凡尔赛宫。

第二重：奔略微偏僻一些但又交通便利的小地方，像周庄。

第三重：奔自然风景、山山水水，像武夷山。

第四重：奔边远地区，像中国的西藏、新疆，以及中东、埃及。

第五重：徒步穿越，或骑自行车长途穿越，超过1000km以上。

第六重：洲际环游，如穿越非洲、南北美洲、中亚，或大洋洲。

第七重：花费2000万美元上太空。

第八重：文化底蕴深厚时，融入当地生活，如对巴黎的酒吧了如指掌，或者能对敦煌壁画激扬文字。

第九重：坐家中，执《鹿鼎记》，阅之甚欢，乃忘所在。

四、旅游动机的特点

1. 旅游动机的对象性

旅游动机总是指向某种具体的旅游目标，即人们期望通过旅游行为所获得的结果。比如，长期工作的紧张感就会使人产生去室外活动轻松一下或外出旅游的动机，寒冷的冬季会使人产生去温暖的南方旅游的动机，而炎热的酷暑又会使人产生去避暑胜地旅游的动机等。旅游动机表现出了人们对于某一事物或某一活动的指向。旅游动机一旦实现，总能给人们带来生理或心理上的满足。

㊀ 地图人论坛 . www. mapren. com. 2002 - 03 - 08. 有改动。

2. 旅游动机的选择性

人们已经形成的旅游动机，决定着他们的行动以及对旅游内容的选择。由于旅游者在国籍、民族、职业、文化水平、性格、年龄、兴趣爱好、生活习惯和收入水平等方面存在差异，他们对旅游活动的内容有很大的选择性。例如，在黄金旅游周期间，有的旅游者选择江南古镇水乡游，有的旅游者选择巴黎假日七日浪漫游，有的旅游者选择各地的“红色旅游”线路；在旅游方式上，有的旅游者选择参加旅行社组织的团队旅游，有的旅游者选择自驾车旅游等。此外，已经实现旅游动机的经验使得人们能够对旅游行为的内容进行分析和选择：哪些旅游行为要先行实现，哪些旅游行为可以留待将来实现；哪些旅游行为较容易实现，哪些旅游行为一时难以实现等。

3. 旅游动机的交叉性

旅游活动是一项综合性的社会、文化、经济活动，旅游者的旅游动机往往不是单一的，不同的旅游动机之间存在着关联，形成复杂的旅游动机体系。旅游动机体系中的各个动机具有不同的强度，在强度上占有优势的旅游动机往往主导着旅游行为的主要目标，其他旅游动机则为辅助动机。例如，旅游者在游山玩水的同时，又想顺便探望一下老朋友；在外出经商考察的同时，又想游览一下当地的人文景观等。

4. 旅游动机的周期性

人们的旅游行为是一个无止境的活动过程，因而旅游动机一般不会立即消失，它作为一种实际上起作用的力量常常会时断时续、时隐时现，表现出一定的周期性。旅游者的旅游动机获得满足后，在一定时间内暂时不会再产生，但随着时间的推移或另一个节假日的来临，又会重新出现旅游动机。旅游动机的周期性主要是由旅游者的生理和心理需要引起的，并受到旅游环境的发展进程和社会时尚节奏变化的影响。

5. 旅游动机的发展性

当一种旅游动机实现后，会在其基础上产生新的旅游动机，成为支配人们旅游行动的新的目标和动力，这是旅游动机发展变化的规律。随着我国经济的持续发展和物质文化生活水平的不断提高，旅游者对旅游对象和服务的要求都在不断地发展。这不但体现在标准的不断提高上，而且更体现在种类的日益复杂多样上。从1949年至今我国旅游业的发展轨迹看，60多年前人们一般仅能维持生存，旅游只是梦想而已。近年来，人们不但可以走出家门游览名山大川，更能跨出国门看看外面的世界；并且现在出门旅游除了要求能游山玩水之外，还要求游玩得有特色、有品位，要求身心都有所收获。不少旅行社为了满足旅游者的要求，已经从单纯的几十条国内旅游热线，拓展到数十条出国旅游线路、几百条国内游线；而城市观光游、生态游、健身游、探险游等专项旅游也纷纷出台，让旅游者各取所需。因此，旅游业作为文化性特征很强的经济产业，其旅游资源的不断开发，旅游接待设施的不断完善和配套，旅游产品的不断更新，正是旅游者需要不断发展的结果，使旅游动机具有发展性。

第三节 旅游动机的激发

激发旅游者的旅游动机，就是要调动旅游者旅游的积极性，刺激旅游者的兴趣与需要，促使潜在旅游者积极地参与到旅游活动中。如何激发旅游者的旅游动机？就要在分析影响旅游动机因素的基础上，采取相应的措施激发人们的旅游动机、产生旅游行为。

一、旅游动机的影响因素

旅游动机是一种内容较为广泛的社会性动机，受到多种因素的影响。为了强化人们的旅游动机，必须认识和了解影响旅游动机的因素。影响旅游动机的因素主要有客体因素、主体因素和社会因素。

（一）客体因素

客体因素主要是指旅游对象。旅游对象不但决定旅游动机的产生，也影响旅游动机的变化。旅游对象的性质和特性如何是影响旅游动机产生的客观条件。因此，旅游对象首先应当具有吸引力。旅游对象越独特，吸引力就越大，满足旅游需要的程度就越高，人们的旅游动机也就越强烈，旅游动机对该旅游对象的指向也就越明显。由于旅游需要的满足是个不断发展的动态过程，旅游对象在既有特色的基础之上，要不断地增加新的内容、新的种类和新的活动方式来适应不断变化的旅游需要，从而收到增强旅游对象吸引力的效果。

（二）主体因素

主体因素主要包括旅游者的旅游需要，旅游兴趣与偏好，旅游者的气质类型、性格特征，身体状况、工作生活及家庭环境、性别、年龄、受教育程度以及个体的旅游经验等。

1. 旅游者的旅游需要对旅游动机的直接影响

旅游需要不但决定旅游动机的产生，而且影响旅游动机的变化。首先，旅游需要的状况影响着旅游动机的强度。若旅游需要迫切，则旅游动机强烈；若旅游需要一般，则旅游动机较弱。其次，旅游需要还影响着旅游动机的指向性。旅游需要总通过一定的旅游对象来满足，旅游需要指向何种旅游对象，旅游动机即支配主体把选择方向指向何种旅游对象。

2. 人们的身体状况、工作生活及家庭环境对旅游动机的重要影响

身体状况对旅游动机的影响比较明显。身体状况的好坏、健康与否，直接影响个体旅游动机的产生和旅游动机的强弱。而且，还直接影响到旅游地、旅行方式的选择。身体状况差的旅游者对旅游方式、旅游地环境等多方面有较高要求。

长期的室内紧张工作或缓慢而单调的生活，容易强化旅游者改换环境、外出消遣放松或丰富阅历的旅游动机。家庭孩子幼小、经济拮据、观念保守，其成员旅游动机相对减弱；新婚燕尔、家境富裕、家庭观念开放者，旅游动机相对增强。

3. 旅游者的性别、年龄、受教育程度对旅游动机的重要影响

不同性别的旅游者的旅游动机也有很大的差异。男性相对于女性，外出机会比较多，而且男性的主动、猎奇等心理使其在行动实施上比较干脆。女性的依赖、被动性心理使其在考虑是否外出旅游时往往犹豫和迟滞，易受其他因素的影响。在旅游的目的上，男性多为满足其娱乐、社交及探险需要等，女性则多为了解风土人情和购物等。

年龄差异在旅游者的生命周期中表现尤为明显。不同年龄时期将出现不同的旅游需要与旅游动机，形成不同的旅游市场。年轻人较为活跃、好动，旅游动机多出自追新猎奇和求知欲望，但年轻人经济实力较差又影响出游。中年人在工作和事业上已有一定基础，他们的旅游动机大都倾向求实、求名或出自专业爱好和求舒适享受方面。但工作紧张加之上有老下有小，出游也有不利因素。老年人有富裕的经济条件和充足的时间，他们熟悉传统文化，易怀旧，更加关注健康问题，他们的出游可能成为经常的活动。特别是随着世界人口的不断老龄化，“银色”旅游市场将呈现迅速扩大的趋势。

受教育程度往往影响人们的旅游价值观念。受教育程度高者，喜欢变换环境，较乐于探险猎奇，具有挑战性，容易克服旅游中的陌生感和恐惧感等心理障碍，容易在旅游中领略美感和获得精神享受；受教育程度低者，往往认为旅游是“花钱买罪受”，即使出游，常喜欢前往较熟悉的旅游点，对于远行常会有顾虑，易产生不安全感，不能充分体验旅游的乐趣。

4. 个体的旅游经验对旅游动机的影响

人的旅游动机要受到以往旅游经验的影响与强化。旅游者会根据以往的旅游经验确定当前的旅游动机，他们认为这种亲身感受没有功利色彩，比来自于商业环境的信息更可靠。对旅游者来说，旅游消费水平和趋向的取舍、旅游态度的形成、旅游目的地的选择、旅游线路的确定、旅游行程的安排，都需要一个学习与经验而后再进行决策的过程。旅游体验对旅游动机的反馈与强化作用是十分明显的。旅游者以往成功的旅游经历、旅游经验和美好的旅游体验，可能产生重复购买同一旅游产品或认可同一旅行社服务的积极态度倾向，对形成新的旅游动机也会产生积极的正强化功效。克鲁泡特金说过：一个人只要一生中体验过一次成功的喜悦，就会终生难忘。相反，不愉快或失败的旅游体验会使人产生习得性削弱与抑制，即负强化，降低旅游动机强度，回避或取消旅游行为。

（三）社会因素

社会因素主要是指一个国家或地区的经济、社会、文化等方面的状况。社会

因素对旅游动机影响巨大。

一国经济发展总体水平直接关系到该国居民人均经济收入水平和社会基础设施的建设。而经济因素是影响旅游动机产生与强弱的主要因素。社会基础设施完善也是旅游动机产生的条件之一，一个地区旅游资源再好，如果没有基本设施的建设，如交通的通达性不够，那发展也是不可能的。中国正处于经济高速发展的时期，居民产生旅游的动机将会越来越强烈。在政治方面，一个稳定有序的政治环境是保证旅游得以长足发展的重要条件之一。一个国家如果政局不稳，社会动乱、治安差，不管是对该国游客还是对国外游客来说，他们承担的心理压力都非常大，那么旅游动机也不会产生。在文化方面，如民族风俗、宗教信仰、价值观念等都可以影响到旅游者的旅游动机。

二、激发旅游动机的方法

旅游动机的激发是指将人的旅游需求调动起来，提高旅游的积极性，从而促使旅游者选择旅游这种能满足人们较高层次需求的生活方式并付诸实践。旅游动机的激发要结合影响旅游动机的因素着手，旅游是旅游者主观需要和客观条件共同作用的结果，旅游动机的激发主要是从改变外在客观条件即提供旅游的外动力从而激发旅游者的内动力。旅游者旅游动机的激发可以采用下列方法：

（一）加大旅游宣传力度

旅游宣传是旅游需要与旅游对象的中介与桥梁，直接影响主体获得的知觉印象的性质和旅游动机的产生。通过宣传，将旅游信息传达给旅游客源地，激发旅游者到当地旅游的动机。旅游宣传促销可以传递旅游信息，树立良好的旅游地形象，提高旅游产品的知名度，引起潜在旅游者的旅游积极性，是激发旅游动机的重要因素之一。旅游宣传不仅指向国内游客，也可指向国际旅游市场。旅游宣传促销要有针对性。一是针对一般游客宣传旅游产品的自然和人文特色；二是针对不同的旅游目标市场宣传旅游活动的奇异性、愉悦性和价格的合理性；三是针对潜在旅游者宣传旅游环境的安全性、民族的好客性、设施的完备性、服务的周到热情性，以消除疑虑。同时，各种媒体之间应该相互配合，在使用传统宣传手段的同时更要使用高端现代宣传技术，做到全方位宣传。

（二）旅游资源要具有吸引力

人们外出旅游的目的就是通过观赏名胜古迹、自然风光、风土人情来满足身心的需要。而是否采取旅游的形式或到什么地方旅游，在很大程度上取决于旅游产品的吸引力，取决于旅游资源对人的需要的满足程度。旅游资源越有特色，其吸引力就越大，满足旅游需要的程度就越高，也就越能引发人们的旅游动机。

旅游资源要产生吸引力并满足人们的需要，应具有以下两种特性：

1. *在自然旅游资源方面要凸显其独特性*

个性是旅游资源的魅力所在。大自然在不同的经度和纬度上造就了千差万别、丰富多彩的景象，浓郁的南方热带风情与北国的冰原景观差异甚大。这些独特的景色都会对旅游者产生巨大的吸引力，激发着人们观奇探幽的旅游动机。在自然旅游资源的开发上，保存原貌是基本准则。旅游资源的形成往往经过漫长的岁月，原貌本身即是吸引力所在，保存原貌就是保存其固有的吸引力。独到的特色、鲜明的个性特征，是自然旅游资源的吸引力与生命力之所在，要尽力突出它的个性，并强化它、渲染它，以增加它的魅力。

2. *在人文旅游资源方面要突出其区域差异性*

由于各民族所处的生存环境不同，历史发展进程不同，所处的社会经济状况也必然不同。由此带来了各民族生活习惯、风土人情、服饰文化、志趣技艺、宗教信仰、民宅建筑等的别具一格，烙下了浓郁的民族文化内涵和鲜明的民族个性色彩的印记。对本民族或本地居民来说是习以为常的，对其他民族来说，则会感到惊奇而充满诱惑力。要突出人文旅游资源的民族特点和地域文化差异性，保持某些旅游景观的传统格调，突出民族性。越是民族的就越是世界的，也越具有吸引力，越有助于激发旅游动机。

旅游资源的开发和建设应注意突出并强化资源的独特性。旅游资源的价值在于特色和魅力。特色是旅游资源吸引旅游者出游的关键因素，是旅游资源开发的灵魂，是评价旅游资源价值的重要指标，有特色才有竞争力和吸引力。即便是同一类型的旅游资源，由于其所处地域及历史条件不同，表现出的面貌也不尽相同。旅游企业应采取多种方式突出并强化自身优势，增强其竞争力。例如，云南丽江玉龙雪山的成功开发，其一就是以玉龙雪山是世界上纬度最低的雪山为卖点，其二就是玉龙雪山与丽江古城、纳西文化联手共同缔造了丽江旅游业发展的传奇。

（三）不断完善旅游设施，全面提高旅游服务质量

旅游设施的完善程度，旅游服务质量的高低，是一个国家或地区旅游业发展成熟度的重要标志，也是能否吸引旅游者的重要因素。

旅游设施包括旅游交通设施、食宿设施、游览设施、娱乐设施、通信设施和购物的方便等。旅游设备设施要利于不同旅游者的需求。旅游设施的数量、规模、档次要充分满足旅游者的需要，保证旅游者进得来、住得下、玩得开、走得动、出得去，而且还要注意旅游设施能满足不同旅游者的需要，因为旅游者是多种多样的，有不同阶层的人，有不同收入水平的人，有不同心理类型的人等。例如为残疾人设置专用通道。

尽善尽美的服务是激发旅游动机的前提。由于旅游者的个体差异性决定了其对旅游服务的需求也各不相同，因此，旅游从业人员应在规范服务标准的基础上向旅游者提供个性化服务，最大限度地满足旅游者的需求，以促使其再次消费或免费为本企业作宣传。这种借助旅游者向周围人宣传旅游经历和感受的方式，也可诱发周围人的旅游动机，让更多的人投入到旅游活动中来。不仅如此，个性化服务在很大程度上反映了一个企业的服务质量。个性化服务体现在旅游服务的各个方面，如：旅游线路安排要合理、新颖；餐饮服务人员要热情、周到；宾馆服务要标准、热情、周到、娴熟；导游人员要耐心细致、知识面广，语言水平要高，导游技巧要高；驾驶人员要技术过硬、安全意识强等。总之，所有的服务都必须从旅游者的需求出发，尽力让旅游者体会到旅游是愉快的、舒适的、安全的，做到让旅游者乘兴而来，满意而归。

[关键概念]

1. 旅游需要 (tourism need)
2. 旅游动机 (tourism motivation)
3. 旅游主体 (main body of tourism)
4. 旅游客体 (object of tourism)
5. 旅游宣传 (tourism publicizing)

[复习与思考]

1. 简述旅游需要的特点及产生的条件。
2. 试述旅游需要的类型。
3. 简述旅游需要的发展趋势与对策。
4. 简述旅游动机的特点及产生的条件。
5. 试述旅游动机的主要类型。
6. 简述旅游动机的影响因素与激发方法。

[案例分析]

吕行云解读“仁者乐山，智者乐水”

山，尤其是享誉中外的名山大川，如泰山，可以说是山中的伟丈夫。它的每一块岩石都铭刻着岁月的沧桑与世故，正如仁者额头上的道道皱纹，是岁月和风雨的极好见证；登上峰顶，自然的回归使人顿时忘却了身后的红尘俗事，感受着造物主的伟大与自我的渺小，有了对生命意义的全新理解，有了抛却名利的自然之心。而这正是山的仁爱，它似乎在你不经意间时时处处告诉你做人的道理。山有脊梁，人有人格。山不在高，有仙则名。山和人的交融，使山更富有一种超然的灵性，多了几分神秘之感。而人也从山的灵性和奇峰独立之中，悟出了生命的真谛，有了“仙”的构架、“道”的灵悟。这也许就是乐山者必仁的原因吧！

水则是多变的，具有不同的面貌，它没有像山那样固定、执著的形象，它柔和而又锋利，可以为善，也可以为恶；难于追随，深不可测，不可逾越。聪明人和水一样随机应变，常常能够明察事物的发展，明事物之万化，亦与之万化，而不固守一成不变的某种标准或规则，因此能破除愚昧和困危，取得成功，即便不能成功，也能随遇而安，寻求另外的发展。智者大多会在水边，涉水而行，望水而思，让碧波清流濯洗自己的理智和机敏。

总之，山有厚重，水无常势。山和水构成了大自然中两种风格迥异的形态。山有其高、深、博、大，水有其灵、动、柔、变。水灵柔乖巧，化解万物，有容乃大，因此畅流不息。山是静止的书，它书写了青松气质、磐石风格，能够打磨你的刚毅和傲骨；水是流动的书，它记载了风花雪月，儿女情长，可以培养你的灵活和敏锐。读山，你能懂得什么是持之以恒；读水，你会悟出什么是稍纵即逝。直到现在，爱山、爱水，以山和水为自己人生的楷模，是许多中国人的最高追求。这也许就是山水可以陶冶人性情的原因吧。

[问题讨论]：

谈谈你自己对“仁者乐山，智者乐水”这句话的体会。

第四章

旅游态度

[学习目标]

通过对本章的学习，掌握态度的构成、特性及其形成和发展的规律，理解旅游态度与旅游偏好、旅游决策形成的关系，掌握改变旅游态度的基本策略，为进行旅游管理与服务的决策提供心理依据。

◆[案例导入]

态度决定一切㊀

某饭店，一位客人进入餐厅坐下，桌上的残羹冷炙还没有收拾。客人耐心等了一会儿，不见动静，只得连声呼唤，过了一会儿，服务员才姗姗而来，收拾起来慢条斯理不说，而且动作之粗放，真可谓“大刀阔斧”。客人问有什么饮料，这位服务员低着头，突然一连串报上八九种饮料名，客人根本无法听清，只得又问了一声：“请问有没有柠檬茶？”服务员不耐烦地说：“我刚才说有了吗？”说罢，扭头就走。客人茫然不知所措。服务员这一走，仿佛石沉大海。10 多分钟过去了，不见有人来，客人只好再叫。当问服务员为什么不上来服务时，这位服务员真是语惊四座：“你举手了吗？难道你连举手招呼服务员这点常识都不懂吗？”这一番话终于使客人愤然而去。

某饭店中餐厅午饭时间，几位客人落座之后开始点菜，并不时向服务员征询意见，结果费了半天劲，服务员应客人要求所推荐的餐厅拿手菜和时令菜客人却一个都没点，仍然问这问那。服务员还是很耐心地说：“几位初到本店吧？这里的菜肴很多，你们可以慢慢点。”几位客人终于点好了菜，服务员刚要离

㊀ 张建宏．中国旅游报．2005-01-19．有改动。

开，他们又要求换菜，服务员没走远几步，客人又改变主意要换菜，服务员仍笑脸相迎："没关系，使你们得到满意的服务是我们的责任和义务。"

旅游者在各自不同的社会经历与社会环境的影响下，不仅形成了旅游需要与动机，也产生了对旅游的不同态度。在影响人们旅游方式和旅游行为的诸要素中，态度具有极为重要的作用。了解旅游态度是旅游业正确决策的重要前提之一。研究旅游态度的概念、结构与特点，探索旅游态度改变的理论以及对旅游行为的影响，是旅游心理学的重要课题。

第一节　旅游态度概述

态度是一种复杂的心理现象，是个人个性倾向性的集中体现，对人的行为产生极大的影响。态度是旅游心理学的重要内容。旅游态度是旅游者在旅游活动中形成的对旅游商品或服务的肯定或否定的心理倾向。积极、肯定的态度会推动旅游者完成旅游活动，而消极、否定的态度则会阻碍旅游者完成旅游活动。作为旅游工作者，必须关注旅游态度，以便进一步提高旅游服务质量，促进旅游业的发展。

一、态度的概念

（一）态度与旅游态度

每一个人生活在社会环境之中，接触各种人和事物，会对它们产生各种各样的认识，对它们产生赞成、反对、喜欢或者厌恶等心理体验，以及对它们产生是愿意接近、认同，还是回避、拒绝等意向。这是人们对所面对的人和事物作出的行为反应的心理倾向，即心理学上所讲的态度。态度是对人、观念和事物产生的肯定与否定的情感。态度是一种心理倾向，态度是后天习得的偏好，态度是一种内在的心理体验，心理上的准备状态就是态度。

旅游活动是人们众多社会活动中的一部分，人们对它持什么看法，认为它是有意义的、有价值的还是没有意义的、没有价值的，是喜欢它们还是不喜欢它们，有没有参加旅游活动的打算和愿望，这就构成了人们对旅游活动的态度。例如，有人认为旅游活动可以开阔眼界，增长知识，陶冶情操，可以愉悦身心，增进身心健康，赞成而且喜欢旅游活动，希望能有机会参加旅游活动，这说明他对旅游持肯定、积极的态度。而有的人认为旅游纯属吃、喝、玩、乐，是一种消磨意志的低级活动，因而反对它，不喜欢它，自己没有参加旅游活动的想法，也不同意他人去参加，这是对旅游活动持否定、反对的态度。

旅游态度是人们将对旅游作出行为反应的心理倾向，是行为反应的心理准备状态，它虽然不是行为反应本身，也不是行为反应的现实，但却包含和预示着人们作出的行为反应的潜在可能性。一个人对某项旅游活动具有良好的态度，就包含和预示着他有参加这种旅游活动的可能性。人们对每一个旅游点，对每一项旅游活动，以及对开展旅游活动所必需的各种旅游条件，都会产生不同的具体态度，从而预示人们将作出什么样的选择，这就是旅游开发者和旅游经营者关心人们旅游态度的根本原因。

（二）态度的构成

态度是个人的内在结构，它由三种成分构成，即认知成分、情感成分和意向成分。

1. 认知成分

这是态度主体对对象的了解和评价。认知成分也被称作认识方面的成分或信念成分，是态度形成的基础，它是指个人对人、对客观事物的认识、理解和评价。旅游态度的认知成分为旅游者提供了有关旅游产品的印象。一般来说，认知因素是带有评价意义的叙述，叙述的内容包括主体对外界对象的认识与理解、赞成或反对。例如，“某旅游胜地的服务质量不错。”由认知因素所形成的对外界的知觉印象及观点，不但是人们了解和判断事物的依据，而且人们所形成的情感体验、人们的行为意图，都是建立在对对象了解、判断基础之上的。态度来自态度对象对人们的价值，也即对人的意义和用途。人们对某一事物的态度，取决于这一事物的价值。价值越大，人们的态度反应就越强烈。但态度不是直接等同于客观价值，而是一种对客观价值的认识。例如，人们可能相信西安某旅游胜地是具有相当规模的，当地的服务也不错。这里面的每一种信念和评价，实际上都反映了人们对西安旅游胜地的印象和看法。或者因为自已在某旅游胜地受到了不好的待遇，人们就对这里所有的旅游胜地产生不满意，这些就是人们对该旅游胜地所持有的态度的认知成分。

2. 情感成分

这是指主体对于对象的情绪反应。这种反应表现为一种情感体验，即对某一类社会事物喜爱或厌恶的体验程度。它是个体对人和物的感情或情感上的一种反应。态度的情感成分能够维持相当长的时间，有时还可能非常强烈，情感成分是态度的核心。态度并不总是以事实作为依据，其评价的尺度主要以个人对某种对象的情感强度为中心。例如，一个旅游者声称“我喜欢云南”，反映了该旅游者对云南进行感情评估的结果。

3. 意向成分

这是由认知成分、情感成分所决定的对于态度对象的反应倾向。它是行为的直接准备状态，指导人对对象作出某种反应，也被称为行为倾向成分，是态度的准备状态。通常表现为“做不做”、“怎样做”这样的指令，比如“相信某人的看法”。态度的意向成分是指个体对某些物体、人或情景作出赞成或者不赞成反应的一种倾向，它包括了表达态度的言语和行动。例如，对某旅游胜地持否定态度的旅游者，当他作否定表示时，实际上也已经准备好了抵制和拒绝去此地旅游的行为倾向；而对此地持肯定态度的旅游者，当他作肯定表示时，实际上也已经准备好了争取去此地旅游的行为倾向。

总之，一种态度所包含的这三种成分大体上是相互一致的。例如，当旅游者认为云南是个好地方时，他对云南的认知是持肯定的态度，那他在情感上一般也是喜欢云南的，至少不讨厌去云南。在态度的认知成分和情感成分一致的情况下，就意味着如果他有机会，他很有可能去云南旅游。态度包含的这三种成分的相互一致，对旅游营销来说至关重要，如果能够影响旅游态度的某一种成分，就很有可能改变和形成新的旅游态度。这是营销策略实施的基础。

态度的这三种成分有时也有不一致的情况。例如，有些旅游者可能认为去新疆进行探险旅游是非常不错的，但他很谨慎，不愿意冒任何风险，他在情感上无法摆脱可能出事故的担忧，所以他在行为上不可能去新疆探险旅游。当态度的三种成分不一致时起主导作用的是态度的情感成分。

二、态度的特性

1. 内隐性

态度本身是无法直接预测的，它存在于人的内心，必须从个人的行为或者与行为有关的语言行为中间接地推断出来。旅游态度是旅游行为的心理准备状态，是旅游主体内在的心理体验，很难直接观察到。尽管态度有一定的行为倾向，但态度不同于具体行为。一个人对旅游到底持什么样的态度，只能从他外显的表情、言论和行为中加以推测。例如，某游客称赞某次旅游使他满意，就可以推测出他的态度是肯定的或积极的。

2. 对象性

态度反映了主体与客体的关系，必须针对特定的对象，才能产生具体的态度，若没有对象，就谈不上什么态度。旅游态度也是有所指向的。旅游态度可以指向具体的旅游现象、旅游行为、旅游方式、旅游观念，针对特定的旅游对象，产生具体的态度。例如，对某一景点的看法，对某一旅游酒店的感觉，对某个旅游服务员的印象，都属于旅游态度。

3. 社会性

态度是通过学习获得的，不是生来就有的，是个体在社会经验的基础上，经过后天学习获得的心理结构，受到社会关系的制约和影响。个体通过学习和社会环境的影响，逐渐形成了是否喜欢旅游、喜欢到什么地方旅游、喜欢哪些旅游方式等旅游态度。旅游态度的社会习得性表现为旅游态度的差异性。态度的形成受到各方面主客观因素的影响和制约，不同旅游者的态度必然千差万别。

4. 稳定性与可变性

旅游态度的稳定性是指，具体的态度一旦形成，可能在相当长的时间内保持不变，具有相当的稳定性。按照 G. 阿尔波特（G. Allport）的观点，可以将其称为态度的持续性。旅游态度的稳定性在游客的行为反应模式上表现为一定的规范性与习惯性，“回头客”就是表现。旅游态度的稳定性容易产生先入为主的“刻板印象”，妨碍人们对旅游物象的客观认识。

旅游态度的可变性是指旅游态度的不稳定性、可调整性。按照建构主义观点，可以称之为态度的情境性。态度不是一成不变的，稳定是暂时的，变化是永恒的。当主观或客观因素发生变化时，如发生了旅游态度冲突、受即时情境的影响、创伤性的旅游经历的强烈刺激等，都会使人们的旅游态度发生变化。旅游是一种个人的旅行体验。所以，人们对于旅游的态度，不管是肯定还是否定，都较多受个人情感的影响，而不像其他态度那样，较多客观性。旅游态度的这种无形性（情感性），使得旅游态度带有更强的感情色彩和可变性特征。

其实，旅游态度既有稳定（持续）性，也有可变（情境）性。一般说来，内隐性态度较为持久，外显性态度则有较多的可变性。

5. 价值性

价值观是态度的核心。价值是指作为态度的对象对人所具有的意义。人们对于某个事物所具有的态度取决于该事物对人们意义的大小，也就是事物所具有的价值大小。人们对旅游的态度，取决于旅游对人们的意义与人们对旅游的价值判断。如果人们认为旅游对自己的价值大，就会产生积极的旅游态度；反之就会产生消极的旅游态度。

6. 协调性

态度的一个重要特点就是它具有调整功能。人们对某人或某事所持有的态度常常是三种成分协调一致的。例如，某旅游者若认为他的旅游对象的选择是对的（认知成分），他就会对该景点抱有好感（情感成分），也就表现为积极的行动倾向（意向成分）。如果态度的三种成分不一致，个体就会对其中的因素进行调整，以保持态度的协调一致。这就是旅游态度的协调性。

三、影响旅游态度形成的因素

旅游态度的形成受多方面因素的影响，其中影响比较大的有下面几种因素：

1. 旅游需要的满足与否

个体对凡是能满足自己的旅游需要或有利于实现目标的对象，一般都能产生喜好、欢迎的态度，而对影响满足旅游需要和妨碍目标实现的旅游对象，则会产生排斥以至厌恶的态度。例如中国既有丰富多样的旅游资源，人民又热情好客，这样就能满足旅游者的旅游需要，旅游者就喜欢到中国旅游，对中国产生积极的旅游态度。如果在旅游中未能住进预订的饭店、交通受阻，服务不佳或活动计划被改变，则会产生反感，造成消极的旅游态度。

2. 知识的影响

个体对旅游对象的态度，会受到所获得的关于旅游对象的知识的影响：获得那些关于对象的正面知识，会产生积极的态度；而受负面知识的影响，则会产生消极的态度。一个参观了中国旅游展览的外国人和没有参观该展览的人，由于受知识状况的影响，对到中国旅游的积极程度是不会相同的。知识能够形成态度，也能够改变原有的态度。

3. 团体的影响

每个人在社会上都与一定的社会团体（如家庭、学校、工作单位、社会活动组织）相关联，每个社会团体的成员都有一些需要共同遵守的成文或不成文的行为规范，有大体相同的知识，成员的态度无形中受团体压力的影响，对自己所属团体的态度有支持和接受的倾向。例如，一个人对旅游已持有态度，由于家庭中其他成员对旅游持相反的态度，他的态度强度就会发生变化，甚至转而同意其他家庭成员的态度。

4. 个性特征的影响

个性特征是影响个体旅游态度的重要心理因素。这是个体自身内部因素的作用。兴趣使个体的心理活动集中指向兴趣的对象，表现出极大的关心，这本身就包含着一种积极的态度成分。兴趣还使人接近、选择兴趣对象，从事自己感兴趣的活动，而远离、回避那些自己不感兴趣的对象。不同的兴趣会产生不同的态度。当人们对某项旅游活动产生了兴趣，或对某项旅游活动不再感兴趣，都会引起态度性质的变化。由于气质和性格的不同而产生不同的个性倾向，使人们对旅游对象也会产生不同的态度。例如，具有内倾性格特征的人，往往对那些比较安静、变化因素较少的旅游活动持积极的态度；而气质和性格具有外倾性的人，则会对比较活跃、带有某种程度的探险性质的旅游活动持比较积极的态度。

5. 其他因素的影响

个人创伤性或戏剧性的经验，会影响或强化人们的旅游态度。例如，人们乘坐飞机旅游途中，由于飞机出现故障或因恶劣气候而紧急降落，会使人们改变对乘飞机旅游的态度。他们可能在今后旅游时，尽量避免选择飞机这种交通工具。

所谓“一朝被蛇咬，十年怕井绳”，就是对这类创伤性经验影响的一种概括。人们在旅游中戏剧性的经验也会对旅游态度起到重要作用。例如，外国游客参加了事先未作安排的太湖钓鱼活动，又真的钓上来一条鱼，心里就会非常高兴，他用宣纸做成鱼的拓片，作为这次旅游的美好纪念。这种预料之外的带有戏剧性色彩的经验，会极大地强化他对中国旅游的良好态度。

第二节 旅游态度与旅游行为

一、旅游偏好与旅游态度

心理学研究指出，态度与旅游偏好之间有着必然的联系。人们对旅游的态度一旦形成，便会产生一种对旅游的偏好，这种对旅游的偏好将会直接导致人们的旅游行为。所谓旅游偏好，是指人们趋向于某一旅游目标的一种心理倾向。也有学者认为，旅游偏好是建立在旅游者极端肯定基础之上的一种针对态度对象的行为倾向。态度虽然只能间接地预测人们的旅游决策和行为，但能直接地预测旅游偏好。

从旅游企业角度来说，应尽量使旅游态度由消极变为积极，进而促使旅游偏好的形成。偏好的形成依赖于旅游者对态度对象的认识，通过旅游促销，向旅游者传送新的知识和新的信息，有助于旅游态度的改变和旅游偏好的形成。

旅游偏好受下述几个因素的影响：

1. 态度的强度和态度对象的属性

态度的强度即态度的力量，它是指个体对对象赞成或不赞成的程度。一般来说，态度强度越大，态度就越稳定，改变起来就越困难。

态度对象的属性，就是人们在旅游活动中所寻求的充分满足自己旅游需要的基本利益。例如，人们选择到海滨城市大连去旅游，主要是因为那里有“山围辽海水围市，山有弯环水有态”等迷人的景色。这些旅游景点的属性成为人们形成旅游偏好的强烈吸引物。这说明，旅游态度对象的属性越鲜明，越突出，越独特，旅游者向往的态度就越强烈。

2. 支撑态度的信息种类和信息量

旅游态度所掌握的信息量和信息种类多少是旅游偏好形成的重要依据。因为掌握的信息能影响人们的心理和行为倾向。一般说来，倾向性的信息越多、越复杂，就越能产生对某一旅游对象的偏好。

3. 态度对象的吸引力

人们对于某一旅游对象偏好的形成，关键取决于这个旅游对象的吸引力。旅游对象的吸引力越强，越可能形成旅游偏好。对于一个旅游者或潜在旅游者来说，一个旅游对象或一个旅游目的地的吸引力不仅与他所希望寻求得到的特定基本利益有关，而且与该旅游对象或旅游目的地提供这种基本利益的能力有关。乔纳森·古德里（Jonathan Goderie）通过实验研究，总结出一个计算旅游对象吸引力的经验性公式，具体如下：

吸引力 = 个体获得利益的相对重要性 × 个体感觉到的对象提供利益的能力

因此，对于旅游业经营主管来说，为了增加一个旅游目的地（或旅游对象）的吸引力，就要努力按照旅游对象或旅游目的地所提供的某种能力改善它的形象，或提高某种基本利益的竞争能力。

二、旅游决策与旅游态度

旅游决策是指人们为了实现预期的旅游目标，在两种以上备选旅游方案中合理选择最满意的方案的过程。人们在外出旅游之前，尤其是在进行远距离和长时间的旅游之前，都有一个决策的过程。在可支配时间与金钱的约束下，旅游决策对任何人都是一项重要的决策。旅游决策的内容包括：是旅游还是不旅游；为什么要去旅游；到什么地方旅游；都有谁参加旅游；什么时间出游；旅游多长时间；采取什么方式去旅游等。对这些问题，人们都要进行反复的考虑、权衡，最后作出旅游决策。

人们的旅游决策一般要经过这样的程序或过程：旅游者先在自己能力所及的范围内收集各种旅游信息，学习各种相关知识，在此基础上，通过旅游认知、旅游情感、旅游意向三个因素的综合，形成对旅游的基本态度，根据态度的强度和复杂性，形成旅游偏好。人们的旅游偏好能否实现，要受到社会因素的重大影响与制约。这些影响决策的社会因素包括：旅游者所处的社会阶层、文化与亚文化生活环境，角色与家庭、参照群体的影响，媒体的宣传力度，旅游对象的特点和价格的吸引与刺激力度，旅游服务的水平和安全情况等。人们会根据对这些影响因素的分析研究，对多种可能的方案进行比较，权衡各种利弊、优劣，在时间、费用可行的范围内，最终逐一排除不理想的方案，选择最满意的旅游目的地和确定最满意的旅游方案，这就是作出旅游决策的过程。当要进行一个较大消费的旅游决策时，旅游决策过程要更复杂些，会在寻找方案和对方案的评估上花费更多的时间。由此可以发现，旅游决策是一个权衡得失的过程，是一个旅游态度的弱强转换过程。

第三节　旅游态度的改变

一、旅游态度的形成过程

态度不是与生俱来的，而是在人的成长过程中逐渐习得的。旅游态度是人们在一定的社会环境中，慢慢地经历了各种旅游实践，这些体验性经历最终成为他对待旅游的态度。

根据美国心理学家凯尔曼（H. C. Kelman）1958 年提出的态度形成的三个阶段的理论，旅游态度的形成可以概括为服从阶段、同化阶段、内化阶段。

1. 服从阶段

在服从阶段，人们为了获得报酬或避免惩罚而表面顺从他人的立场和观点，这是态度形成的模糊时期。服从阶段的特点是，行为不是个体真心愿意的行为，而是一时的顺应环境要求的行为。例如，某项旅游法规的出台之初，很多旅游企业和从业人员执行起来很不习惯，也遇到很多困难，但是大家都清楚，如果违背了法规就会给自己带来不良影响，所以，人们不得不去执行这些法规。

2. 同化阶段

在同化阶段，旅游者个体不再是被迫地，而是心甘情愿地去接受他人的旅游观点，使自己的旅游态度与他人的要求相一致。同化阶段的特点是个体不是被迫而是自愿地接受他人的观点、信念，使自己的态度与他人的要求相一致。人们在比较中学习，试图与他人取得一致的意见和态度，采纳他人的态度特征。例如，参加旅游行业协会并自觉遵守行规。

3. 内化阶段

在内化阶段，旅游者从内心深处真正相信并接受他人的旅游观点，转变自己原有的旅游态度，形成新的态度，并且自觉地以这些态度作为衡量旅游行为的内在标准，来指导自己的旅游行为。例如，因违背旅游行规而感到很不自然。在这个阶段，新吸收的观点和看法已经被纳入自己的态度体系之中，成为稳定的内在心理因素。态度的内化阶段多属态度的认知部分，是个体理智感的表现，是产生旅游行为的内部心理基础。

由态度的服从阶段经由态度的同化阶段发展到态度的内化阶段是一个复杂的心理过程。不是每一种态度都能走完这个全过程，有的态度在第一或第二阶段就结束了。旅游态度形成的影响因素是多方面的，包括持久性较强的社会环境的影响、团体的影响、家庭的影响和好友的影响，也包括个体的学习、观察与模仿、极端深刻事例的刺激等个体知识经验因素的影响，还受到包括气质、性格、需要、动机、兴趣等个体个性因素的影响。

二、影响旅游态度改变的因素

影响旅游者态度改变的因素是多方面的。应该说，凡是影响态度形成的因素，都会影响态度的改变。不同的态度发生改变，其难易程度是不同的。根据近代旅游心理学的研究成果，影响旅游态度改变的因素可以概括为以下三个方面：

（一）旅游者本身的因素影响态度的改变

［补充案例］

母亲态度的改变

一家三口人决定外出旅游：孩子提出坐飞机，因为自己还没有坐过飞机；父亲有些犹豫；母亲则坚决反对，理由是太贵。最后决定坐火车。到达旅游目的地后，在入住旅馆选择房间时，母亲变得大方起来，主动提出入住条件比较好的房间。

母亲的态度为什么会发生这么大的变化呢？

1. 性格特点

性格上缺乏独立性和判断力而依赖性较强的人，比较容易受他人宣传的影响和信任权威而改变态度；而思维定力较强或独立性强、思想迟钝呆板、生性倔强的人，一般不愿接受新观念，对他人的劝告经常表示出抗拒，其旅游态度不容易改变。自尊心较强的人的旅游态度也不容易改变。

2. 智力因素

在一般情况下，智力水平高的人因为具有丰富的知识，有一定的分析判断能力，善于断定言论的合理性与逻辑性，其态度的改变往往不是被动的，而是主动的。智力水平低的人由于缺乏判断力，容易被说服，容易接受他人的暗示或团体的压力而被动地改变自己的态度。但这与所接受信息的性质有关，如果是强调屈服性的信息，智力高的人比智力低的人较不容易被改变态度，即意义浅显的信息对智力高的人不具有说服力；而强调注意与了解的信息，则智力低的人比智力高的人较不容易受其影响，智力低的人不容易接受信息的内容而不愿意改变态度。

同此，对受教育程度高、社会地位高的人，要想改变他们的态度一般也很难。

3. 兴趣的强度

对态度对象有很强的兴趣，态度不容易改变；反之，则容易改变。

（二）态度本身的特点影响态度的改变

1. 态度的强度

旅游者受到的刺激越强烈、越深刻，态度的强度就越大，因而形成的态度就越稳固，也就越不容易改变。例如，一位游客在一次旅游过程中受到了身体上的严重伤害，这种伤害可能是终身性质的，由于创伤性经历的刺激强度大，这位游客对旅游的安全问题产生了深刻而强烈的态度，从此再也不外出旅游了。极端的态度不容易改变。

2. 态度的稳定性

一贯的、稳定的态度不容易改变。经过长期经验形成的一贯性态度不容易改变。如果态度是幼时产生的，也不容易改变。

3. 态度的价值性

如果态度与个体的利益密切相关，即态度的价值性越大，则越不容易改变。与人的基本价值观念有密切关系的态度也不容易改变。如果能最大限度地满足旅游者的需要，就比较容易地使其改变态度。例如，人们基于“只有好好休息，才能更好地工作，人应该有多方面的活动和丰富的知识，生活才会更有意义，更有朝气”这种对生活的基本价值观念，产生了对旅游的良好态度，认为“旅游是积极的休息方式，又是开阔眼界、增长知识的有效途径”。建立在这种对生活的基本价值观上的旅游态度，就不容易改变。

4. 态度能满足需要的情况

对于能同时满足人的多种需要的态度对象的态度，不容易改变。例如，五星级酒店能同时满足人们的舒适、安全、显示身份与地位的多种需要，人们对五星级酒店的良好态度就不容易改变。

5. 态度要素的一致性

态度在三种构成成分之间存在内在的紧密联系，如果组成态度的认知成分、情感成分、意向成分三个要素是协调一致而没有矛盾的，态度就稳定，就不容易改变。反之，三个要素之间不协调的态度是不稳定的，容易发生改变。例如，某位游客对华山这个知名的旅游景点有很好的印象，他对去华山旅游有积极的态度，但由于他的性格和身体等方面的原因，在感情上对华山的险峻有着恐惧的心理，那么他也很难作出去华山旅游的决定。

（三）外界条件影响态度的改变

1. 信息的作用

旅游态度是在他们接受各种信息的基础上形成的，各种旅游信息也会对态度的改变产生影响。人们在旅游行动之前，都会主动收集与此有关的各种信息。一般说来，信息传达者的信誉与权威越高，人们对他传达的信息就越信任，也就越容易改变人们的旅游态度，这是名人广告效应的基本原因；信息传播的媒体与方式不同，对改变人们态度的效果也不同，广告等媒体的传播效果一般不如口传信息具有决定性效力；内容复杂的信息，直接向受众明示结论为好，而内容简明的信息，由受众自己得出结论效果好；各种信息间的一致性越强，形成的态度越稳固，因而越不容易改变。

2. 旅游者之间态度的影响

态度具有互相影响的特点，这在作为共同消费者的旅游者之间表现得更为明显。因为旅游者之间的意见交流，不会被认为是出于某种功利性，也不会被认为是有劝说其改变态度的目的，因而不被戒备。根据认知理论，类似的事物往往被作为同一体而被感知。由于旅游者之间存在角色、身份、地位的相似性，存在目的与利益的共同性，彼此间的意见也就容易被接受。当一个人知道某种意见来自与其利益一致的一方时，就乐意接受这种意见，有时甚至主动征询他们的意见作为自己的参考。

3. 群体的作用

群体的规范与习惯力量会形成一种无形的压力，从而影响群体中成员的态度，旅游者的态度改变受到所属群体的要求和期望的影响是很大的。如果一个人与所属群体内大多数人的意见是一致的，那他就会感到有力的心理支持，否则就会感到来自群体的压力，可能改变自己的态度。例如，一个人很想去外国旅游，但他所在群体的人们都在国内旅游，他就可能在群体的影响与压力下，改变自己的想法，打消出国的念头。这就是群体压力下的从众行为。个人与群体的关系直接关乎态度的改变力度。个人在群体中的地位高，就越容易接受群体的规范。个人对群体越是重视，归属感和依赖性越强，就越容易将自己的态度改变得与群体一致。

旅游态度形成之后很难改变，但并不是绝对不能改变。旅游态度改变的过程中，会涉及各种各样的因素，有效地改变他人的旅游态度，必须充分把握影响旅游态度的因素，针对各种各样的因素，采取行之有效的方法，作出相应的对策。

三、改变旅游态度的基本策略

旅游活动的组织者和经营者都希望有更多的人对旅游活动抱有积极的态度。但是在现实生活中，并不是所有的人都对旅游抱积极的态度，更不可能所有的人对某种特定的旅游活动都抱有积极的态度，有的旅游者可能对某种旅游产品抱有消极的态度。所以，旅游组织者和旅游业经营者就应当采取有效的策略和行之有效的方法，使那些对旅游产品存在消极态度的人改变其旅游态度。那么如何改变旅游态度呢？

1. 更新旅游产品，提高旅游服务质量

旅游产品是旅游者在旅游过程中购买的各种物质产品和服务的总和。只有旅游产品具有满足人们旅游需要的功能，才有可能使人们产生积极的旅游态度。态度的特性原理说明，改变一个人的态度，最容易的方法就是改变态度的对象，即改变旅游产品自身的形象。更新旅游产品是改变旅游态度的根本途径。

从我国旅游业的现状看，存在的主要问题是旅游产品种类不多，结构简单，交通不太发达，产业观念相对滞后。因而，旅游者对旅游过程中的交通、住宿、餐饮、景观等方面常常产生不满情绪，有些时候还认为旅游是花钱买罪受。例如，由于交通“瓶颈”现象的存在，使人们外出旅游时最头疼的就是买票难问题，特别是到了旅游旺季，正是这样，使得许多人退出了旅游者队伍。另外，有些旅游点的人文景观也难以让旅游者满意。例如，前些年一窝蜂兴起的“游乐宫热”，全国各地一套模式修建的“西游记宫”、“历险宫”等，现在大都因经营不善而关门歇业了。鉴于这种情况，为了改变旅游态度并促进旅游业的可持续发展，必须更新旅游产品，不断提高旅游服务质量。为实现这一目标，可以从以下几个方面着手：

(1) 改善旅游基础设施的建设。旅游基础设施包括交通、通信、金融、文化娱乐、宾馆饭店等。没有完备的旅游设施，再好的旅游资源也很难形成规模市场。旅游基础设施的建设要跟上时代发展的步伐，要适应日益繁荣的经济环境的要求。

(2) 运用科学方法，完善服务的手段和策略，提高服务质量。运用科学方法对旅游从业人员进行业务训练，提高他们的服务水平，简化服务过程，有利于旅游者形成更加肯定的态度或变消极的态度为积极的态度。

(3) 运用价格策略。对一般人来说，旅游服务项目的价格是一个比较突出、比较敏感的问题。因此，适当地运用价格策略，可以使旅游者产生“公平合理”的感觉。例如，在物价上涨的情况下，降低产品的价格或保持价格不变但增加服务的品种和项目，就可以收到较好的效果。此外，也可以改变服务的手段和策略，如通过预订车船票、代办金融信贷等业务，都可以改变旅游态度。

2. 重视旅游宣传，改变旅游者的知觉

旅游态度的形成依赖于对态度对象的认识，以后接受的新信息有可能改变原有的态度。努力向人们传播旅游产品的新信息，有助于旅游态度的改变。

旅游产品的新知识要通过有利的宣传让人们了解。在向旅游者进行旅游产品新知识的宣传时，要努力提高信息的可信度，宣传的内容与事实相符合。要利用名人效应，使说服者的身份具有使人信服的权威性与吸引力，发挥权威暗示效应。

态度的改变离不开知觉，新的知觉可以引起态度的改变。例如，旅游服务行业提出的“星级服务”、“微笑服务”、“顾客就是上帝”等口号，就是想通过改变旅游者的知觉影响旅游者的行为。有时候，旅游服务公司用改变名称，或赋予一个能够使人引起联想的新名称的办法，能够促使人们改变对该公司和该公司所提供的旅游服务的知觉。在这方面，最成功的事例恐怕就是美国的“美利坚合众国航空公司”。这家公司原名“阿勒格尼航空公司”，它是美国东部地区一家地区性的航空公司。改变名称的做法，其目的在于改变人们的知觉，使人们不再把这家公司仅仅看成地区性的航空公司。

3. 改变旅游者的知识积累，树立积极的旅游观念

态度是在知识的积累和信息的收集后所形成的。改变一种态度，最好的办法是改变知识的积累和信息的内容。例如，有人一向对旅游持反对的态度，这也许是因为他对旅游缺乏足够的认识，如果不断改变他的知识结构，增加他对旅游信息的了解，他就会逐渐习惯这种产品，促进他的认知、情感和意向的一致性，则

他对旅游的反对态度也许就会慢慢改变，减少消极的程度。改变旅游者的知识积累和信息，就应该加大旅游宣传的力度，让旅游的益处家喻户晓、深入人心。

人们对旅游的态度，归根结底取决于人们的价值观念和信念。不止中国，即使在发达的欧美国家，虽然旅游事业已高度发展，由于受传统价值观念和信念的影响，大多数人仍将旅游视作奢侈品和高级奢侈品，而不似购买家电、大衣橱等普通日常生活必需品那样来得自然和舒坦。所以，要改变旅游态度，就必须在观念上树立旅游有益于健康、旅游是良好的生活方式的信念。

4. 引导人们参与旅游活动，激发潜在旅游动机

要改变人们对于旅游的态度，加大旅游宣传的力度固然必要，但百闻不如一见，旅游宣传应该与直接参与旅游活动同时并举，方能相得益彰。旅游经营者要努力增加参与性旅游项目。

美国学者保罗·拉查斯费尔特（Paul Lazarsfeld）在美国1940年总统大选的选民调查中发现，许多人在选举时的投票意向，往往不是直接受大众传播媒体的影响，而是受自己生活圈中有威望的人即“意见领袖”的直接影响，而这些“意见领袖”所接收的信息才是来自大众媒体。在信息的传播中显然存在着两级或多级的“意见领袖”的传播，信息才会被大众所接收并产生效果。这就是著名的“逐级传播论”。因此，旅游宣传也应当首先引导团体重点人物参与旅游推介活动，争取“意见领袖”的认同，对团体其他成员产生重大影响。上海推出的“百万人看上海”活动，就是把外地人请到上海，让他们对上海有一个实地的体会和感觉，通过引导参加旅游活动改变他们对于上海的旅游态度和旅游决策。

潜在旅游动机是指与某个特定情景有关，但还没有影响到旅游决策者的动机。例如，旅游者去丽江旅游的时候，起初他并没有计划要到泸沽湖去，后来经人介绍了泸沽湖的摩梭风情，他可能会改变原来的旅游安排，前往泸沽湖参观。参观泸沽湖的动机，应该说一开始与这位旅游者的旅游决策过程无关，是一种潜在的动机，而这种潜在动机的激发，对于强化这位旅游者的态度并激发其参观泸沽湖的行为，有着较大的作用和影响。

[关键概念]

1. 态度　（attitude）
2. 旅游消费态度　（attitude of tourism consumption）
3. 旅游偏好　（tourism predilection）
4. 决策　（decision）
5. 认知　（cognition）
6. 情感　（emotion）
7. 行为　（behavior）

[复习与思考]

1. 分析态度的构成。

2. 简述态度的特性。

3. 试分析旅游态度的形成过程。

4. 试述旅游态度的影响因素与改变方法。

5. 如何利用影响旅游态度改变的因素或条件来促进旅游者改变态度？

6. 假设你是一名导游人员，请根据游客的语言来判断他们的态度，并且思考一下你应该如何回答。

（1）客人甲对你说："你必须给我买到飞机票。"

（2）客人乙的护照丢了，跑来对你说："王先生，我的护照不见了！这可怎么办呀？"

（3）七十岁的老人走失了，他太太对你说："哎呀，王先生，不得了啦，你看怎么办呀？"

（4）你让客人准时上车时，客人丙嘴一撇说："别理他，我们走我们的！"

[案例分析]

桃李酒家又重新火了起来

桃李酒家开业的初期，由于价格公道、管理规范加上烹饪技艺高，一度取得很好的效应，顾客反映：菜肴品种丰富，味道好，价格适中，服务也好。于是生意很红火，老板的感觉良好，他的态度开始发生变化，原来每天早到晚归、班前动员、班后小结，监督采购、严把质量关。现在生意好了，不愁没人吃了，自己也可以歇一口气了。于是迟到早走，班前会班后会不开了，原材料采购也不把关了，菜肴质量不稳定，价格也慢慢上涨。饭店生意大变，门前冷落车马稀，客人不再喜欢到饭店吃饭了。老板认识到自己的错误，决心自我整顿。首先他公开贴出"向顾客道歉书"，并郑重承诺恢复原价，明码标价；每周推出新菜肴三种；加强管理，提高服务质量；在柜台旁的玻璃橱窗里陈列每天的新菜肴，分量、质量公开，接受顾客的监督。这些措施推出不久，桃李酒家又重新火了起来，门庭若市了。

[问题讨论]：

1. 开始的时候顾客为什么会形成对饭店的偏爱？

2. 饭店老板是怎么来改变顾客的态度的？

第五章

旅游者的人格特征

[学习目标]

通过对本章的学习，了解人格的含义与特性，认识和了解有关人格的理论，具有能够根据旅游者的外部表现来分析旅游者类型的技巧，认识旅游者的气质和性格，具有一定的预测和引导旅游者行为的能力，为从事旅游服务工作奠定心理基础。

◆[案例导入]

一路向北，勇敢地出发[1]

对我来说，“神州北极”漠河和西藏一样，是一个神秘的、容易造梦的地方。最北的地理位置、20 多个小时的极昼、绚丽五彩的北极光以及 -40℃，都是一个个的光环吸引着我一路追随而去。所以，我去漠河。

刚好结束一项工作，我迫切地想要出发。出发吧，出发吧！这突然之间的强烈的渴望和冲动来得那么迅猛、那么急不可耐，使我无法按捺。于是我开始埋头研究路线、寻找攻略，然后在寻找游伴未果的情况下，买好车票、背上容积有65L的大包，一个人莫名其妙地上路了。

疯了疯了，从决定出发到上火车，我只花了 3 天时间。那本被无数人当做是“圣经”的《在路上》里说：我们在路上，我们眺望远方。

[1] 邹本涛，赵恒德．《旅游心理学》．北京大学出版社．2008．有改动。

这是一个背包旅游者发表在某论坛上的一段游记，该旅游者的气质类型和性格特征跃然纸上。什么是旅游者气质与性格？有哪些特点和类型？它们对旅游行为有何影响？这是本章将要讨论的重点。

人格主要反映出人们的心理差异现象。在现实生活中，可以从周围的人身上看到各种各样的人格差异。例如，有的人热情奔放，有的人冷淡孤僻；有的人聪慧敏捷，有的人反应迟缓；有的人顽强果断，有的人优柔寡断；有的人善良助人，有的人恃强凌弱等。这些各具特色的人物性格给人们留下了鲜明的、深刻的印象。这里主要研究的是人与人之间存在着哪些人格差异、是什么原因造成的人格差异、个体的人格差异又是如何形成和发展的、用什么方法可以测定出人格的差异等问题。本章将先界定人格及其基本特性，介绍几种主要的人格理论，然后分析气质与性格的含义及其相互关系。了解这些，将有助于对人格特征进行有效的解释与调整，进而更好地改善与塑造自我。

第一节 人格概述

每一个人都有比较系统、完整的关于自己以及对接触的人的行为、品行的看法，不论是否意识到它的存在，它实际上就是一种潜在的“人格理论”。这种理论帮助人们随时随地解释和预测他人的行为并控制自己的行为。那么究竟什么叫做人格？明确阐明这一概念并不是一件很容易的事。有许多概念多与人的行为风格相联系，诸如气质、性格、个性等。

一、什么是人格

人格一词的英文 personality 是从拉丁文 persona 演变来的。拉丁文的原意是面具。面具是用来在戏剧中表明人物身份和性格的，而这也就是人格最初的含义。早在古希腊时期，人们就已使用“人格”的概念，并引申出较复杂的含义，包括：一个人的外在行为表现方式，他在生活中扮演的角色，与其工作相适应的个人品质的总和，声望和尊严等。由于人格具有多个学科的不同含义，我国心理学界一般把人格称为“个性”，并借用“个性”一词来说明一个人在生活舞台上所担负特定角色时的种种心理表现。

心理学家们对人格是什么进行了大量探讨，提出了众多的定义。人格心理学家阿尔波特曾列举出 50 种不同的定义，足见人格概念中的分歧，同时还表明了人格的复杂性。但众多定义有一个基本相似的看法，即认为人格是与人的行为风格或行为模式有关的概念。从以下各种定义可以看到这种共识：“人格是个体由遗传和环境决定的实际的和潜在的行为模式的总和”（艾森克，1955）；“人格是一种倾向，可借以预测一个人在给定情境中的行为，它是与个体的外显的和内隐的行为联系在一起的”（卡特尔，1965）；“人格是稳定的心理结构和过程，它组织人的经验，形成人的行为和对环境的反应”（拉扎勒斯，1979）；“人格是个人心理特征的统一，决定（内隐的或外显的）行为，同他人的行为有稳定的差异”（米歇尔，1980）。

综上所述，人格是心理特征的整合统一体，是一个相对稳定的结构组织，是在不同时空背景下影响人的外显和内隐行为模式的心理特性。人格标志一个人具有的独特性，并反映人的自然性与社会性的交织。

这个定义反映了人格的复杂性与多维性，它包括：

1. 整体性

它是指人格不是单一的特质，更不是多个特质或特征的简单堆砌，而是多个身心特质之间相互密切联系的一个有机组织。各特质之间的协调整合保证了人们与外界的和谐相处，保证了个体自身的健康完整，同时又是自身发展的前提。一旦这些特质之间出现了断裂，不但特质间无法实现调整，而且也无法将外界经验纳入到自身的人格结构之中，精神分裂症就是极端的代表。

2. 稳定性

“江山易改，本性难移。”这种稳定性一方面表现为跨时间的持续性，即个体的人格特征在不同年龄阶段趋于稳定；另一方面表现为人格特征跨情境的一致性，也即个体的行为虽然随情境变化而有不同，但其人格特征不变，例如一个孩子很友好，不仅他在学校表现得很友好，在家里或其他场合都表现得很友好。当然，稳定性是相对的，个体的人格也会受到重要事件的影响，从而出现部分人格特质的改变甚至整个人格结构的改变，人格具有一定的可变性。

3. 独特性

这种独特性或者人与人之间的差异性，不仅体现在各人格特质的数量、组合方式上，还体现在每种特质的表现方式上，即便都是外向的人，表达方式也会有很大差别。即使是同卵双生子，他们的人格也不会完全相同。因为人格是在遗传、环境和教育多种因素影响下发展起来的，每个人所面对的这些因素及其相互关系都不可能完全相同。

4. 动机性与适应性

人格“支撑”行为，它驱使人趋向或回避某种行动，寻找或躲开某些刺激。人格是构成人的内在驱动力的一个方面，它的动机性与内驱力或情绪不同，它似乎是“派生的”，情境刺激通过人格的“折射”引导行为，致使行为带有个体人格倾向的烙印，成为一定的行为模式。人格的这种驱动力反映着人格对人的生活活动具有适应性的品质。

5. 自然性与社会性的综合

人格蕴涵着人的自然属性和社会文化价值两方面。人格是在个体生活过程中形成的，它在极大程度上受社会文化、教育内容和方式的塑造，然而它以个体的生理特点为基础。

人们也常用“个性”一词代替人格，它们在概念表述上是一样的。不过，在日常生活中，使用“个性”一词常常更能强调个体的独特性。而对“人格”一词，日常又往往在贬义上使用，如“某人人格太差”，这样的使用把人格完全归结为道德范畴，就违背了其科学含义。

需要说明的是，许多心理学家在概念上把人格定义为人惯常表现出的具有一贯性、稳定性的行为模式或心理特性。也就是说，人格具有跨时间、空间（情境）的一致性。由于这种一致性，才能识别出每一个人，把他同其他人区别开来。这种在不同其他人之中寻求一致性的认识倾向，是人们的知觉恒常性的一种扩展形态。人格一致性针对人，而知觉恒常性针对客观事物，但都是人的认识的一种特点：寻求规律，从而使世界看起来更有序、更容易预测，使人们的认识更为简捷、经济。然而，就像人们的知觉恒常性并不总是100%可靠一样，关于人格一致性的看法，也会有其片面性，而并非总是可靠。

我国心理学界通常把人格等同于“个性”，认为人格或个性就是指在一定的社会历史条件下，每个具体个人所具有的意识倾向性，以及经常表现出来的、比较稳定的心理特征的总和。它包括需要、兴趣、动机、态度、信念、价值、理想等意识倾向性，以及气质、性格、能力等稳定的心理特征。

二、人格理论

人格理论就是探讨人类行为的本质，对人格的构成和性质进行概括而形成的一系列学说。心理学家们从各自的经验和实验研究出发，对人格提出了各自不同的看法，形成了不同的理论学派。很难说哪种人格理论是正确的，哪种人格理论是错误的，每种理论都是从不同的角度和深度揭示人格的某一方面或某一层面。了解这些人格理论，对于多角度、多层次地理解个体的人格，并采取相应的措施来影响和促进人格发展具有重要的指导和参考价值。其中最有影响力的四种理论是特质理论、精神分析理论、社会学习理论和自我理论。

（一）特质理论

人格特质理论把人格认定为是由诸多特质构成的。所谓特质，就是对人的行为始终产生影响的因素。

然而，对人格特质进行分类并不容易。例如，在英语中有大约18 000个形容词可用于描述人格特质。这是不是说就有18 000种人格？是否可以对这些特质分类？该怎么分？或者，这些特质是否又可以组合，形成更多种结构类型？为了回答这些问题，特质学家们作了长期的探索。特质研究是最早开展的人格研究，但直到今天，这方面的研究仍在持续，理论界并没有就现存的各种模型达成完全一致的意见。其代表人物有阿尔波特、卡特尔、艾森克等。

1. 阿尔波特的特质理论

阿尔波特是人格特质论的创始人，他认为：特质是人格的构造单位，是真实存在于人内心的“一般倾向”，是对个别行为习惯整合的结果。特质具有相对持久性和动力性，能引导行为，并造成行为的一贯性，是个体独特性的来源。阿尔波特指出，特质之间是相对独立而又彼此重叠的，一系列特质相互交织整合在一起，就构成了人格。然而，对于不同人来说，不同特质在人格中扮演的角色和起的作用并不相同。阿尔波特研究认为，每一个人都具有三种类型的特质：根本（cardinal）特质，核心（central）特质，次要（secondary）特质。

（1）根本特质。根本特质又称枢纽特质。这种特质主导着整个人格，渗透于人的一切活动之中，使所有的行为都反映出它的影响。例如，吝啬就是“悭吝人”的根本特质，他的所有行为都反映出他吝啬的品质。

（2）核心特质。核心特质也是具有概括性、弥散性的行为倾向，是人格的重要组成部分，是描述人格的基本要素，只是其渗透性逊于根本特质。阿尔波特发现，描述一个自己所熟悉的人的核心特征，平均只需要 7.2 个特质，他概括道：人格的主要特征大约由 5~10 个核心特质组成。

（3）次要特质。次要特质是指对于描述一个人来说显得并不很重要，或者在一个人身上并非经常、一贯性地表现出的人格特质。这些特质常常因人的习惯、态度、趣味以及环境刺激因素而改变或转换。

2. 卡特尔的人格特质理论

卡特尔（R. B. Cattell，1905—1998）1947 年在阿尔波特的基础上开始了他的人格特质实证研究工作。卡特尔认为人格的基本结构元素是特质。特质是从行为推出的人格结构成分，它表现出特征化的或相当一致的行为属性。也就是说，人格特质是在不同情境中表现出来的稳定而一致的行为倾向。

卡特尔根据人格特质的独特性，将人格特质区分为独特特质和共同特质。前者是个体所特有的人格特质，后者是许多人（同一群体或阶级的人）所共有的人格特质。虽有共同特质，但共同特质在各个成员身上的强度却各不相同，而且共同特质在一个人身上也是会发生变化的，即不同时间有所变化。共同特质中基本的根源特质比较稳定，而与态度或兴趣有关的特质则不那么稳定。这就为人格的变化提供了依据。

卡特尔还根据人格特质的层次性，将人格特质区分为表面特质和根源特质。表面特质是指一群看起来似乎聚在一起的特征或行为，即可以观察到的各种行为表现，是能够从个体外部行为中直接观察到的特质，是个体的行为表现。它们之间是具有相关性的。根源特质是行为的最终根源和原因，虽不能直接被观察到，但却是对个体的行为起制约作用的特质。根源特质是堆砌成人格的砖块。

表面特质与根源特质的关系是，前者是后者的表现形式。每一个根源特质控制着一簇表面特质。根源特质可以看成人格的元素，它影响人们的行为。卡特尔推断所有的个体都具有相同的根源特质，但每个人的程度不同。例如，聪慧性是一种根源特质，它是不能直接观察到的，但可以从人们解决问题的正确性和速度等方面间接地推测出来。这里解决问题的正确性和速度就是表面特质。

卡特尔通过对实证材料的因素分析，由对表面特质的因素分析找到它们所属的根源特质。卡特尔认为，每个人都具有16种根源特质，如表5-1所示。但是，每个人的人格特质存在一定的量的差异，正是由于这种量的差异，才使个体之间表现出人格结构上的差异。

表5-1 16种根源特质高分者与低分者的不同特征

根源特质	低分特征	高分特征
开朗性	缄默、孤独	乐群、外向
聪慧性	迟钝、学识浅薄	智慧、富有才识
稳定性	情绪激动	情绪稳定
支配性	谦虚、顺从	好强、固执
兴奋性	严肃、谨慎	轻松、兴奋
有恒性	权宜、敷衍	有恒、负责
勇敢性	畏缩、退怯	冒险、敢为
敏感性	理智、着重实际	敏感、感情用事
怀疑性	信赖、随和	怀疑、刚愎
幻想性	现实、合乎成规	幻想、狂放不羁
机敏性	坦白直率、天真	精明能干、世故
忧虑性	安详沉着、有自信心	忧虑抑郁、烦恼多端
实验性	保守、服膺传统	自由、批评激进
独立性	依赖、随群附众	自主、当机立断
自律性	矛盾冲突、不明大体	知彼知己、自律谨严
紧张性	心平气和	紧张、困扰

卡特尔认为16种根源特质中有些特质是由遗传决定的，称为体质根源特质；而有些特质来源于经验，因此称为环境塑造特质。卡特尔认为在人格的成长和发展中遗传与环境都有影响。他经过一系列的运算发现，遗传与环境对特质发展的影响哪个更重要，是因特质的不同而异的。例如聪慧性特质估计遗传约占80%～90%，并估计出整个人格结构中大约有2/3取决于环境，1/3取决于遗传。

3. 艾森克的人格理论

艾森克（H. J. Eysenck）长期致力于研究方法，他把因素分析法与实验法结合起来研究人格，经过长期的研究和观察，他提出了自己的人格维度理论。艾森克认为，虽然人格在行为上的表现形式是多样的，但真正支配人行为的人格结构却是由少数几个人格维度构成的。其中内外倾性和神经质（情绪性）是人格的两个基本维度。艾森克提出鉴别人的人格类型主要可以采用两个维度，把两个维度画成两条线：一条线代表内倾与外倾，从中间向着一端去判断，越接近端点，其内倾或外倾越明显；另一条线代表情绪稳定与不稳定，若以此线中间为基点，往不稳定一端去判断，越往端点越不稳定，若向稳定的一端去判断，越接近端点则越稳定。

艾森克通过大量的研究用外倾—内倾维度和稳定—不稳定维度的相互关系来说明人的特质，并说明其与四种基本气质类型的对应关系，如图 5-1 所示。根据两个维度的分析，可以把人分成稳定内倾型、稳定外倾型、不稳定内倾型和不稳定外倾型四种类型。稳定内倾型相当于黏液质；稳定外倾型相当于多血质；不稳定内倾型相当于抑郁质；不稳定外倾型相当于胆汁质。

艾森克认为居中间位置的人占多数，只有少数人属极端典型的类型。

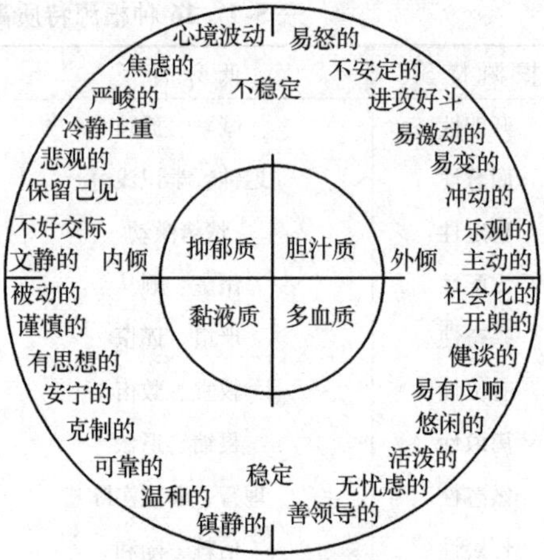

图 5-1 艾森克人格结构维度

资料来源：陈仲庚，张雨新．《人格心理学》．辽宁人民出版社．1986.

4. 人格特质的新理论

（1）“大五”人格因素模式。20 世纪 80 年代末以来，人格研究者们在人格描述模式上达成了一些共识，认为人格有五种最主要的稳定的特质，即“大五”人格因素模式。

外向性（E）（extraversion）：热情奔放的、健谈的、自信的、活跃的、社交的、果断的、富有冒险精神的、乐观的。

神经质（N）（neuroticism）：焦虑的、敌对的、压抑的、冲动的。

认真性（谨慎性）（C）（conscientiousness）：有条理的、负责任的、可依靠的、尽职胜任的、公正自律的、谨慎克制的。

适意性（随和性、宜人性）（A）（agreeableness）：善良的、合作的、可信任的、直率的、利他的、依从的、谦虚的。

开放性（O）（openness）：明智的、有想象力的、独立思考的、具有审美能力的及情感丰富、求异、富有创造力的。

这五个特质的头一个字母构成了“OCEAN”一词，代表了“人格的海洋”。目前，“大五”人格因素模式（又称为“五因素人格结构理论”）被称为当代人格心理学新型的特质理论。

（2）“大七”人格理论。“大五”人格因素模式也引发了一些争论，一些有代表性的研究指出，研究人格时应包括评价性特质。待里根等人（Tellegen 和 Waller，1987）用不同的选词原则，获得了七个因素，构成了七因素模型。这七个因素是：正情绪性、负效价、正效价、负情绪性、可靠性、宜人性、因袭性。与“大五”人格因素模式相比较，七因素模型增加了正效价（如优秀的、机智的、勤劳的等）和负效价（如邪恶的、凶暴的、自负的等）两个因素，自称“大七”人格理论。

（二）精神分析理论

1. 弗洛伊德的理论

弗洛伊德的人格理论主要可以分为两大主题：人格结构与人格发展。

（1）人格结构。弗洛伊德的人格理论认为，人格是由本我、自我、超我三个部分组成的结构。

本我是人格结构的基础。本我包括许多原始的、与生俱来的本能或欲望（如饥、渴、性等），其中以性和攻击冲动为主。本我受“快乐原则”的支配。本我是人格结构中能量的供应源，一切以寻求原始动机的满足为原则，它追求最大限度的快乐，要求满足其欲望，而不管其欲望在现实中实现有无可能，也不受社会道德规范的约束。刚出生的婴儿处在本我状态，长大后，本我大部分处在潜意识状态下，人们较难察觉。本我的作用在于寻求兴奋、紧张与能量的释放，追求快乐，逃避痛苦，它具有冲动性、盲目性和非理性的特点。

自我是在出生以后从本我中分化出来的。自我受“现实原则”支配，一方面它要满足本我的原始冲动，追求快乐；另一方面它还要符合良心、道德等超我的评价，以社会能够接受的方式满足个体需要。自我的基本任务是协调本我的非理性需要与现实之间的关系。为了使本我的需要在以后适当的时候得到更大的满足，它往往推迟满足某些需要，表现为对本我需要的控制和压抑。

超我是社会教化的结果。个体在一定的社会文化背景下，获得了一定的知识经验和行为规范，这些知识经验和行为规范就内化为个体的超我。超我代表了人格结构中的良知、理性的一面。它随时监视着本我，当发现不符合理性或不符合行为规范的需要时，就警告自我，迅速地加以抑制。超我是个体经过社会化，将道德伦理、社会规范及价值标准等内化而成的人格部分，受“完美原则”的支配，代表道德、良心和理性，管制不容于社会的原始冲动，让个体因错误的本我冲动而产生自卑感和罪恶感。

自我和超我是由本我逐渐分化而来的。自我是本我、超我、现实世界三者的

“仆人”，经常处在三者的包围中，极力地协调三者的关系。当三者相互矛盾时，就会产生焦虑。本我、自我和超我交互作用，保持个体人格平衡和谐的状态。本我的冲动应有机会在符合现实而无害于社会规范的条件下获得适当的满足，否则个体会产生不良的适应行为。

(2) 人格发展。弗洛伊德的精神分析理论重视人格的发展，弗洛伊德认为，人格各成分处于动态冲突与平衡的过程之中。其中本我所代表的无意识冲动主要是性需要（即快乐需要）的满足，这种满足总要通过身体的某一个部位或区域的快感来实现，而这个区域在个体发展的不同时期是不同的，这就形成了人格乃至整个心理的发展阶段。

第一，口腔期（0~1 岁）：婴儿本我从吮吸等口腔刺激获得满足和快乐。当父母训练婴儿学习自己扶奶瓶吸奶、用杯子喝东西时，个体开始体验本我的期望与现实要求间的冲突，导致婴儿自我的发展。若此时婴儿口腔活动无法获得满足，则可能会形成将来的“口腔性格”：自恋、被动、依赖、退缩、悲观、猜忌，表现出咬指甲、吃手指、抽烟、酗酒、贪吃等行为问题。

第二，肛门期（1~2 岁）：幼儿通过大小便排泄获得满足，得到快感。当父母开始对幼儿进行如厕训练的时候，个体本能欲望开始被规定在何时何处才能获得满足，幼儿自我进一步发展。若此时父母训练如厕过分严格，则可能导致将来的“肛门性格”：冷酷无情、顽固、刚愎、吝啬、暴躁、生活秩序紊乱等。

第三，性器期（3~5 岁）：儿童以抚弄自己的性器官而获得快乐和满足，爱恋异性父母，体验“恋父情结”或“恋母情结”，同时对同性父母产生敌对和嫉妒。但儿童会压抑这种动机而认同和模仿同性别父母的人格，开始其超我的发展。这一时期的发展若无法顺利完成，这可能会因与父母竞争而产生罪恶感，或导致将来性生活失败等不良适应行为。

第四，潜伏期（6~11 岁）：儿童性冲动与攻击冲动开始进入潜伏期，转为开始注意学校的活动、嗜好、运动及同性伙伴的友谊，价值观的学习使超我获得进一步发展。

第五，生殖期（12~18 岁）：由于性器官的成熟，个体由儿童进入青春期，开始对异性产生兴趣，在心理上逐渐有了与性别相关的职业计划、婚姻理想等，并从自我中心阶段转入利他阶段。至此，个体性心理的发展即告成熟。

弗洛伊德的人格理论过分强调本能的作用，是一种生物决定论的观点，显然是不科学的。这个理论对人格结构的深层次研究，特别是强调本我、自我、超我保持相对平衡的观点，是有一定的科学价值的。

精神分析学派以对心理异常者的临床观察和经验为基础，不仅提出了人格结构，并且阐述了人格的发展，虽然某些观点有失偏颇，但还是一种较为完善的人格理论。

2. 新弗洛伊德主义的人格观

弗洛伊德不仅自己享有世界性盛誉，也培养出了许多颇有名望的弟子。这些弗洛伊德的门生在许多方面修正以至改变了弗洛伊德的经典理论的宗旨和信条：不再过分注重本我，而是更强调自我以及该范畴下的防御机制、思维与控制；重视社会环境包括文化、家庭、同伴等人格塑造因素；不过分强调泛性欲㊀和力比多㊁；把人格的发展推展至整个一生。

在新精神分析学派中，有较大成就的有荣格（C. Jung）、阿德勒（A. Adler）、艾里克森（E. Erikson）、霍尼（K. Horney）、弗洛姆（E. Fromm）、萨利文（H. S. Sullivan）和马勒（M. Mahler）等。其中霍尼、弗洛姆试图修正经典的精神分析学说，而弗洛伊德最出名的两位弟子——荣格和阿德勒，则直接向传统的精神分析理论发起挑战。

（1）阿德勒的理论。和弗洛伊德一样，阿德勒也接受无意识的概念，认为人格是由无意识指引的，然而，阿德勒更多的是强调意识域中的活动。不仅如此，阿德勒在许多方面都与弗洛伊德有分歧，如表5-2所示。

表5-2 阿德勒与弗洛伊德人格理论的对照

阿德勒的理论	弗洛伊德的理论
强调意识	强调无意识
未来目标是动机的重要源泉	未来目标无关紧要
以社会动机为本原	以生物动机为本原
对人类持乐观态度	对人类持悲观态度
利用梦解决问题	利用梦分析无意识内容
人格同个人努力有关	人格完全由遗传与环境决定
不强调“性”的重要性	夸大“性”的重要性
治疗方法是鼓励人们以社会利益为基础确立生活方式	治疗方法是发掘受压抑的早期经验

阿德勒最有代表性的一个概念是“自卑情结”（inferiority complex）。他认为，人自一出生起就处于弱小、卑微、幼稚、依赖和无助的境地，都体验着自

㊀ 泛性欲主义的理论代表是弗洛伊德。他认为人的一切个人行为和生活活动都是本能的冲动——“原欲”（力比多）。弗洛伊德把人的性本能当做一切本能中最基本的东西。他认为：人类原欲的正确宣泄意即力比多的升华，可以转化为一种非凡制造力的能量，这种能量就是一切人类成就的源泉。

㊁ 力比多（libido）即性力。这里的性不是指生殖意义上的性，它被称为“力比多”（libido），泛指一切身体器官的快感，包括性倒错者和儿童的性生活。精神分析学认为，力比多是一种本能，是一种力量，是人的心理现象发生的驱动力。

卑。随着在家庭、学校和整个社会中的不断成长、发展，人始终努力克服自卑、追求优越，这一过程构成了人的整个生活方式。阿德勒指出，人格就是围绕这一潜在的基本努力而构造起来的，每个人克服自卑、寻求优越而获得补偿的方式，决定了他的生活风格，而当外界压力与内在努力自强的愿望不协调时，就发生人格冲突。

人们对待自卑的方式可以有很大的差别，由此形成不同的生活风格和人格。当一个人面对自卑而积极地寻求补偿、追求优越时，自卑感反而是一种促人向上的动力，这时人会开拓和体验积极的生活。但如果面对卑微、无能、弱小、自救无措而消沉，深重的自卑感就会把人吞没，使人放弃自我改善的念头，陷入消极的人生。另外，在克服自卑的过程中，人们也表现出很大的个体差异。有的人为了使自己摆脱卑微，不顾他人的需要和社会的需求，只专注追求个人优越，导致过分补偿，过分自我表现，专横跋扈，好大喜功，甚至贬低他人的后果。

总之，阿德勒强调克服自卑、寻求优越是人格发展的基本动力，后来他又进一步指出，人是为完善社会而奋斗的，这种重视人的经验、社会需要和向善的品质的积极人格观，同弗洛伊德的观点形成鲜明对照。

（2）荣格的理论。荣格是弗洛伊德最得意的门生，是精神分析学派的“加冕王子”，然而他却是经典学派最大的“离经叛道”者。荣格理论的突出特点在于它从以下几个方面改变了经典的理论：

1）力比多的新概念。荣格也使用力比多的概念，认为它是心灵背后的推动力，是个人心理发展的能源，但荣格对力比多的工作机理提出了一种新颖的看法，认为力比多能量的活动遵循物理学中的能量守恒定律和熵的原则。从此，他一方面否定力比多是性欲、攻击等欲望受压抑的产物；另一方面，他在原始生物性冲动之外，补充了“创造”和“自我实现”等欲望，在人的本性中加入了社会性内容，这对后来的人本主义理论的产生起了很重要的作用。

2）无意识的新概念。荣格也把心理分为意识和无意识两个范畴，然而他对两部分的内涵以及在人格中的作用提出了不同的看法。一方面，关于意识，他认为“自我”是意识域的中心，是人们所意识到的一切心理活动，如思维、记忆、情绪、感知觉等。自我的职能是维持日常生活，使人们体验到自身的同一性。另一方面，关于无意识，他又分为两个部分：“个人无意识”和“集体无意识”，从而大大扩展了无意识的内涵。他指出，无意识不仅限于人格独特的生活经验，而且充满了基本的、普遍性的心理真理观。这些内容为所有的人所共有，因而称作“集体无意识”（collective uncon sciousness），其意义在于，使所有的人以同样的方式对刺激作出反应。比如，人共有同样的历史，生活于同样的文化之下，接受同样的事物，如太阳与月亮、白日与黑夜、天与地、食物与水等，这使人们具有共同的认识背景，或是对事物有同样的反应，而这种作用是在不知不觉中发生的。

3）原型的概念。荣格提出了“原型”（archetype，或译为原始意向）这一新概念。原型是指一种特定的经验或客体的原始的象征性标志或表征。每一种原型都伴随一种以特定方式思考、体验此种经验或客体的本能倾向。例如，人、男人和女人、宇宙，都有相应的原始的基本形式并被人们所认识。女性可以体验到男性的原型，荣格称之为“阿尼玛斯”（Animus）；男性可以体验到女性的原型，称之为“阿尼玛”（Anima）。人也有自我的原型。荣格从东方哲学与宗教中得到启发，认为自我的原型就是“曼陀罗”（mandala）。曼陀罗是印度密教中关于宇宙形式的概念，是指宇宙对称的、统一的、整体化的构造或境界。因此在做法事时，法场也按照想象中的宇宙的格局布置，以求自身与宇宙相融合。荣格认为，这就是人的自我的原型，象征人寻求统一、和谐与完美。

4）人格的概念。按照力比多、无意识、原型的新概念，荣格开始构造他的人格结构理论。他认为：人格中包括许多概念，每一概念都反映了一种内部的力量；每一个概念都有与之对立的另一个概念，如意识与无意识、内倾与外倾、思维与情感等。对立的双方构成一个人格单元；按照能量守恒定律，其中一个方面发展了，另一个方面就相对被削弱。人格就是这些处于动态平衡中的各种（阴阳）对抗的内在力量形成的“集群”（constellation）。而人的生活目标，就是按照熵的原则在各个人格单元的两个对立方面之间寻求平衡。这也就构成了人格的运动，这种运动的目标就是达成各个对立成分的完美统一——构成曼陀罗。荣格把自己的这种对人的内在动因（集群）的分析的心理学，叫做分析心理学（analytic psychology），以区别于弗洛伊德的心理分析（psychoanalysis）。

（3）艾里克森的人格理论。同前面介绍的两位学者一样，艾里克森也在相当程度上背叛了经典的精神分析理论。一方面，他也和弗洛伊德一样，认为人格结构有本我、自我和超我三个部分，其中的本我是人格的原动力。另一方面，他强调自我的重要性，认为自我是个人本体意识同一性的源泉，是个人适应社会环境的保证。艾里克森尤其注重个人与社会环境的交互作用对人格的影响，认为个体人格是在与环境的不断相互作用中发展、成长、建立起来的。

艾里克森的突出贡献之一，是他构造了一个庞大的乃至整个心理的人格发展模型，命名为“心理社会性发展”（psychosocial development）模型。这个模型用他的精神分析的观点和概念说明人的发展，并把这一发展过程扩展到人的整个一生。他把这个发展过程划分为八个阶段，对每一个阶段，他都鉴别出一种核心的对立过程，指出了其中存在的心理社会危机，分析了这一危机正常解决（增强自我的力量，导致人格的健康发展）和解决失败（阻碍人格发展）的不同后果，并给出了引导每一阶段走出危机、成功发展的方法。

艾里克森的心理社会性理论对心理发展所作的阐释，给人们带来了新鲜的认识和极大的启发。他的理论对现代心理学，尤其是发展心理学、临床心理学和教育心理学，产生了深远的影响，并且同皮亚杰（Jean Piaget）的认知发展理论一道，构成了现代发展心理学两大最重要的派别。

（4）霍尼的人格理论。霍尼也像弗洛伊德一样重视儿童早期经验在人格发展中的重要作用，但她更同意阿德勒的说法，相信儿童在生命之初就有一种无助感。儿童的安全和满足冲动，都只有依赖于他们的父母才能获得满足。父母的行为不当，可能使儿童的需要受到挫折，影响儿童人格的正常发展。所以她主张神经症病人的行为根源应该从他们在儿童时期与父母的关系中去寻找。这些看法构成了霍尼与众不同的富有特色的人格发展观点。

1）基本敌对和基本焦虑。与阿德勒不同，霍尼认为每个儿童的无能和自卑的感觉并不是一定引起补偿或过补偿作用。儿童需要父母，依赖父母，但不可能都产生心理问题。儿童与父母的关系有两种基本类型：儿童从父母那里得到真正的慈爱和温暖，安全的需要得以满足；父母对儿童漠不关心，厌恶甚至憎恨儿童，儿童的安全需要受到挫折。在前一种情况中，儿童正常发展，而后一种情况则会引起神经症。所以霍尼认为，儿童的无助感是神经症产生的必要条件，但不是充分条件。

霍尼举出了一些使儿童安全需要受挫的父母行为，例如：对儿童漠不关心，遗弃、厌恶儿童，明显偏爱某个儿童，惩罚不公正，奚落、愚弄、羞耻儿童，行为怪异，不守信用，不许儿童与他人接近等。如果父母以这样的行为对待儿童，儿童就会产生对其父母的一些特殊体验，称为“基本敌对情绪”（basic hostility）。这样，一方面儿童依赖父母，另一方面又对父母抱有敌意，心理冲突由此产生。但儿童无力改变这种不幸的局面，他只得压抑敌对情绪，以期得到父母的照顾，生存下去。这种压抑是受无助感、恐惧感、爱或罪恶感驱动的。由于无能为力而压抑基本敌对情绪的儿童似乎这样说：“因为我需要你们，所以我不得不压抑我对你们的敌意。”由于恐惧而压抑敌对情绪的儿童似乎在说：“因为我怕你们，所以我必须压抑我的敌意。”

霍尼认为，在某些家庭中，缺乏对儿童真心实意的关怀和慈爱，但是，即使在这种家庭中，也会有或多或少地满足儿童欲求的表示。例如，父母可能只把对儿童爱的表示停留口头上，儿童当然能准确地觉察口头关怀与实际关怀的区别，但他们必须依赖于这种空洞的毫无内容的“爱”，因为他们只能得到这些。并且儿童必须压抑他们因得不到实际的关心而产生的不满，否则他们连这种口头的爱也保不住。另外，在许多文化背景中，儿童对父母抱有敌意，被认为是有罪的，所以他们必然要压抑那样的情感。

那么“基本焦虑”又是什么呢？霍尼说：“在我提到过的条件下成长的儿童就会产生一种孤立和无助之感，这种感情可能在内心中不断增长，渐渐对周围世界都怀有一种敌意……这种态度虽然不是神经症，但它却是一块时刻都能滋生神经症的肥沃土壤。因为这种态度构成神经症产生的基础，我们给它冠以一个特定的名称：基本焦虑（basic anxiety），它与基本敌对情绪不可分离地交织在一起。”所以，所谓基本焦虑就是儿童所具有的，觉得自己是孤立地、无能为力地生活在这个危机四伏、充满敌意的世界上的一种感情。产生这种不安全感的因素甚多：奴役儿童，对他们漠不关心，父母行为怪异，不注意儿童的个人需求，对儿童不是善意地指导，而是嘲笑、歧视他们，过多地赞美，对儿童缺乏值得依赖的温暖，溺爱，袒护等。

总而言之，按照霍尼的说法，神经症源于儿童与父母的相互关系。如果儿童真正地得到了父母的慈爱与家庭的温暖，就会感到安全，从而正常地发展。如果他从小就没有享受父母的关怀与爱护，就会产生不安全感，对父母抱有敌对情绪，这种态度最终又将投射到周围的任何事物及人身上，进而转变为基本焦虑。一个具有基本焦虑情绪的儿童很容易在成年时表现出神经症。

2）控制基本焦虑的策略。既然基本焦虑的根源是无助感和恐惧感，很自然有这种焦虑的人总是想方设法使它减弱到最低的程度。霍尼提出了十种控制基本焦虑的策略，其实也是十种神经症倾向或神经症性的需要（neurotic trends or neurotic needs）：

第一，对友爱和赏识的需要。具有这种神经症性需要的人依靠他人的友爱而生存，需要得到他人的赏识。

第二，对支配其生活的伴侣的需要。这种人需要和其他人生活在一起，要其他人保护他，使他免于危险，并满足其需要。

第三，对狭窄的生活范围的需要。这种人极为保守，不愿尝试，以避免失败。

第四，对权力的需要。这种人赞慕强者，轻视弱者。

第五，利用他人的需要。这种人生怕他人沾了自己的光，他们总认为自己没有从他人那里得到一点好处。

第六，社会认可的需要。这种人需要他人承认才能生活，例如在报纸上出现了他的姓名。他最后的目标是获得威望。

第七，赞美的需要。这种人需要他人吹捧和恭维，才感到满足，他们希望他人按照他自我想象的形象看待他。

第八，志向和成就的需要。这种人对名望、财富或举足轻重的作用怀有强烈的兴趣，他们为之奋斗，不顾后果。

第九，自我满足和独立的需要。这种人极力避免对任何人负责，不愿有任何束缚。

第十，对完美无疵的需要。这种人对批评极为敏感，总是千方百计地寻求尽善尽美。

事实上，正常人也有上述的需要。但是正常人的需要是适当的，或者适可而止的，不像神经症人那样，一种需要发展得如此强烈，以至于排斥了其他需要。正常人不是把自己的生活完全束缚于一种需要上；当条件变化时，他们会入乡随俗地改变自己的需要。神经症患者却不同，他们把某一种需要作为“生活习惯”，把全部精力都投入到满足这种需要的活动中。但是各种需要对正常生活来说都是存在的，所以霍尼称神经症都陷入了“恶性循环”。他们越是想通过某一策略（满足某一需要）从基本焦虑中解脱出来，其他的需要就越难以满足，基本焦虑就会越来越多。因此，他们越想摆脱焦虑，越顽固地、越来越深地陷入这一策略之中而不能自拔，以致形成恶性循环。

（三）社会学习理论

社会学习理论是由美国心理学家阿尔伯特·班杜拉（Albert Bandura）于1977年提出的。它着眼于观察学习和自我调节在引发人的行为中的作用，重视人的行为和环境的相互作用。所谓社会学习理论，班杜拉认为是探讨个人的认知、行为与环境因素三者及其交互作用对人类行为影响的理论。

班杜拉的社会学习理论认为：

1）人的行为，特别是人的复杂行为主要是后天习得的。行为的习得既受遗传因素和生理因素的制约，又受后天经验环境的影响。生理因素的影响和后天经验的影响在决定行为上微妙地交织在一起，很难将两者分开。班杜拉认为行为习得有两种不同的过程：一种是通过直接经验获得行为反应模式的过程，班杜拉把这种行为习得过程称为“通过反应的结果所进行的学习”，即人们所说的直接经验的学习；另一种是通过观察示范者的行为而习得行为的过程，班杜拉称之为“通过示范所进行的学习”，即人们所说的间接经验的学习。

2）班杜拉认为自我调节是个人的内在强化过程，是个体通过将自己对行为的计划和预期与行为的现实成果加以对比和评价，来调节自己行为的过程。人能依照自我确立的内部标准来调节自己的行为。

3）班杜拉指出：“效能预期不只影响活动和场合的选择，也对努力程度产生影响。被知觉到的效能预期是人们遇到应激情况时选择什么活动、花费多大力气、支持多长时间的努力的主要决定者。”班杜拉对自我效能的形成条件及其对行为的影响进行了大量的研究，指出自我效能的形成主要受五种因素的影响，包括行为的成败经验、替代性经验、言语劝说、情绪的唤起以及情境条件。

（四）自我理论

历史上，有不少学者探讨过自我（self）的概念。威廉·詹姆斯曾认为自我有三个成分：物质的我（material me），即自我的躯体内容；社会的我（social me），即对他人对自己的看法的意识；精神的我（spiritual me），即自我中监视内在思想、情感的部分。

很多年以后，罗杰斯重新唤起了人们对自我概念的兴趣。他把自我定义为人格的连续性、稳定性所赖以产生的最小单元。罗杰斯把自我概念划分为两个部分：①实际自我（actual self），这是人对自我现状的知觉；②理想自我（ideal self），这是指人对自己将要成为怎样的人的理想。罗杰斯认为，人格一致性并不是指人格各个部分之间、或特质与行为之间、或过去与现时机能之间的一致性，而是指实际自我与理想自我之间的一致性。实际自我总会与理想自我有距离，这促使人们努力追求理想。而如何追求个人理想就构成了不同人的生活风格。

另一个与自我有关的概念的是同一性（identity）。罗杰斯认为，这是独特的人格感的核心，包括认识到自我与他人的区别，认识到其他与自我有关的内容，认识到其他与自我相异的内容。罗杰斯还论述了自尊（self-esteem）的概念，这是指对自我的概念化的评价性态度，影响着人的心境和行为。

马斯洛是另一个人本主义心理学的创立者和倡导者，他把这一心理学派称为“第三势力”，以取代精神分析学派和行为主义心理学派，因为精神分析更像是病人的心理学，行为主义心理学更像是动物的心理学，而人本主义心理学才是还人性以其本来应有的地位，是真正的人的心理学。

马斯洛的人格理论的基础，是他的“健康的创造性的人”的概念。他指出：人运用所有的才能、潜力、技能，努力发展潜能至极限；人不是与他人竞争，而是努力成为“我所能成为的理想的我”。

马斯洛把人的基本需要划为两大类，一类是缺失需要，另一类是成长需要。成长需要是人的高级需要，尤其是其中的自我实现需要，它是人努力的最高境界，而人自我实现的追求，就构成了一个人的生活主题，人的生活风格就是在这个过程中体现出来的。

马斯洛的另一个重要概念是“高峰经验”（peak experience），这是指当人感到与世界完全和谐时的微妙的瞬间体验，这时人们处于高度自律、自然自在、敏感、忘却时空的境界。这种境界正是人们在自我实现的过程中取得成就时体验到的。

第二节 旅游者的人格特征与旅游行为

心理学在研究人的个别差异时，往往有两个探讨的主题，一是探讨人与人之间的能力差异，二是探讨人与人之间的个性差异。这里所说的个性差异，主要是指个体在气质与性格方面所表现出的差异。气质和性格对个体的心理活动起重要的调节作用。其中，气质、性格、能力等是构成人格特点的基本因素。旅游者的人格特征与旅游者的行为之间的关系既十分复杂又紧密联系。通过对旅游者的气质和性格的分析，有助于旅游工作者更好地预测和引导旅游者的行为。

[补充案例]

团队中不同国籍旅游者的性格差异㊀

大型旅游船、火车上都会有不同国籍者同飞共乘，因此应了解东西方人的性格和思维方式。

东方人含蓄内向，善于控制感情，往往委婉表达意愿，思维方式一般从抽象到具体，从大到小，从远到近。

西方人开放，爱自由，易激动，感情外露，喜欢直截了当地表明意愿并希望得到肯定的答复。他们的思维方式一般由小到大，由近及远，从具体到抽象。

其实这仅是一般情况，正像中国人，不同地区、不同民族的性格、思维方式也有很大差异。社会阶层、职业、性别、年龄不同，心理特征、生活情趣也各不相同。同样，西方人也一样，英国人矜持、幽默，绅士派头十足；美国人开朗大方，爱交朋友，也较随和；法国人喜自由、易激动，爱享受生活；德国人踏实勤奋，不尚虚文；意大利人热情，无拘无束，热爱生活。

一、旅游者的气质

气质是心理学探讨的重要课题。借助心理学的气质原理，许多旅游者心理和行为现象可以得到合理的解释。

（一）气质的含义

在心理学中，气质是个体的人格特征中具有先天性的一个方面。它是个体心理过程的速度、强度、稳定性及指向性等动力特征的总和，是个体的高级神经活动类型在行为活动中的表现。心理学上的气质概念与人们日常对气质的理解是有区别的。通常所说的气质是指一个人的风格、气度或某种职业所具有的非凡特点，而心理学上所说的气质可以通俗地理解为一个人的脾气、秉性或性情。

气质主要表现为人的心理过程动力方面的特征。认识过程、情绪过程的快慢反映出不同的气质，情绪过程、意志过程的强弱同样反映出不同的气质，心理过程的稳定与灵活也反映出不同的气质。换言之，心理过程的快与慢、强与弱、稳定与灵活等动力方面的特征都是气质的内容。

㊀ 孙喜林．《旅游心理学》．中国旅游出版社．2009．有改动。

（二）气质的类型

古希腊著名医生希波克拉底（Hippocrates of Gela）在观察了人们行为的个别特点后，提出了气质的体液学说。他认为人体含有四种液体，分别是血液、黏液、黄胆汁和黑胆汁。它们分别产生于心脏、脑、肝和胃。这四种体液在人体内的比例不同，就形成了人的不同气质，约500年后，罗马医生盖伦（Galen）进一步确定了气质类型，提出人的四种气质类型是胆汁质、多血质、黏液质、抑郁质，不同气质类型的人在生活中有不同的行为表现。虽然依照体液来对气质类型进行分类缺乏科学依据，但是气质及四种气质类型分类的名称一直被研究者们所沿用，现在这种四分法已经成为气质分类的经典之作了。

俄国近代生物学家巴甫洛夫（Ivan Pavlov）通过大量实验发现：高级神经活动的兴奋过程和抑制过程在强度、平衡性、灵活性方面具有不同的特点，依据这些特点的不同组合，可以把高级神经活动过程分为兴奋型、活泼型、安静型、敏感型四种类型，从行为特征上看，这四种类型分别对应于胆汁质、多血质、黏液质和抑郁质，这说明气质类型与高级神经活动类型高度相关。

四种气质类型的个体心理和行为特征的具体差异如下：

（1）胆汁质：代表人物为《水浒传》里的黑旋风李逵，脾气暴躁，为人耿直，忠义刚烈，思想简单，行为冒失。具有这种气质的人像“夏日里的一把火”，有股火暴的脾气。这种人的情绪爆发快，“一点就着”，但难持久，如同一阵狂风、一场雷阵雨，来去匆匆。这种人精力旺盛，争强好斗，做事勇敢果断，为人热情直率，朴实真诚；但他们的思维活动常常是粗枝大叶、不求甚解，遇事常欠思量、鲁莽冒失，做事也常常感情用事，但表里如一。

（2）多血质：代表人物为《红楼梦》里的王熙凤。这类人一般聪明过人，灵活善变，交结朋友等无所不会。具有这种气质的人总是像春风一样“得意洋洋”，富有朝气。这种人乖巧伶俐，惹人喜爱。他们的情绪丰富而且外露，喜怒哀乐皆形于色，他们表情多变的脸折射出他们的内心世界。活泼、好动、乐观、灵活是他们的优点。他们喜欢与人交往，有种“自来熟”的本事，但交情粗浅。他们思维灵活，行动敏捷，对各种环境的适应力强，教育的可塑性也很强。但是他们气质上的弱点是缺乏耐心和毅力，稳定性差，见异思迁。

（3）黏液质：代表人物为《三国演义》里的诸葛亮。这类人一般沉着老练，忍耐持久。这种气质就像冬天一样无艳丽的色彩装点而“冰冷耐寒”，但也缺乏生气。这种人安静稳重，沉默寡言，喜欢沉思，表情平淡，情绪不易外露，但内心的情绪体验深刻，给人以貌似“冷”的感觉，很像外凉内热的

“热水瓶”。他们自制力很强，不怕困难，忍耐力高，表现出内刚外柔。他们与人交往适度，交情深厚，朋友少但却知心。他们的思维灵活性略差，但考虑问题细致而周到，这往往弥补了他们思维的不足。学习和接受能力慢了些，但却很扎实，踏踏实实。他们平时总是四平八稳，所以有时“火烧眉毛也不着急”。这种人的行为主动性比较差，经常是他人让他们去做某事才会去做，而并不是他们不想做。

(4) 抑郁质：代表人物为《红楼梦》里的林黛玉。这种人主要表现为多愁善感，聪颖多疑，孤僻清高。这种气质给人以“无可奈何花落去”般的无奈、忧愁的感觉。这种人情绪体验深刻、细腻而又持久，主导心境消极抑郁，多愁善感，给人以温柔怯懦的感觉。他们聪明而富于想象力，自制力强，注重内心世界，不善交际，孤僻离群，软弱胆小，萎靡不振，他们的行为举止缓慢而单调，优柔寡断。

前苏联心理学家巧妙设计了“看戏迟到”的特定问题情境，对四种典型气质类型的人进行观察研究，结果发现，四种基本气质类型的观众，在面临同一情境时有截然不同的行为表现，气质使其心理活动染上了一种独特的色彩。胆汁质的人面红耳赤地与检票员争吵起来，甚至企图推开检票员，冲过检票口，径直跑到自己的座位上去，并且还会埋怨说，戏院时钟走得太快了。多血质的人明白检票员不会放他进去，他不与检票员发生争吵，而是悄悄跑到楼上另寻一个适当的地方来看戏剧表演。黏液质的人看到检票员不让他从检票口进去，便想反正第一场戏不太精彩，还是暂且到小卖部待一会儿，待幕间休息再进去。抑郁质的人对此情景会说自己老是不走运，偶尔来一次戏院，就这样倒霉，接着就垂头丧气地回家了。

在现实生活中，并不是每个人的气质都能归入某一气质类型。除少数人具有某种气质类型的典型特征之外，大多数人都偏于中间型或混合型，也就是说，他们较多地具有某一类型的特点，同时又具有其他气质类型的一些特点。

（三）不同气质类型旅游者的旅游行为

旅游者的气质及其在旅游中的行为表现与气质体液说和高级神经类型说相对应，可以大体划分为兴奋型、活泼型、安静型和敏感型四种类型。在一个旅游团中，很容易看到这四种气质类型的人，其各自的典型心理特征有很大的差异，因此，要在迅速把握旅游者气质特点的前提下，提供有针对性的服务。同样的笑话或玩笑，在不同的旅游者那里，效果可能大不一样。

1. 多血质—活泼型旅游者

这类旅游者对旅途中一切吸引他的事物都会作出兴致勃勃的反应，但热情容易消退，表现得不够专注和坚定，缺乏忍耐力和毅力；他们行动敏捷，旅游活动中精力充沛，具有高度的可塑性，容易适应新环境；一般属于外倾型，情感容易发生，但不持久，容易变化；姿态活泼，表情生动，言语表达力和感染力较强，旅途中一件平淡无奇的小事能被他们描绘得精彩无比；善于结交新朋友，且有较高的主动性；他们在得到导游人员热情的服务后很容易表现出对导游人员的好感，导游人员很容易从其面部表情判断出其喜怒哀乐；不喜欢平淡的旅游活动项目，愿意尝试新的风味食品和旅游活动。

2. 胆汁质—兴奋型旅游者

胆汁质的旅游者希望自己能受到导游人员的重视，若他们觉得自己被忽略，则反应强烈，脾气暴躁，但态度直率；他们不能容忍导游人员安排的活动缺乏新意，节奏缓慢，他们对旅游活动是否满意从面部表情就可以观察到；精力旺盛，他们对旅游活动一般有极大的热情，活动中行动迅速而坚决；他们易动感情，而且情感比较深刻；他们有时会刚愎自用，傲慢不恭；在等待的过程中很容易显得非常不耐烦，做事粗心，易丢失钱包、照相机、公文包之类的随身携带的物品；他们很容易被广告、导游人员的宣传所打动，喜欢尝试新事物。

3. 黏液质—安静型旅游者

此类旅游者反应性低，情感不易发生，也不易外露，即使在最可能引起激动的风景或旅游活动，也未必能引起他们的激动，但是一旦对某位导游人员或某种参观游览项目有了兴趣和爱好，形成了肯定或否定的态度，就会成为强烈、稳固而深刻的态度（这就要求导游人员的讲解或服务摸准他们的“穴位”）；他们态度庄重，交际适度，行动缓慢，在旅途中作决定时多三思而行；他们的可塑性差，不灵活；一般表现为内倾，对导游人员、广告的影响较少作出明确的反应；他们有较强的自制力和持久性。

4. 抑郁质—敏感型旅游者

抑郁质气质类型的旅游者对旅游活动具有较高的感受性，但敏捷性低，对一些景点的精妙之处感受和领悟较慢，动作迟缓；多愁善感，对导游人员内在品质关注较多；在碰到困难和危险时，常寄希望于导游人员，一旦不为导游人员重视，而他们又非常希望导游人员重视自己时，极易产生消极情绪，并且会持续很久；在困难、危险面前，常畏缩恐惧、优柔寡断；旅途中一旦经受挫折，消极情绪持续很久，不能迅速转向新的旅游活动；言行谨小慎微，内心复杂而少外露；他们感情脆弱，易于激动和消沉，对旅途中新事物接受的程度低于其他人；他们一般为内倾型，不善于与旅游团内其他旅游者交往，关注个人的内心世界。

[补充案例]

四种旅游者

某旅游地山上有一座很有特色的雕塑，但周围崎岖不平，且有栏杆围着，但仍有人想爬到雕塑上去照相：

甲：看到雕塑很激动，没有思考就越过栏杆，爬到雕塑上去拍照。

乙：看到雕塑会很高兴，迅速找准目标，灵活地爬上雕塑。

丙：看到雕塑没有太明显的表情，他们会仔细地观察地形，寻找稳妥的路线进去拍照。

丁：看到道路崎岖不平，又有栏杆挡着，觉得有些扫兴，就留在栏杆外面拍照或干脆不照。

请猜猜以上四种旅游者分别属于何种气质类型？

（四）针对不同气质旅游者的心理服务策略

事实上，单纯地属于案例中四种典型气质之一的旅游者并不多，在实际的旅游服务工作中，绝大多数旅游者是四种气质相互混合、渗透，兼而有之。另外，如何识别旅游者气质类型也是一个长期的观察、学习和总结的过程，应该根据不同气质类型旅游者的特点，提供不同类型的心理服务。

1. 为多血质—活泼型旅游者提供服务应注意的事项

第一，对多血质的旅游者，导游人员不能不理他们，在可能的情况下，尽可能地多同他们交谈，以满足他们爱说话、爱交际的特点，但讲解不能有过多重复，否则，他们会变得不耐烦；第二，多向他们介绍本地的娱乐活动场所，满足他们喜欢活动的特点，第三，尽快取得其信任与好感，以利于下一步游览活动的开展；第四，在安排其食谱时，要有适量的变化，他们经常改变主意，在他们提出要求时，要尽量满足；第五，可以同他们开善意的玩笑，以活跃旅途气氛，他们乐于成为活动的中心人物。从总体上看，多血质的旅游者是很不错的旅游者，比较容易和导游人员合作，有很高的满意度。

2. 为胆汁质—兴奋型旅游者提供服务应注意的事项

第一，不要激怒他们；第二，万一出现矛盾，应该避其锋芒，不要计较他们有时不计后果的冲动性语言；第三，在服务时要尽可能迅速；第四，导游人员要多注意提醒他们不要遗忘物品。

3. 为黏液质—安静型旅游者提供服务应注意的事项

第一，安排饮食方面要注意多提供给他们熟悉的菜肴；第二，讲解时不要过早阐述自己的观点和意见，留给他们较长的时间思考；第三，旅途中不要过多催促他们，讲解时语速要慢一些，可以有适当的重复，以免他们反应不过来；第四，在一般情况下不要同他们有过多的私下交谈，因为他们往往不喜欢过于热情的导游人员。

4. 为抑郁质—敏感型旅游者提供服务应注意的事项

第一，如遇行程变化，一定要讲清楚原因并取得他们的同意，以免引起他们的猜疑和不满；第二，导游过程中要尊重他们，导游人员语言要清楚明了，不至于引起误会，绝不可以同他们开玩笑；第三，在讲解或听候他们吩咐的事情时，要耐心；第四，尽量少在他们面前谈话；第五，当他们遗失物品、生病或出现其他意外时，应该予以特别的关心、帮助，想办法安慰他们，使他们感到温暖。

二、旅游者的性格

性格是构成一个人思想、情感及行为的特有模式，旅游心理学借助心理学的性格原理，有利于解释和理解旅游者的心理和行为现象。

（一）性格的含义

性格是一个人个性中最重要、最显著的心理特征，是指个人对现实态度及行为方式方面的比较稳定而且具有核心意义的个性心理特征，对此定义可以从以下三个方面加以理解：

（1）性格表现在一个人对现实的态度和行为方式之中，人对现实的态度和与之相应的行为方式的独特结合，就构成了一个区别于他人的独特性格。恩格斯指出："人物的性格不仅表现在他做什么，而且表现在他怎样做。"这里所说的"做什么"，就是指人对现实的态度；"怎样做"，则是指人的行为方式。

（2）性格是一个人独特的、稳定的个性特征，并在人的行为中留下痕迹，打上烙印。一个人在生活中某一时、某一次偶然的表现，不能被称作其性格特征。例如，一个员工在一次偶然的场合，表现出清高的态度和行为，不能认为这个员工具有自高自大的性格特征。只有在态度以及相应的行为方式上表现出来的稳定的、经常的心理特征才能认为是这个人的性格特征。

（3）性格是一个人具有核心意义的个性特征。性格由于具有社会评价的意义，所以它在个性中占有一个核心的地位。

（二）性格类型

东方古语云："积行成习，积习成性，积性成命。"西方也有名言："播下一个行为，收获一种习惯；播下一种习惯，收获一种性格；播下一种性格，收获一种命运。"心理学家按照一定的原则对性格进行分类。性格是人格的重要组成部分。个体在一定社会条件下表现出来的习惯化了的行为反应与情感，形成相对稳定的人格心理特征。

心理学所划分的性格类型主要有以下几种：

（1）根据知、情、意三者在性格中何者占优势，把人们的性格划分为理智型、情绪型和意志型。理智型的人，通常以理智来评价、支配和控制自己的行动。情绪型的人，往往不善于思考，其言行举止易受情绪左右。意志型的人一般表现为行动目标明确，主动积极。

（2）根据人的心理活动倾向于外部还是内部，把人们的性格分为外向型和内向型。外向型的人，其特点是心理活动倾向于外部，活泼开朗，活动能力强，容易适应环境的变化。内向型的人，其特点是处世谨慎，深思熟虑，交际面窄，适应环境能力差。

（3）根据个体独立性程度，把人们的性格划分为独立型和顺从型。独立型的人善于独立思考，不易受外来因素的干扰，能够独立地发现问题和解决问题。顺从型的人，易受外来因素的干扰，常不加分析地接受他人意见，应变能力较差。

（4）根据人的社会生活方式以及由此而形成的价值观，把人们的性格类型分为经济型、理论型、审美型、宗教型、权力型和社会型。经济型的人，一切以经济观点为中心，以追求财富、获取利益为个人生活目的，一些企业家属于此类。理论型的人，以探求事物本质为人的最大价值，但解决实际问题时常无能为力，哲学家、理论家多属此类。审美型的人以感受事物的美为人生最高价值，他们的生活目的是追求自我实现和自我满足，不大关心现实生活，艺术家多属此类。宗教型的人把信仰宗教作为生活的最高价值，相信超自然力量，坚信永存生命，以爱人、爱物为行为标准，宗教信徒是此类人的典型代表。权力型的人以获得权力为生活的目的，并有强烈的权力意识与权力支配欲，以掌握权力为最高价值，一些政治家或领袖人物属于此类。社会型的人重视社会价值，以爱社会和关心他人为自我实现的目标，并有志于从事社会公益事务，社会慈善家等多属此类。

（5）根据人际关系，把人们的性格划分为A、B、C、D、E五种。A型性格情绪稳定，社会适应性及向性均衡，但智力表现一般，主观能动性一般，交际能力较弱。B型性格具有外向性的特点，情绪不稳定，社会适应性较差，遇事急躁，人际关系不融洽。C型性格具有内向性特点，情绪稳定，社会适应性良好，但在一般情况下表现被动。D型性格具有外向性特点，社会适应性良好或一般，人际关系较好，有组织能力。E型性格具有内向性特点，情绪不稳定，社会适应性较差或一般，不善交际，但往往善于独立思考，有钻研性。

此外，也有按人们的体型、血型对性格进行分类。需要指出的是，无论哪种性格分类，典型性格的人相对都比较少，因为在现实生活中，往往是多种类型的特点集中在某个人身上，但常以一种类型特点为主。

（三）不同性格类型旅游者的旅游行为差异

不同性格类型的旅游者具有不同的旅游行为特征。

1. 理智型、情绪型和意志型的旅游者行为差异

理智型的旅游者习惯依靠冷静的理论思考行事，以理智来支配自己的行动，在作出旅游决策时需要更多的信息，旅游企业应该为他们提供足够多的信息供他们参考决策，出现旅游服务失败以后他们会谨慎地分析事故原因。

情绪型的旅游者在旅游过程中更喜欢凭自己的感情和兴致行事，不善于深入思考，注重旅游服务人员为其提供的情感性服务。例如，在参观各种历史遗迹的时候，对那些才子佳人的爱情故事和传说总是情有独钟。在旅游过程中，更多地采用瞬时决策或冲动性决策。例如，情绪型的旅游者在旅途中购物的时候，经常头脑一热，就买了，事后很可能觉得不满意，要求退货，所以对情绪型的旅游者，在购物时，导游人员要多提醒他们，让他们决定好了再购买。

意志型的旅游者做事目标明确，行为主动，对事件的预见性高，能够忍受一些条件相对艰苦的旅游环境，对于旅途中出现的问题首先想到的是如何解决问题而不是发牢骚和埋怨。这类旅游者一般不愿意参加旅游团，更愿意从事背包旅游活动。

2. 内外向型旅游者行为差异

内向性格的旅游者由于心理活动倾向于内部世界，因此，他们珍视在旅游过程中对自己的内在情感体验，对一个景点、一件事情会思考许久，而且内部心理活动的体验深刻而持久。内向型旅游者的特点是害羞、喜欢独来独往，遇到压力与内心冲突时，总是先反省、责备自己；他们的兴趣所在不是外部世界而是自己的内心世界，即自己的观点、思想、情感和行为，他们是安静的、富于想象的、爱思考的、退缩的、害羞的和有防御性的，对旅游服务人员和其他游客的兴趣漠然。内向性格的旅游者感情及思维活动倾向于内，感情比较深沉，待人接物小心谨慎。这类旅游者喜爱思考，常因为过分担心而缺乏决断力，对新环境的适应不够灵活，但有自我分析与自我批评的精神。因此，对待内向型的旅游者，在讲解或提供相应的服务时，应该给他们的思考留下足够的时间和空间。例如，一些内向型的旅游者对于喋喋不休讲个不停的导游人员非常反感，这样的导游人员属于典型的“吃力不讨好”。

外向性格的旅游者由于其心理活动倾向于外部世界，经常对旅游途中看

到的一切人和事物都表示出莫大的关心和浓厚的兴趣，不愿苦思冥想，常常要求导游人员来帮助自己满足自己的情感需要。外向性格的旅游者常将自己的想法不加考虑地说出来，即思维外向，这类旅游者心直口快、活泼开朗，善于交际，感情外露，待人热情、诚恳，且与人交往时随和、不拘小节，适应环境的能力较强。由于比较率直，因此，这类旅游者缺乏自我分析与自我批评的精神，在发生旅游纠纷的时候，往往喜欢把事情的原因推到导游人员或旅行社方面。外向型旅游者旅游的特点是好与人做伴，善于交际，喜欢和他人直接接触和打交道，爱交际、好外出、坦率、随和、乐于助人、轻信他人、易于适应环境。

3. 独立型与顺从型的游客行为差异

独立型的旅游者不太依赖于旅游环境刺激，他们在对旅游信息进行加工处理时，依据个人内在标准或内在参照，与其他旅游者交往时也很少能体察入微。而顺从型的旅游者则比较依赖于外界旅游环境和旅游服务人员的看法和意见。他们在对旅游过程中出现的各种信息进行加工处理时，依据外在参照，与其他旅游者或旅游服务人员交往时也一般多能考虑到对方的感受，例如，在增加自费景点或游览项目时，顺从型的旅游者更喜欢根据旅游团内其他人的选择而决定自己的选择，而独立型的旅游者可能更不愿意从众，更希望在旅游中体现出自己独特的个性。

就旅游服务而言，顺从型的旅游者更加随和，更容易相处；而独立型的旅游者具有更多的自主性，如果旅游服务人员在一些非原则性问题上尊重他们的意见，则更能取得他们对自己旅游服务工作的配合与支持。同样是对于增加景点或自费项目，独立型的旅游者会根据自己的喜好，理智分析之后自主作出决定，丝毫不会因为旅游团内其他人的选择与自己不同而感受到心理压力。

（四）旅游者性格的判断

性格的测量属于心理测量的范畴，在心理学中是一项复杂而专业的工作，要求由具备资质的专业人员来施测，需要耗费大量的时间和金钱，其结果的解释和推论也有严格的标准。现在有不少的性格测验已经编制成了计算机自适应的程序和软件，测量起来就更加方便快捷。但在旅游活动中，旅游服务人员和旅游者之间的人际关系属于浅表接触，对于大多数旅游服务人员而言，学习专业的性格测量没有可能，也无必要。因此，需要掌握的更多是采用观察法对旅游者行为特征进行一些细致的观察。观察法是在自然条件下通过观察旅游者的行为、言语、表情、态度从而分析其性格的方法。具体说来，对旅游者行为的观察可以从以下四个方面入手：

一是通过观察旅游者的衣着服饰了解其性格。应该时刻注意旅游者的衣着打扮和饰物，推断他们的社会阶层、文化修养、职业、气质、民族、国籍、年龄、婚姻状况以及宗教信仰等，从而大致确定其性格特征。例如，喜欢黑色衣服的旅游者更可能是一个不擅长社会交际的人，潜意识中想用黑色来掩饰自己内心的不安和恐惧，同时希望自己给别人留下神秘、高贵以及专业的印象；而选择白色衣服的旅游者，很可能是追究完美的人，他们在旅游活动中非常渴望引起他人的注意和关心甚至爱慕，他们不太喜欢他人没有理由的客套，可能有些做作又喜欢钻牛角尖。

二是观察旅游者的体形、肤色、面部轮廓、发色和发型，推断其性格。例如，有些旅游者喜欢每天都把头发梳得看上去像刚从理发店出来一样，他们一般是生活极有条理的人，充满了激情，他们往往更喜欢与那些活泼开朗的导游人员交往。

三是可以通过观察、注意旅游者的面部表情和眼神以及身体语言，推测旅游者的性格。一般说来，握手有力的旅游者更趋于外向，易于接受新鲜事物，不易紧张和害羞；而那些伸手慢条斯理且握手无力的旅游者往往对事情欠缺热情，与人相处不够坦荡。

四是可以通过倾听，发现旅游者的语言特点，把握其性格。例如，说话声音沉稳温和的旅游者一般很有主见，不容易接受他人的意见；而爱说话而且速度快的旅游者一般比较急躁，做事速度和说话速度一样快，记忆力不太好，乐观，因此，旅途中的烦恼不会持续很久。

[关键概念]

1. 人格 （personality）
2. 人格特质 （personality idiosyncrasy）
3. 自我意识 （self- awareness）
4. 人格理论 （personality theoretics）
5. 根源特质 （rootstock idiosyncrasy）
6. 自我 （selfhood）

[复习与思考]

1. 什么是人格？人格的特性有哪些？
2. 人格理论的主要派别有哪些？试比较不同的人格理论。
3. 试比较不同气质类型的旅游者的行为特点。
4. 针对不同性格的旅游者，在提供相应的服务时应该注意哪些差异？
5. 在旅游工作中，旅游服务人员如何判断旅游者的性格？
6. 描述一个自己认识的人（家人、同学、教师或者在旅游实习中接触到的某一位旅游者）的气质特征和性格特征。

[案例分析]

牛柳风波

某天晚上20：00，有一位美国客人到某酒店餐厅吃饭。这位客人坐下后，不断地与服务员交谈，让服务员给他介绍有什么好吃的。他对周围的一切都非常好奇，不是看花瓶、餐具，就是研究筷子架，还让服务员教他如何使用筷子。最后，他点了一个中式牛柳、一个例汤和一碟青菜。很快，菜就上齐了。他首先把牛柳摆在面前，迫不及待地吃起来。只见他将一块牛柳放进嘴里咬了几下，就把牛柳吐在骨碟上，接着又连试了几块，都是如此。这时，他无可奈何地擦了擦嘴，招手示意服务员过去。当服务员走到他面前时，他非常幽默地说："小伙子，你们这里的牛一定比我的爷爷还老，你看看我的嘴对此非常不高兴，它对我说能否来一点它感兴趣的牛柳呢？"说完，他就笑眯眯地望着服务员，等候他的回答。服务员说了声对不起，请他稍微等一会儿，便马上去找主管。主管来了以后对这位客人说："此菜算本酒店奉送，免单如何？"。这位客人结账时对服务员说："看来今晚要麻烦送餐部了"。

[问题讨论]：

1. 案例中的客人属于哪种气质类型呢？请从案例中找出根据来。

2. 假设客人是其他气质类型的人，他们分别可能会怎样对待牛柳不好吃这件事？

[实训练习题]

性格类型的测定

本心理测试是由中国现代心理研究所以著名的美国兰德公司（战略研究所）拟制的一套经典心理测试题为蓝本，根据中国人心理特点加以适当改造后形成的心理测试题，目前已被一些著名大公司，如联想、长虹、海尔等公司作为对员工心理测试的重要辅助试卷，据说效果很好。现在已经有人建议将来作为对公务员的必选辅助心理测试推广使用。快来测试一下，很准的！

注意：每题只能选择一个答案，应为你第一印象的答案，把相应答案的分值加在一起即为你的得分。

1. 你更喜欢吃哪种水果？

A. 草莓　2分　　B. 苹果　3分　　C. 西瓜　5分

D. 菠萝 10 分　　E. 橘子 15 分

2. 你平时休闲经常去的地方是______。

A. 郊外 2 分　　B. 电影院 3 分　　C. 公园 5 分

D. 商场 10 分　　E. 酒吧 15 分　　F. 练歌房 20 分

3. 你认为容易吸引你的人是______。

A. 有才气的人 2 分　　B. 依赖你的人 3 分　　C. 优雅的人 5 分

D. 善良的人 10 分　　E. 性情豪放的人 15 分

4. 如果你可以成为一种动物，你希望自己是哪种？

A. 猫 2 分　　B. 马 3 分　　C. 大象 5 分

D. 猴子 10 分　　E. 狗 15 分　　F. 狮子 20 分

5. 天气很热，你更愿意选择什么方式解暑？

A. 游泳 5 分　　B. 喝冷饮 10 分　　C. 开空调 15 分

6. 如果必须与一个你讨厌的动物或昆虫在一起生活，你能容忍哪一个？

A. 蛇 2 分　　B. 猪 5 分　　C. 老鼠 10 分

D. 苍蝇 15 分

7. 你喜欢看哪类电影、电视剧？

A. 悬疑推理类 2 分　　B. 童话神话类 3 分　　C. 自然科学类 5 分

D. 伦理道德类 10 分　　E. 战争枪战类 15 分

8. 以下哪个是你身边必带的物品？

A. 打火机 2 分　　B. 口红 2 分　　C. 记事本 3 分

D. 纸巾 5 分　　E. 手机 10 分

9. 你出行时喜欢坐什么交通工具？

A. 火车 2 分　　B. 自行车 3 分　　C. 汽车 5 分

D. 飞机 10 分　　E. 步行 15 分

10. 以下颜色你更喜欢哪种？

A. 紫 2 分　　B. 黑 3 分　　C. 蓝 5 分

D. 白 8 分　　E. 黄 12 分　　F. 红 15 分

11. 下列运动中挑选一个你最喜欢的（不一定擅长）______。

A. 瑜伽 2 分　　B. 骑自行车 3 分　　C. 打乒乓球 5 分

D. 拳击 8 分　　E. 踢足球 10 分　　F. 蹦极 15 分

12. 如果你拥有一座别墅，你认为它应当建在哪里？

A. 湖边 2 分　　B. 草原 3 分　　C. 海边 5 分

D. 森林 10 分　　E. 城中区 15 分

13. 你更喜欢以下哪种天气现象？

A. 雪 2 分　　B. 风 3 分　　C. 雨 5 分

D. 雾　10 分　　　　E. 雷电　15 分

14. 你希望自己的窗口在一座 30 层大楼的第几层？

A. 七层　2 分　　　　B. 一层　3 分　　　　C. 二十三层　5 分

D. 十八层　10 分　　　　E. 三十层　15 分

15. 你认为自己更喜欢在以下哪一个城市中生活？

A. 丽江　1 分　　　　B. 拉萨　3 分　　　　C. 昆明　5 分

D. 西安　8 分　　　　E. 杭州　10 分　　　　F. 北京　15 分

下面是答案：

180 分以上：意志力强，头脑冷静，有较强的领导欲，事业心强，不达目的不罢休。外表和善，内心自傲，对有利于自己的人际关系比较看重，有时显得性格急躁，咄咄逼人，得理不饶人，不利于自己时顽强抗争，不轻易认输；思维理性，对爱情和婚姻的看法很现实，对金钱的欲望一般。

140 ~ 179 分：聪明，性格活泼，人缘好，善于交朋友，心机较深；事业心强，渴望成功；思维较理性，崇尚爱情，但当爱情与婚姻发生冲突时会选择有利于自己的婚姻；金钱欲望强烈。

100 ~ 139 分：爱幻想，思维较感性，以是否与自己投缘为标准来选择朋友；性格显得较孤傲，有时较急躁，有时优柔寡断；事业心较强，喜欢有创造性的工作，不喜欢按常规办事；性格倔强，言语犀利，不善于妥协；崇尚浪漫的爱情，但想法往往不切合实际；金钱欲望一般。

70 ~ 99 分：好奇心强，喜欢冒险，人缘较好；事业心一般，对待工作，随遇而安，善于妥协；善于发现有趣的事情，但耐心较差，敢于冒险，但有时较胆小；渴望浪漫的爱情，但对婚姻的要求比较现实；不善理财。

40 ~ 69 分：性情温良，重友谊，性格踏实稳重，但有时也比较狡黠；事业心一般，对本职工作能认真对待，但对自己专业以外的事物没有太大兴趣，喜欢有规律的工作和生活，不喜欢冒险，家庭观念强，比较善于理财。

40 分以下：散漫，爱玩，富于幻想；聪明机灵，待人热情，爱交朋友，但对朋友没有严格的选择标准；事业心较差，更善于享受生活，意志力和耐心都较差，我行我素；有较好的异性缘，但对爱情不够坚持认真，容易妥协；没有财产观念。

陈会昌的气质类型测试 60 题

指导语： 下面共有 60 个问题，只要你能根据自己的实际行为表现如实回答，就能帮助你确定自己的气质类型。但必须做到：回答时请不要猜测题目内容要求，也就是说不要去推敲答案的正确性，以下题目答案本身无所谓正确与错误之分；回答要迅速，整个问卷限在10分钟之内完成；每一题都必须回答，不能有空题。看清题目后，你认为很符合自己情况的记2分；比较符合的记1分；介于符合与不符合之间的记0分；比较不符合的记 -1 分；完全不符合的记 -2 分。

[测验题]

1. 做事力求稳妥，一般不做无把握的事。
2. 遇到可气的事就怒不可遏，把心里话全说出来才痛快。
3. 宁可一个人干事，不愿很多人在一起。
4. 到一个新环境很快就能适应。
5. 厌恶那些强烈的刺激，如尖叫、噪声、危险镜头等。
6. 和人吵架时，总是先发制人，喜欢挑衅。
7. 喜欢安静的环境。
8. 善于和人交往。
9. 羡慕那种善于克服自己感情的人。
10. 生活有规律，很少违反作息制度。
11. 在多数情况下情绪是乐观的。
12. 碰到陌生人觉得很拘束。
13. 遇到令人气愤的事，能很好地自我克制。
14. 做事总是有旺盛的精力。
15. 遇到问题总是举棋不定、优柔寡断。
16. 在人群中从不觉得过分拘束。
17. 情绪高昂时，觉得干什么都有趣，情绪低落时又觉得什么都没意思。
18. 当注意力集中时，其他事很难使我分心。
19. 理解问题总比别人快。
20. 遇到危险的情景，常有一种极度恐怖感。
21. 对学习、工作、事业怀有极高的热情。
22. 能够长时间做枯燥、单调的工作。
23. 符合兴趣的事情，干起来劲头十足，否则就不想干。
24. 一点小事就能引起情绪波动。
25. 讨厌做那些需要耐心、比较细致的工作。
26. 与人交往不卑不亢。
27. 喜欢参加热烈的活动。
28. 爱看感情细腻、描写人物内心活动的文学作品。
29. 工作学习时间长了，常感到厌倦。

30. 不喜欢长时间谈论一个问题，愿意实际动手干。
31. 宁愿侃侃而谈，不愿窃窃私语。
32. 别人总是说我闷闷不乐。
33. 理解问题常比别人慢些。
34. 疲倦时只要短暂地休息就能精神抖擞，重新投入工作。
35. 心里有话宁愿自己想，不愿说出来。
36. 认准一个目标就希望尽快实现，不达目的誓不罢休。
37. 学习、工作同样一段时间后，常比别人更疲倦。
38. 做事有些鲁莽，常常不考虑后果。
39. 老师讲授新知识时，总希望他讲得慢些，多重复几遍。
40. 能够很快忘记那些不愉快的事情。
41. 做作业或完成一件工作总比别人花的时间多。
42. 喜欢运动量大的剧烈体育运动或参加各种文艺活动。
43. 不能很快地把注意力从一件事转移到另一件事上去。
44. 接受一个任务后，就希望把它迅速解决。
45. 认为墨守成规比冒风险强。
46. 能够同时注意几件事物。
47. 当我烦闷的时候，别人很难使我高兴起来。
48. 爱看情节起伏跌宕、激动人心的小说。
49. 对工作抱认真严谨、始终一贯的态度。
50. 和周围人的关系总是相处不好。
51. 喜欢复习学过的知识，能重复做熟练做的工作。
52. 希望做变化大、花样多的工作。
53. 小时候会背的诗歌，似乎比别人记得清楚。
54. 别人说我“出语伤人”，可我并不觉得这样。
55. 在体育活动中，常因反应慢而落后。
56. 反应敏捷，头脑机智。
57. 喜欢有条理而不甚麻烦的工作。
58. 兴奋的事常使我失眠。
59. 老师讲新概念，常常听不懂，但是弄懂了以后很难忘记。
60. 假如工作枯燥无味，马上就会情绪低落。

评定标准：

确定气质类型的方法如下：

1. 将每题得分记下来。
2. 计算每种气质类型的总得分数，填入表5-3中。

表 5-3　每种气质类型的总得分数

气质类型	题　　号	得分合计/分
胆汁质（A）	2 6 9 14 17 21 27 31 36 38 42 48 50 54 58	
多血质（B）	4 8 11 16 19 23 25 29 34 40 44 46 52 56 60	
黏液质（C）	1 7 10 13 18 22 26 30 33 39 43 45 49 55 57	
抑郁质（D）	3 5 12 15 20 24 28 32 35 37 41 47 51 53 59	

3. 确定气质类型。

（1）如果某类气质得分明显高出其他三种，均高出 4 分以上，则可定为该类气质。如果该类气质得分超过 20 分，则为典型型；如果该类气质得分在 10 ~ 20 分，则为一般型。

（2）两种气质类型得分接近，其差异低于 3 分，而且又明显高于其他两种，高出 4 分以上，则可定为这两种气质的混合型。

（3）三种气质得分均高于第四种，而且接近，则为三种气质的混合型。如多血—胆汁—黏液质混合型或黏液—多血—抑郁质混合型。

要注意的是，气质问卷调查对气质类型的确定只是一种“大致的确定”。

胆汁质：相当于神经活动强而不均衡型。这种气质的人兴奋性很好，脾气暴躁，性情直率，精力旺盛，能以很高的热情埋头事业，兴奋时，决心克服一切困难，精力耗尽时，情绪一落千丈。

多血质：相当于神经活动强而均衡型的灵活型。热情，有能力，适应性强，喜欢交际，精神愉快，机智灵活，注意力易转移，情绪易改变；但办事重兴趣，富于幻想，不愿做耐心细致的工作。

黏液质：相当于神经活动强而均衡型的安静型。平静，善于克制忍让，生活有规律，不为无关的事情分心，埋头苦干，有耐久力，态度持重，不卑不亢，不爱空谈，严肃认真；但不够灵活，注意力不易转移，易墨守成规。

抑郁质：相当于神经活动弱型。沉静、深刻、易相处，人缘好，办事稳妥可靠、坚定，能克服困难；但比较敏感，易受挫折，孤僻、寡欲，反应缓慢。

第三篇

旅游服务心理

第六章 旅游服务双方的心理互动

[学习目标]

通过对本章的学习，了解心理学相关原理在旅游服务中的重要性以及运用，掌握旅游服务中客我交往的特点以及原则，以完善旅游服务中的人际沟通以及交往，加强旅游服务人员的自身素养以及技能的提高，更好地为旅游者服务。

◆[案例导入]

一次富有“人情味”的服务㊀

华侨蒋先生离开故乡已将近50年，这是他第一次随旅游团回家乡。“最甜故乡水，最亲故乡人。”想起自己离开近50年，虽乡音依旧但两鬓斑白，再看看故乡的巨大变化，蒋先生喜极而泣。蒋先生父母早已不在人世，也没有什么亲朋，但他仍回到小时候居住过的地方走了一圈，希望能看到儿时的伙伴。可回到故地一看，那里正在进行旧城改造，所有住户都搬迁了，蒋先生不悦地归了队。回到饭店，蒋先生把此行最大的心愿告诉了地陪冯小姐，希望冯小姐能帮他寻找到儿时的好友并和他们见上一面，以了却多年的心愿。望着蒋先生希冀的目光，再看看他那斑白的头发，冯小姐非常感动，于是便爽快地答应道：“蒋先生，您放心，我一定努力为您去办。”

冯小姐虽然答应了蒋先生，可到底如何去寻找蒋先生的故友，也是心中无底。毕竟蒋先生离开故乡那么多年，平时与那些好友没有联系，那地方

㊀ 徐云松.《旅行社服务案例与评析》. 高等教育出版社 . 2000. 有改动。

又在旧城改造。再说，蒋先生的朋友是否一直住在那个地方呢？最大的麻烦是自己在团上还抽不出时间亲自办理。但想到既然答应了就要去做，并要有个结果。冯小姐理了理思绪，她认为：第一步，应该详细询问蒋先生有关他故友的姓名、年龄等情况；第二步，应到所在地派出所查找；第三步，去承担旧城改造的部门，查找蒋先生故友的拆迁安置处。当然如果派出所找不到，只有与红十字会联系或者在报纸、电视、电台上登寻人启事。寻找的步骤确定了，可自己没有时间，于是冯小姐把这件事交代给了自己的一位好朋友。依照冯小姐拟定的步骤，冯小姐的朋友没费多大周折就幸运地找到了蒋先生的故友，并安排了蒋先生与几个故友见面。当时，蒋先生非常高兴。

作为一名旅游服务人员，特别是导游人员，还有什么事能比得上去做这种“积德积善”的事情更快乐的呢？旅游者初到异地，总会把导游人员当做自己最可信赖、最可依靠的人，他们总是把导游人员当做最能理解自己、关心自己的人，他们有话会找导游人员说，有事会找导游人员帮助。导游人员作为旅行社的代表，作为“民间大使”，碰到这类事情，在合情且合理的状况下，理应像冯小姐那样爽快地答应下来，并想方设法完成这项“使命”。当然，对于冯小姐来说，要在蒋先生在该市逗留期间帮他寻找到故友肯定有不小难度，工作量也较大，但做成了，做好了，对蒋先生来说是实现了一个50年来的愿望；对自己来说，虽然辛苦，但却是一种灵魂的慰藉、人格的升华。

目前，旅游市场的竞争越来越激烈，如何赢得旅游者，如何增强旅游者的旅游体验和感受，这要求旅游服务人员在旅游服务上下工夫，然而旅游服务的差异在于对其服务对象——旅游者的心理研究。为了更好地服务于旅游者，相应的就要求旅游管理者、旅游服务旅游者以及旅游研究机构积极进行旅游者心理活动与行为等内容的研究，从而加强旅游管理内容，提高旅游服务人员的职业素养，增强其职业的适应性，更好地为旅游者提供服务。

旅游服务不仅是旅游业的重要组成部分，更是旅游业的灵魂。而旅游服务质量是旅游业的基石，它关系到旅游业的命脉和发展，因而加强旅游服务质量的提升是旅游业发展的关键以及制胜的法宝。

第一节　旅游服务的前提条件——客我交往

一、旅游服务中客我交往的重要性

目前，我国的旅游行业服务模式正逐步由规范化、标准化向个性化、人情化方向发展，可以说“各尽所能”的旅游服务模式已经过时，也不能满足日渐成熟的旅游者的需求，只有“各取所需”才能使旅游者满意并再次光顾。而在旅游服务中要了解旅游者的需求，及时为旅游者提供服务则离不开服务人员与旅游者的交流与沟通。以素有“民间大使”之称的导游人员为例，可以将其称为整个旅游活动的灵魂，换句话说，没有导游人员的旅游是不完整的旅游。导游人员最直接的服务对象是旅游者本人，如果在服务过程中能与旅游者进行积极的交往，并在语言和行为表情中融进感情色彩，为旅游者提供细致、优质且富有人情味的服务，那导游人员的服务将更上一个台阶。旅游服务中客我交往的重要性主要体现在以下几个方面：

（一）有助于保持旅游服务人员心理健康

人与人的交往是人类的本能需求，这是由人的自然属性和社会属性所决定的。心理学的若干研究证明，若缺乏交往，则人的心理往往会往不健康的方向发展。例如狼孩，在经过长期与世隔绝的生活后，即使再回到人类社会，其心理也不可能恢复到一般人的正常状态。这说明了人际交往对保持心理健康的重要作用。所以在旅游服务中，旅游服务人员更应具备积极的心态，与旅游者进行良好的沟通和交往，以促使旅游服务活动顺利地完成。

（二）有便于旅游服务人员针对性地开展对客服务

与人交往是为了实现与人的沟通，了解他人，也让他人了解自己，以此达到交往的目的。在旅游工作中，积极的人际交往能使服务人员相互了解各自的工作内容和工作范围，明确工作任务，协调好工作关系。以酒店服务为例，当客人在饭店中满足了生理需要之后，很自然产生社交的需要，希望得到他人的关怀和爱护。现在许多酒店均提出“在店似家”的服务口号，但是如果服务人员只是按工作程序行事，忽视与客人的交往，甚至在服务中与客人打招呼也是流于形式，如同完成任务，这样的酒店很难给客人留下深刻的印象。

（三）有利于旅游目的地的文化交流与传播

旅游服务人员在旅游者眼里是当地文化的一种代表。在向旅游者提供服务时，旅游者会向服务人员询问一些有关当地风土人情、历史文化、名人逸事、土特产品、景区景点的问题，此时，如果旅游服务人员能做好与旅游者的交往，并且自信满满地向旅游者介绍本地的产品和服务，在交往过程中自然实现本地文化的交流与传播，则这样的交往不仅节约旅游者的时间，提高旅游服务效率，而且能够实现旅游地商品推销的目的，从而增加旅游目的地的旅游收入，实现经济效益。

[补充案例]

"巴比伦通天塔"的故事㊀

在《圣经·创世记》中有一个关于巴比伦的故事，说的是洪水之后诺亚的后代繁殖得越来越多，到处遍布。那时候人们的语言与口音都没有什么大的区别。人们共同劳作，彼此配合融洽，努力建造了繁华的"巴比伦城"。他们为自己的成就而感到骄傲，为了显示自己的力量，传送巴比伦人的赫赫威名，他们决定修建一座通天的高塔。因为大家语言相同、齐心协力，阶梯式的通天塔建得非常顺利，很快就高耸入云。

上帝看到人类如此统一和强大，心想他们如果真修成宏伟的通天塔，那以后还有什么事干不成呢？他决定要制止人类的伟大行动。于是，上帝离开天国来到人间，按照肤色与长相大致相近的办法分批召集人群到一起，对每群人都告诉他们说："只有你们是最聪明能干的，你们的付出也最多，'通天塔'的所有权应当属于你们，你们要发明自己的语言来内部交流。"于是，人们便分成不同的族，各自使用不同的语言。从此人类的感情就无法交流，思想很难统一，就不可避免地出现了互相猜疑、各执己见、争吵斗殴，由此导致了人类之间误解的开始，最后每族只好各找一块陆地来生存和繁衍。更具灾难的是，从此人类为争夺"通天塔"的主权开始了连绵不断的战争。每一族内部，也因为每个人出于个人私利而争当部族首领，于是开始互相诋毁并玩弄政治阴谋。当人们忙于争夺时，修建"通天塔"的工程停止了，"通天塔"终于半途而废。上帝的目的达到了，从这以后，人类就再也没有共同完成过宏伟的工程。

二、旅游服务中客我交往的特点

（一）客我交往的公务性

旅游服务人员与旅游者之间由于双方在交往中所处的立场不同，因而会

㊀ http：//khgtjp. zjtie. edu. cn/content/detail. php？ cid＝146&tid＝424. 有改动。

表现出不同的心理特点。例如服务人员因为与旅游者的交往是基于工作的要求，所以在感情上会有勉强的成分，服务工作易程式化、机械化，而且还容易产生“不平等”的心理感受，继而产生对旅游者的不耐心甚至冷漠；再加上服务人员接待的旅游者川流不息，接待的程序和内容却是千篇一律，也容易产生服务疲乏。旅游者由于到了陌生的环境，易产生兴奋、激动，但这种心情又伴随着惶恐以及不安，所以希望得到周到、全面的服务；再加上他们认为自己的旅游行为是付费的，服务人员为其提供服务天经地义，所以服务中易产生不满、抵触和投诉。所以在旅游服务接待中，作为旅游服务人员，一方面要帮助旅游者解决食、宿、行、游、购、娱等各个方面的实际问题，满足旅游者外出旅游的基本需求；另一方面要通过心理上对旅游者加以分析，使旅游者保持愉快的心情，在保证安全的基础上实现自我体现、社交、受尊重的需求。

（二）客我交往的短暂性

旅游服务人员和旅游者双方属于偶然性的短暂接触，交往不易深刻，但是，旅游者是客人，服务人员无法选择，必须一视同仁地对所有旅游者表示欢迎并礼貌接待，而且不论是什么样的旅游者，服务人员都要与之友好交往，并给旅游者留下美好的第一印象。所以在旅游服务接待中，旅游服务人员要特别注意人际知觉规律的应用。人际知觉是根据人的外部表现判断其个性特征及人与人之间的心理关系。人际知觉是个相互感知的过程，人们按照自己的动机、价值观念去知觉他人，同时也改变他人对自己的看法和态度，并以此来修正自己的行为和反应。[⊖]这是做好旅游服务工作和协调客我关系的依据。

（三）客我交往的不对等性

人们在社会生活中处于不同的地位，有着不同的权利和义务，起着不同的作用，故而扮演不同的角色。旅游服务人员与旅游者之间就是一种“提供服务者”与“接受服务者”的角色关系，在服务中双方是不可能平起平坐的。当双方发生矛盾时，旅游者强调的是“我是客人，你是服务人员”，而服务人员强调的是“你是人，我也是人”，似乎双方都有理。但服务人员是在扮演“提供服务者”的角色，旅游者扮演“接受服务者”的角色。

“客人坐着你站着，客人吃着你看着，客人玩着你干着”，这是在旅游服务中必须正视的合理的、必要的事实。此时，服务人员一定要把旅游服务中

⊖ 薛群慧.《现代旅游心理学》.科学出版社．2005．有改动。

角色与角色之间的平等、不平等和社会生活中人与人之间的平等、不平等加以区别。扮演“接受服务者”并不意味着“高人一等”，扮演“提供服务者”也不意味着“低人一等”。服务人员应当扮演好自己所承担的角色，用行动去赢得旅游者的尊重，而不是在应当为旅游者提供服务的时候同其“争平等”。

[**补充案例**]

汽车旅馆经理的遭遇[1]

一个从几百里外的城市来的家伙刚刚入住你的汽车旅馆。他的表现让人觉得他是多么了不起的政府官员似的。他去了自己的房间没一会儿，就怒气冲冲地跑进你的办公室，大喊大叫说他的房间空调有毛病，你最近才花了75美元修理过该房间的空调，你敢肯定他刚刚用拳头狠狠砸过这台空调机，他才该为这台空调的毛病负责，你才不会让他随意摆布。

（四）客我交往的功能层面和心理层面

客我交往的功能层面是指“人和人为了办某事而进行交往，以及要办的事办成了没有，办得是否顺利”这样一个层面；而心理层面是指“在交往中，你对我‘这个人’和我对你‘这个人’有什么样的印象和评价，以及交往的过程是令人感到轻松、愉快还是令人感到紧张和不愉快”这样一个层面。人们常说“就事论事”、“对事不对人”，或者“不谈生意，只叙友情”，“生意不成仁义在”等，这实际上就是说人际交往的功能层面和心理层面。

然而，人们常常会根据一个人所做的事去评价这个人，也常常会根据对这个人的印象去评价他所做的事，事情办得怎么样，是否圆满，是否顺利，这常常会缩短或加大人与人之间的“感情距离”，而“感情距离”的缩短或加大也常常会反过来影响办事的进程。

所以在旅游服务接待中，旅游服务人员在与服务对象的交往中，既要“会做事”，又要“会做人”；既要善于通过“做事”来使他人对自己产生一个好的印象，又要善于通过“做人”来使事情办得更为顺利。

（五）客我交往中个体与群众的兼顾性

客我交往既有“个人与个人”的交往，也有“个人与群体之间”和“群体与群体之间”的交往；既有“双边”的交往，也有“三角”以至“多角”的

---

[1] http：//doc. mbalib. com/view/b314ce1f 9854a5bbababe3205a8f467. html. 有改动。

交往。

在旅游服务中，每一位旅游者都是付了同等的价钱出门游玩，他们希望享受到同样的服务，受到同等的关照。因此，旅游服务人员对所有旅游者应一视同仁，不应该为个别旅游者提供过分的照顾（特殊情况除外，如残疾人、老人、儿童、病人等），也不应该过分接近个别旅游者。旅游服务人员任何厚此薄彼的行为都将遭到旅游者的不满和非议，甚至给自己的工作带来不必要的麻烦。

第二节　旅游服务中客我交往的十大原则

一、懂得“听人说话”是客我交往的首要前提

学会“倾听”是人际交往时受欢迎的第一步。汤姆·彼得斯（Tom Peters）在其《追求优秀的热情》一书中写道：“倾听是礼貌的最高形式。”在旅游交往中，每个旅游者都希望服务人员理解自己，因而在交往过程中，很多时候都希望扮演一个说话者的角色，想要掌握话语权，很重视他人的注意力在不在自己身上，这是由他心中存在着对他人友谊和尊重的渴望导致的。所以，作为旅游服务人员，在服务过程中不要急着去插话，而是学着认真去倾听旅游者的话语，从中体察旅游者的情绪，并对他们遇到的问题给予实质性的帮助和支持，同时提出自己的意见。而且在旅游服务中要做到听他人说话时要专心、耐心、用心以及虚心。

二、客我交往的基础需要“与人为善”

人缘好的人大都是善良的人。有人因读了《农夫与蛇》、《东郭先生与狼》等寓言，便认为行善不一定得到好报，其实这种因噎废食的做法是不可取的，在旅游服务中更要抛弃这种不良心理。

人们还是喜欢善良、向往善良的。善良才能使人们和平、愉快地相处，摆脱恶斗与自我消耗，才能把精力集中在建设性的、有意义的事情上。在旅游服务中，服务人员难免会遇到些刻薄刁钻的旅游者，但不能因此抛弃良善，只能用自己的豁达善良去感化旅游者，这样才能使自己受到旅游者的尊敬以及支持。

三、适当的寒暄是客我交往成败的关键

20 世纪 80 年代，意大利著名女记者奥琳埃娜·法拉奇（Oriana Fallaci）打算到中国对邓小平同志进行一次专门采访。然而，当时中国刚刚改

革开放，在此之前西方世界与中国有着长达几十年的冷战，法拉奇非常担心对邓小平的专访能否成功。于是，她翻阅了许多有关邓小平的书籍，注意到邓小平的生日是1904年8月22日。于是，她脑海里有了些想法，“邓小平先生，我谨代表我们意大利人民祝福您，祝您生日快乐!”法拉奇十分谦逊有礼且信心十足地说道。法拉奇以这样一个好的开场白，顺利地采访了邓小平同志。

从以上案例不难看出寒暄是交往的“润滑剂”，它能在两个人的谈话之间架起一座友谊的桥梁。旅游服务人员只要掌握了这项技巧，无论是主动或被动去打开话匣子都能得心应手。一旦达到这个境界，无论处在任何场合，旅游服务人员都能迅速进入角色，为旅游服务营造一个又一个绝佳的机会。

四、微笑服务是增进客我交往的宝贵财富

微笑是一种宽容、一种接纳、一种力量和涵养，它更是文明的表现，它可以缩短旅游服务人员与旅游者之间的距离。这是每一个从事旅游业的人员必须具备的素质。倘若不会使用微笑，那就像银行里拥有百万存款，但是由于忘记密码，难以派上用场。可以说，微笑是人际交往中的百万资产，就看如何巧妙地使用。

微笑服务包含两层意思，首先就是要学会微笑，然后才是在微笑的基础上为客人提供优质的服务，所以说微笑是优质服务的前提和保证。范仲淹在《岳阳楼记》中提出“不以物喜，不以己悲”。这不仅适用于古代君王，更适用于所有的旅游服务人员。这就要求旅游服务人员要有一颗平常心，有一个乐观的心态，不因外界的环境而改变自己的心情，做到淡定、从容，以不变应万变，用微笑服务来感化旅游者，解决服务中的麻烦和问题。

五、恰如其分的赞美使客我交往更愉悦

马克·吐温说过：“一句美妙的赞语可使我多活两个月。”细想起来不无道理，他用简单的话阐明了人们共同的精神食粮，就是赞美。心理学家也认为使一个人发挥最大能力的方法就是赞美和鼓励。其实，在旅游服务中要想走进旅游者的内心是轻而易举的事情，其路标就是用真诚去赞赏他们。

导游人员在实际工作中也需要通过颇具处世艺术的语言赞美自己的游客，实现游客心理上的愉悦和满足，取得双方心理的沟通，从而有利于导游人员更好地工作。导游人员直接赞美游客略显直白，有点虚伪之嫌，而间接赞美游客具有曲折性和技巧性，委婉而有深意，让人在不知不觉中接受，这

才是赞美的艺术。

六、道歉是客我交往中的高明补漏剂

一个人犯了错并不可怕，关键在于犯错之后的态度，承认错误是最明智的做法。如果在旅游服务中要想成为一个优秀的服务者，并赢得游客的信任，就必须得这么做。在旅游服务中，需要掌握的道歉技巧有以下几点：

（1）道歉用语应文明而规范。当愧对他人时要说“深感歉疚”、“非常惭愧”；希望得到见谅时需说“多多包涵”、“请您原谅”；麻烦他人时可说“打扰了”、“麻烦了”；一般场合可以说“对不起”、“很抱歉”等。

（2）道歉应及时。在旅游服务中，服务人员如果知道自己错了，就应该马上说“抱歉、对不起”等，否则拖得越久，就越会让游客窝火，越容易产生误解。

（3）道歉应大方。道歉应大大方方的，不遮遮掩掩，但也不必过分贬低自己，说什么“我真笨”、“我真不是个东西”等，这会让旅游者产生误解，对自己产生不信任，特别在导游服务中不该向旅游者道歉的时候，就千万不能这么做，有些旅游者可能会因此得寸进尺、为难自己，要尽量避免被旅游者牵着鼻子走。

（4）道歉可以寄托于他物。有些道歉的话如果当面难以启齿，可以换其他方法进行。特别对于西方女性而言，最佳的道歉方式并不是说声“对不起”，有时送上一些小礼物，如一束鲜花、一张卡片，她们可能会更高兴。

七、适时的幽默可以使客我交往更顺畅

美国一位心理学家说过：“幽默是一种最有趣、最有感染力、最具有普遍意义的传递艺术。”幽默的语言能使人际交往的气氛更融洽。导游人员肯定常有这样的体会，疲劳的旅途上，焦急的等待中，一句幽默话、一个风趣的故事，能使游客笑逐颜开、疲劳顿消。

在人际交往中，还可以寓教育、批评于幽默之中，具有易为人所接受的感化作用。在饭店里，一位顾客把米饭里的沙子吐出来，一粒一粒地堆在桌上，服务员看到了很难为情，便抱歉地问：“净是沙子吧？”顾客摆摆头说：“不，也有米饭。”“也有米饭”形象地表达了顾客的意见，既达到批评的目的，又避免难堪。

幽默虽然能够促进人际交往的和谐，但运用不当，也会适得其反，造成冲突。在一家饭店，一位顾客生气地对服务员嚷道：“这是怎么回事？这只鸡的腿怎么一条比另一条短一截？”服务员故作幽默地说：“你到底是要吃

它，还是要和它跳舞?”顾客听了十分生气，一场本来可以化为乌有的争吵便发生了。所以，幽默应高雅得体，态度应谨慎和善，以不伤害对方为前提。

八、客我交往中的“忍让”、“宽容”更能促进相互理解

从中西方的不同角度研究，结果得出了一个相同的结论，做什么事情要忍让为先、宽容大方，这样自己的人生才会平顺，做的事情才能成功。为了培养和锻炼良好的心理素质，作为旅游服务人员要勇于接受忍让和宽容的考验，即使感情无法控制时，也要学会紧闭自己的嘴，管住自己的大脑。忍一忍，就能抵御急躁和鲁莽，控制冲动的行为，才能促进旅游活动顺利开展。

科学家做过一个有趣的实验。在人的鼻子上插一根吸管，吸管的另一头插在雪地里。正常情况下，雪水没有什么变化；当人的情绪不稳定的时候，雪水会变成灰色；当人在极度暴躁的时候，雪水会变成紫色。把这些紫色的雪水抽出来，注射到小白鼠身上，只要一滴，小白鼠立刻死亡。可能这个实验有夸张的成分，但并不影响它说明的结论：情绪不稳定和暴躁于己于事有害而无益。

九、学会“换位思考”是一大进步

换位思考是人对人的一种心理体验过程。它客观上要求人们将自己的内心世界与对方联系起来，站在对方的立场上体验和思考问题，从而与对方在情感上得到沟通，为增进理解奠定基础。其实质就是设身处地为他人着想，即想人所想，理解至上。在旅游服务中，换位思考是一种有效的工作方法。换位思考的含义就是在做服务工作时，服务人员要站在客人的角度去想，将服务做到最好。

如何提高服务质量，有些人以为只有从名师、权威中学得。其实，每个服务人员都换位思考，把自己当做客人，设身处地地为对方想一想，问题就迎刃而解了。

十、善用“内方外圆”的交往哲学

每个人都是社会人，必须与各种各样的人交流、沟通、合作，这就是人们常说的为人处世。在为人处世方面，中国古代的铜钱给了极好的启示——内方外圆。“方”是做人之本，“圆”是处世之道。内方是说为人要正直、谦逊、友善，外圆则是说做事要讲究技巧和艺术性。

在职场中，也可以看到一些八面玲珑但心术不正的交际高手，由于缺少

"方"之灵魂，他们最终将难以成功。但同时也经常看到不少做人非常本分、待人非常真诚的职场人士，由于缺少"圆"之艺术，郁郁不得志，也很难获得成功。因此，内方外圆的为人处世之道是职场人士获得成功的一个重要因素，对于旅游服务工作者同样适用。

[补充案例]

人际沟通能力之测试题[㊀]

下面是一组关于人际沟通能力的小测试，请选择一项适合你的情形。

1. 在说明自己的重要观点时，别人却不想听你说，你会：(　　)

A. 马上气愤地走开。

B. 于是你也就不说完了，但你可能会很生气。

C. 等等看还有没有说的机会。

D. 仔细分析对方不听自己的原因，找机会换一个方式去说。

2. 去参加老同学的婚礼回来，你很高兴，而你的朋友对婚礼的情况很感兴趣，这时你会告诉她（他）：(　　)

A. 详细述说从你进门到离开时所看到和感觉到的以及相关细节。

B. 说些自己认为重要的。

C. 朋友问什么就答什么。

D. 感觉很累了，没什么好说的。

3. 你正在主持一个重要的会议，而你的一个下属却在玩手机并有声音干扰会议现场，这时你会：(　　)

A. 幽默地劝告下属不要玩手机。

B. 严厉地叫下属不要玩手机。

C. 装着没看见，任其发展。

D. 给那位下属难堪，让其下不了台。

4. 你正在向老板汇报工作时，你的助理急匆匆跑过来说有你一个重要客户的长途电话，这时你会：(　　)

A. 说你在开会，稍后再回电话过去。

B. 向老板请示后，去接电话。

C. 请助理说你不在，问对方有什么事。

D. 不向老板请示，直接跑去接电话。

㊀ http://uzone.univs.cn/news2_2008_63968.html.

5. 去与一个重要的客人见面，你会：(　　)

A. 像平时一样随便穿着。

B. 只要穿得不要太糟就可以了。

C. 换一件自己认为很合适的衣服。

D. 精心打扮一下。

6. 你的一位下属已经连续两天下午请了事假，第三天上午快下班的时候，他又拿着请假条过来说下午要请事假，这时你会：(　　)

A. 详细询问对方因何要请假，视原因而定。

B. 告诉他今天下午有一个重要的会议，不能请假。

C. 你很生气，但什么都没说就批准了他的请假。

D. 你很生气，不理会他，不批假。

7. 你刚应聘到一家公司就任部门经理，上班不久，你了解到本来公司中就有几位同事想就任你的职位，老板不同意，才招了你。对这几位同事你会：(　　)

A. 主动认识他们，了解他们的长处，争取成为朋友。

B. 不理会这个问题，努力做好自己的工作。

C. 暗中打听他们，了解他们是否具有与你进行竞争的实力。

D. 暗中打听他们，并找机会为难他们。

8. 与不同身份的人讲话，你会：(　　)

A. 对身份低的人，你总是漫不经心地说。

B. 对身份高的人说话，你总是有点紧张。

C. 在不同的场合，你会用不同的态度与之讲话。

D. 不管是什么场合，你都是一样的态度与之讲话。

9. 你在听别人讲话时，总是会：(　　)

A. 对别人的讲话表示兴趣，记住所讲的要点。

B. 请对方说出问题的重点。

C. 对方老是讲些没必要的话时，你会立即打断他。

D. 对方不知所云时，你就很烦躁，就去想或做别的事。

10. 在与人沟通前，你认为比较重要的是应该了解对方的：(　　)

A. 经济状况、社会地位。

B. 个人修养、能力水平。

C. 个人习惯、家庭背景。

D. 价值观念、心理特征。

评分方法：

题号为1、5、8、10者，选A得1分，选B得2分，选C得3分、选D得4分；其余题号选A得4分、B得3分、C得2分、D得1分；将10道测验题的得分加起来，就是你的总分。

结果分析：

如果你的总分为10～20分，则：因为你经常不能很好地表达自己的思想和情感，所以你也经常不被他人所了解；许多事情本来是可以很好解决的，正是你采取了不适合的方式，所以有时把事情弄得越来越糟；但是，只要你学会控制好自己的情绪、改掉一些不良的习惯，你随时可能获得他人的理解和支持。

如果你的总分为21～30分，则：你懂得一定的社交礼仪，尊重他人；你能通过控制自己的情绪来表达自己，并能实现一定的沟通效果；但是，你缺乏高超的沟通技巧和积极的主动性，许多事情只要你继续努力一点，你就可以大功告成。

如果你的总分为31～40分，则：你很稳重，是控制自己情绪的高手，所以，他人一般不会轻易知道你的底细；你能不动声色地表达自己，有很高的沟通技巧和人际交往能力；只要你能明确意识到自己性格的不足，并努力优化之，定能取得更好的成绩。

[关键概念]

1. 客我交往（intercourse with guest）
2. 心理素质（psychological qualities）
3. 心理健康（psychological heathy）
4. 情感（emotion）
5. 意志（volition）
6. 气质（temperament）
7. 性格（character）

[复习与思考]

1. 如何理解和认识客我交往是旅游服务中对客服务的前提和基础？
2. 旅游服务中客我交往的重要性如何体现。
3. 旅游服务中客我交往的特点有哪些？请举例说明。

[案例分析]

旅游感受中不可忽视的因素：人际交流[1]

旅游者在作出旅游决策时考虑最多的是要游览的景观，但旅游归来时，真正印象最深的则是人与人的接触、感情的交流。说到底，在旅游中，体验是最重要的，旅游的意义不仅在于增长自己的见识，开阔眼界，更为重要的是增进人与人之间的了解，增进不同文化之间的交流与认知。

以前是从电影和小说中了解奥地利和奥地利人的，除了景色优美和生活浪漫之外对其没有太多的印象，而这一次真正与奥地利人直接接触，与他们交流，才对奥地利人有了进一步的认识。也许十多天的时间对一个民族的了解是非常肤浅的，但毕竟和读书看报是不一样的。奥地利人执著、坚毅和好客的性格给我留下了非常深的印象。

安排我们这次访问的李夏德教授是维也纳大学汉学系的教授，他的口头禅是："凡是对中奥关系有益的事我都做。"这些年来他不记得访问了中国多少次，中国的北京、西南、东南、西北都留下了他的足迹。他不仅在奥地利教中文，还多次组织欧洲学中文的学生一起欢聚，增进与中国的友谊。

我们在布拉姆伯格访问一个地质博物馆时，创建这个博物馆的著名地质学家霍尼格施密德教授年逾九旬，听说有中国代表团来访，还身着正装，偕夫人专门在门口等候，并亲自做向导，如数家珍地为我们介绍满藏宝石、水晶的展品，其中很多藏品都是他个人捐献的。我们在拜访采矿史博物馆时，创建并一直主持博物馆工作的退休老矿工还特地穿上了当年当矿工时的礼服，为大家讲解他们创建这个博物馆的历程。

说到这次访问，还不得不提及一个叫奥波德·沃斯的奇人。我们这次活动并非官方的访问，旅途中的交通工具、住宿和餐饮等费用都是有关公司和部门赞助的，而沃斯先生则是重要的赞助和组织联络人。我们访问的最后一站是小城颇奇多尔茨多夫，靠近维也纳市郊。直到当晚在一家餐馆用餐时，我们才知道他本人是这个餐馆的老板。

说起来还很有意思。这个小镇是下奥地利州重要的葡萄种植区，小镇的居民大多是葡萄园主，沃斯先生也不例外。根据奥地利几个世纪以前制定的法律，葡萄园主可以经营餐馆，并可以在餐馆里出售自己酿制的葡萄酒，但是餐馆的连续经营时间不得超过30天，不准出售其他品牌的葡萄酒，出售

[1] 张广瑞．中国旅游报．2004-01-07．有改动。

的食品也只能是购进的已经过加工的半成品，餐馆只是重新加热、提供场地和服务而已。这类餐馆的门口上都要悬挂一个松脂球标识，并公布餐馆营业的日期。葡萄园主们有个自律组织，违反规定的人要受到惩罚。沃斯先生的餐馆座位不少，就餐的人也很多，但除了他的母亲和夫人以外，他只雇佣了一个临时工。他本人就承担了葡萄种植和繁忙的餐馆日常经营。然而，他的真正兴趣却在水晶石的探找和收藏上。

早在少年时代他就醉心于宝石的探寻，在28岁那年，他和朋友在深山洞穴中找到一块大水晶石，从此他声名鹊起，他的藏品和事迹频频在媒体上报道。他本来希望进入大学攻读宝石专业，不幸的是父亲突然病故，他不得不帮助母亲经营这个家业。他在宝石和文物的收藏、研究上是很成功的，有个人的宝石收藏馆。更有意思的是，他发现水晶石对葡萄酒的酿制有一种奇特的功效，创造了一种利用他采集的最大的一块水晶石为品牌的葡萄酒。

这次接待我们是他第一次和中国人接触。在我们要离开的那一天，他专门再次把我们约到他的餐馆，郑重地向我们展示他最得意的几件宝石。我曾经好奇地问他，既然是这样贵重的藏品，为什么经常公开展示，难道不怕遭人暗算吗。他憨厚地笑笑说："我收藏这些宝石不是因为它们值钱，而是因为它们是天然珍品，就是供大家欣赏的。"他的确精力充沛，自己经营着葡萄园，酿制葡萄酒，开着一个餐馆，不断地探宝和研究宝石，还是个热心的社会活动家，他说他每天只有3~4小时的睡眠时间，浑身有使不完的劲。他非常想到中国来看一看，尤其是想看一看上海的青铜器博物馆。令我十分惊异的是，临走时，他送我由他特别签名的三大本关于水晶石探寻的精装书，最后把一个木头盒子递给我们，打开一看，竟然是一块硕大的水晶石。我们自然不敢接受这样的礼品，他看我们为难的样子就解释说："这个水晶石的价值不在别处，而是在于它能够让你记起在奥地利有个朋友。"这就是执著、勤劳、好客的奥地利人。

[问题讨论]：

1. 结合上述案例，谈谈人际沟通以及客我交往在旅游服务中的重要性。

2. 旅游工作者该如何处理好客我交往关系？

第七章

专项旅游服务中的心理技巧

[学习目标]

通过对本章的学习，掌握旅游服务中分析旅游者心理的途径以及旅游服务策略，旨在有针对性、有目的性、有效地展开旅游服务工作。

旅游服务人员的服务工作具体体现在：酒店服务人员要通过良好的素养以及专业的服务技能为每一位入店客人做好服务，让他们住店犹如在家一样方便，从而使他们成为酒店的忠实顾客；导游人员应该将自身的知识通过饱满、充实的导游讲解以及丰富的语言、肢体等行为让旅游者带走难忘的记忆，旅游中还要积极引导旅游者购物，让旅游者期待而来，满载而归；旅游景区服务人员也要通过精湛的服务技能加强旅游者对景区的旅游体验；此外，作为服务人员还要做好旅游售后服务，通过各种途径及时了解旅游者的不满以及需求，为下一次更好的服务作准备。

◆[案例导入]

面对“二龙戏珠”的四种游客㊀

导游人员看到小何向赵先生请教气质问题就围了过来。赵先生清了清嗓子介绍说：“所谓气质，说的就是人们表现在行为举止中的典型而又稳定的特点。

小何刚才说的胆汁质、多血质、黏液质和抑郁质这些提法就是根据典型又稳定的要求把人分成四大类型。这些提法早在古希腊的时候就有了，现代心理学对它们的内容已经有了新的说法。就我们导游人员来讲，主要是通过

㊀ 王连义.《导游技巧与艺术》. 旅游教育出版社. 2002. 有改动。

观察客人行动速度的快慢、动作幅度的大小和行为变化的快慢，把这些名字与他们的气质对上号。这样吧，我就举一个大家都熟悉的例子来说吧。大家都带团去过南京的玄武湖吧?！上了凌洲，过了桥，草坪上有两条用草木花卉做成的龙，簇拥着一颗也是用花卉做成的宝珠，这叫‘二龙戏珠’。草坪周围有竹子做的篱笆墙，篱笆墙有膝盖那么高，朝南京城的那个方向有一个缺口，差不多有10m吧。草坪上插着一块牌子，上面写着‘严禁入内’。但是在‘二龙戏珠’处已经有些人在拍照。我曾经在那里仔细观察过，发现那些想拍照的游客有四种不同的表现。

第一种游客行动最迅速，一下子就从篱笆上跳过去，跑到‘二龙戏珠’前面去拍照，他们属于‘胆汁质’。

第二种游客不那么冲动、冒失，但是他们很灵活，跨过篱笆，走到‘二龙戏珠’前面去拍照。

第三种游客做事求稳妥，不怕绕远，从缺口那绕进去拍照，他们属于‘黏液质’。

第四种游客也不跳，也不跨，也不绕，留在原地，就在篱笆的外面拍照，或者干脆不照，他们属于‘抑郁质’。

‘四分法’对我们与客人个别交往比较有效。从带整个团来说，气质类型的‘二分法’比‘四分法’更为实用。‘二分法’就是只分‘内向型团队’和‘外向型团队’。

以爬长城为例，如果不考虑身体方面的原因，第一次上长城的游客会分成两部分：很快就走到前面去的是外向型的，慢慢地走在后面的是内向型的。这里要注意的是，不是以客人所到达的高度为标准，而是以客人爬长城的速度为标准。不过要注意客人可能有‘逆向表现’，也就是与平时正好相反的表现。比如，有的人平时在家里不爱说话，不大喜欢运动，在旅游中却变得很喜欢说话，很喜欢动作幅度比较大的活动。

不管用哪种分类方法，都要考虑旅游团有没有出现‘帮派’，有‘帮派’时，不太容易看出客人的气质。还是拿爬长城的例子来说，如果‘帮派’是外向型客人居多，则这一帮客人就会一起跑在前面，但其中也可能有少数客人属于内向型；同样的，如果‘帮派’是内向型客人居多，则这一帮客人就会一起走在后面，但其中也可能有少数客人属于外向型。在这种情况下，要比较准确地判断客人的气质类型，就需要从多方面来进行考察。”

第一节　旅游服务中分析旅游者心理的途径

一、通过体态语言分析旅游者心理

体态语言是指以身体作为媒介载体的一种语言形式。美国心理学家艾伯特·梅拉别恩（Albert Mehrabian）曾经通过许多实验总结出如下公式：信息的效果 = 7% 的文字 + 38% 的音调 + 55% 的面部表情。可见，体态语言在传递信息过程中有着重要的作用。当人处于某种心理状态时，身体上发生着各种变化，因而可以通过这种外部反应观察旅游者的心理和行为。旅游者的体态语言是指与情绪状态相联系的身体各部分的动作变化。可见，体态是测量旅游者心理活动的客观指标之一。

（一）面部表情

面部表情通过眼部肌肉、颜面肌肉和口部肌肉的变化来表现各种情绪状态，是一种十分重要的非语言交往手段。面部表情可以分为八类：感兴趣——兴奋；高兴——喜欢；惊奇——惊讶；伤心——痛苦；害怕——恐惧；害羞——羞辱；轻蔑——厌恶；生气——愤怒。一般来说，眼睛和口腔附近的肌肉群是面部表情最丰富的部分。其表达方式主要通过眉、眼、鼻、嘴、脸来体现。

（1）眉。眉间的肌肉皱纹能够表达人的情感变化。柳眉倒竖表示愤怒，横眉冷对表示敌意，挤眉弄眼表示戏谑，低眉顺眼表示顺从，扬眉表示吐气，眉头舒展表示宽慰，喜上眉梢表示愉悦。

（2）眼。眼睛是心灵的窗户，能够最直接、最丰富地表现人的精神状态和内心活动。眼睛通常是情感的第一个自发表达者，透过眼睛可以看出一个人是欢乐还是忧伤，是烦恼还是悠闲，是厌恶还是喜欢。例如，从眼神可以判断一个人是坦然还是心虚，是诚恳还是伪善；目光的接触可以委婉、含蓄、丰富地表达爱抚或推却、允诺或拒绝、谴责或赞许、厌恶或亲昵等复杂的思想和愿望；瞳孔可以反映人的心理变化，当人看到有趣的或者心中喜爱的事物时，瞳孔就会扩大，而看到不喜欢的或者厌恶的事物，瞳孔就会缩小；此外，眼泪能够恰当地表达人的许多情感，如悲痛、欢乐、委屈、思念等。

（3）鼻。厌恶时耸起鼻子；轻蔑时嗤之以鼻；愤怒时鼻孔张大；紧张时鼻腔收缩，屏息敛气。

（4）嘴。嘴部表情主要体现在口型变化上。伤心时嘴角下撇，欢快时嘴角提升，委屈时撅起嘴巴，惊讶时张口结舌，愤恨时咬牙切齿，忍耐痛苦时咬住下唇。

（5）脸。面部肌肉松弛表明心情愉快、轻松、舒畅，肌肉紧张表明痛苦、严峻、严肃。

一般来说，面部各个器官是一个有机整体，协调一致地表达出同一种情感。当人感到尴尬、有难言之隐或想有所掩饰时，其五官将出现复杂而不和谐的表情。

（二）言语表情

言语表情表现在语音和语调中。不同的情绪发生的音调就不相同，音调高低、音色亮暗、声音大小、语气长短、语速快慢等，都能反映出不同的情绪。欢喜时引吭高歌，悲哀时如怨如诉，愤怒时激扬文字，爱恋时缠绵软语。

二、通过情绪状态分析旅游者心理㊀

（一）情绪状态分析图

情绪状态分析图将人的心理状态划分为两个维度，即积极性和情绪性，并设定可测量人的积极性和情绪性的单位，该人积极、情绪高涨用正数表示，消极、情绪低落用负数表示，如图 7-1 所示。

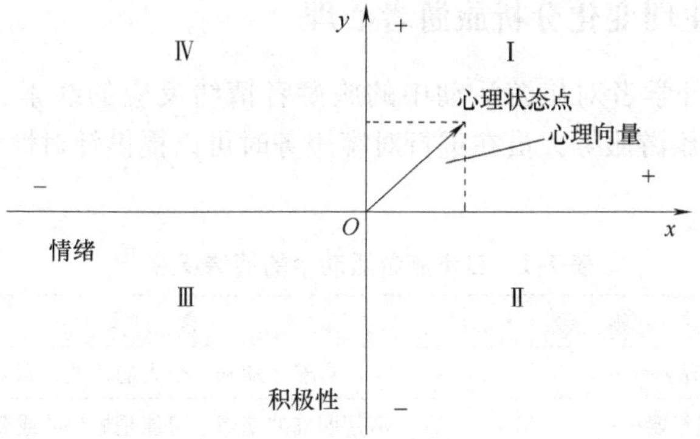

图 7-1 情绪状态分析图

x 轴代表情绪，y 轴代表积极性。从图 7-1 中可以看出，坐标系所划分出的四个自然区域恰好可以把人的心理状态分为四种类型。Ⅰ区表示该人的情绪很好，积极性很高。在这种状态下人显得轻松愉快、活跃好动，容易接纳他人、易于接近。Ⅱ区表明该人情绪很好，但积极性不高。这时候人一般比较沉静、自得其乐，有种沉浸其中的感觉。Ⅲ区表明此人情绪不好，积极性也不高。这时人看起来意志消沉、心灰意懒。Ⅳ区的人情绪不好而积极性却很高。此类人可能刚刚

㊀ 薛群慧.《现代旅游心理学》. 科学出版社 . 2005.

遭遇挫折，内在冲突激烈，焦虑、愤懑无从发泄，此时他最易寻衅滋事与他人发生冲突。从客我交往角度看，只有客我双方心理状态向量的合力落在Ⅰ区才是最佳结果。就是说服务人员必须永远把自己的心理状态点调整到Ⅰ区，然后视客人的情况采取相应的服务行为，以期双方的交往产生好的结果。

（二）旅游服务策略

（1）处于Ⅰ区的客人最易于交往，它和同样处于Ⅰ区的服务人员交往的结果只能是好的。

（2）如果客人处在Ⅱ区，此时服务人员就大有用武之地了，要想办法感染他、影响他，把客人的积极性提高上来。

（3）如果客人心理状态处在Ⅲ区，难度是最大的。作为旅游服务人员，要想把这两方面全面扭转过来，通常是办不到的。在这种情况下要首先设法调动客人的情绪，然后再调动其积极性。

（4）客人心理状态处于Ⅳ区是最危险的。作为服务人员应该根据经验迅速判断出这类“危险”的客人，提供迅速而谨慎的服务，不要过分殷勤，也不要试图引导其多消费，服务中做到不求有功、但求无过。

三、通过生理变化分析旅游者心理

表7-1是国外学者对旅游活动中的旅游者情绪反应的线索、含义的研究结果，这一研究对旅游服务人员在进行对客服务时可以提供针对性的服务。

表7-1　日常旅游活动中的情绪反应 ㊀

类　别	线　索	含　义
旅游者用语	请您……	自然、随和、令人愉快的、高兴的
	我想要……	清楚明确的期望，可能是愉快的或要求很高
	我需要……	同上
	我说的是……	困难的、要求很高
	我听到的不是如此！	不耐烦、沮丧、争议、气愤
语调	低、慢	自然、随和、高兴、疲倦
	欢欣的	高兴、愉快
	讽刺的	不耐烦、不高兴、找麻烦的
	强烈的	要求很高

㊀ 薛群慧.《现代旅游心理学》. 科学出版社 . 2005.

（续）

类别	线索	含义
仪表	仪表整洁	体面、令人愉快、有较高期望
	运动衫	可能在度假，比较随便、轻松愉快
	领带纠结	疲倦、不舒服
	西装多皱	不在意的、粗心的
身体语言	挺立	坦率、直爽、不说废话
	弯腰驼背	疲倦、被冒犯、不耐烦、不高兴
	膝盖晃动	不耐烦
	手指关节作响	不耐烦
	走路迅速	热情、要求很高
	说话或倾听时扬眉毛	不喜欢或不相信对方
	踱步	闲散、不慌不忙、随和
	歪头倾听	集中注意力、感兴趣的

第二节　不同地区旅游者心理以及旅游服务策略

一、我国内地旅游者心理以及旅游服务策略

从我国内地地理的区域划分以及旅游者的出游特征出发，划分为七个主要旅游客源地。

（一）以北京和天津为代表的华北地区

1. 华北地区旅游者心理

以北京和天津为首的华北地区的旅游者比较能侃，而且由于地理位置的关系，政治味也较浓，文化素养相对来说也比较高，很爱在他人面前显示自己。

2. 旅游服务策略

由于该地区文化比较厚重，他们重历史、重文化，所以在旅游服务中对服务人员的要求也较高，特别是导游接待中，要求导游人员有丰富的知识，在行程安排上多些文物古迹游，在讲解中多介绍些历史文化知识。尤其需要注意的一点是鉴于他们能侃的特征，在旅游服务中应该多给他们表现的机会。

（二）东北地区

1. 东北地区旅游者心理

东北地区的旅游者具有奔腾的张力和辽阔的豪性，讲义气，同时也幽默能侃。

2. 旅游服务策略

在为这部分旅游者提供服务时，一定要坦诚相待，不斤斤计较，同时给足他们面子，但也要把握好尺度，不要让他们牵着鼻子走。

（三）以上海为代表的华东地区

1. 华东地区旅游者心理

上海在中国的经济发展中具有极其重要的地位。该地区的旅游事业起步早，文化积淀深厚，人们的受教育水平高，因此，外出旅游的意识较强。他们的市场意识很浓，比较精细，经常都要“货比三家”之后才买。

2. 旅游服务策略

由于该地区的旅游者头脑较灵活，比较精明，所以外出旅游过程中比较挑剔，对酒店安排、旅行社行程安排都有较高要求，所以，在为其服务时一定要全心全意，慎之又慎，而且要耐心，要让他们信赖自己。特别是导游人员在行程安排上一定要紧凑，耐心答疑，不要让他们有吃亏的感觉。

（四）以湖北、湖南为代表的华中地区

1. 华中地区旅游者心理

华中地区历史悠久，文化底蕴丰富，所以其精神文化比较丰富，追求文化内涵深刻的事物，他们给人的印象大都很聪明，重友情，肯帮忙，而且能进能退。但是他们外出旅游中喜爱表现自己，锋芒毕露[㊀]。

2. 旅游服务策略

在为他们服务时，要尽可能地热情、友好，并给足面子，用温和的态度行为化解他们的争强好胜的心理，让他们乘兴而来、满意而归。

（五）以广东为代表的华南地区

1. 华南地区旅游者心理

华南地区是中国改革开放的前沿阵地，也是全国旅游业发展最大、最好的地区。地区的人们收入颇高，在旅游中讲究吃，时间和金钱观念较强，也特别讲究避讳。

2. 旅游服务策略

由于这部分旅游者对“吃、住、行”特别讲究，他们愿意把大把钱花在旅

㊀ http：//post. baidu. com/f？kz＝16967969．有改动。

游上，所以导游人员在接待他们时，一定要细心周到地照顾好他们的日常生活，按照接待级别作好相应的安排，在购物过程中做好参谋。此外，由于该地区的旅游者极具生意头脑，所以必要的时候可以和他们多谈生意和与经济有关的话题。特别需要注意的是，在整个服务过程中要切记说话防忌，满足他们求吉利的心理。

（六）西南地区

1. 西南地区旅游者心理

西南地区如四川、贵州、云南地区多为少数民族聚居地，经济整体相对落后，但是他们拥有独特的文化和风俗习惯，该地区的人群淳朴、直爽、自尊心强。

2. 旅游服务策略

由于在经济上不具备优势，这部分旅游者外出旅游中会谨小慎微，对接待要求也相对不高，对服务差错的包容性较强，但是这部分人群由于受与地域民族相关的因素影响，外出过程中较为随性，时间观念相对不强。所以，作为旅游服务人员对这部分旅游者要热情，并尊重他们的风俗习惯和宗教信仰，保护他们的自尊心。

（七）西北地区

1. 西北地区旅游者心理

特殊的地理环境和文化传统造就了西北人独特的个性特征。西北人做事豪爽、痛快、粗犷，待人热情、坦荡、质朴、厚道，经济意识不强；生活方式简单；思想观念相对保守，民族意识较强。

2. 旅游服务策略

作为旅游服务人员要热情、真诚地对待他们，尊重他们的风俗习惯和宗教信仰，多与他们沟通，听取他们的意见和要求。

二、港、澳、台地区旅游者心理以及旅游服务策略

（一）港、澳、台地区旅游者心理

港、澳、台地区旅游者回来一部分是来观光、做生意、看病的，但更多的是以探亲访友为目的的。他们会表现出特有的亲情，情绪波动会很大，特别是见到阔别已久的亲朋好友会很激动。

（二）旅游服务策略

作为旅游服务人员，在接待这部分旅游者时要表现出极大的热情。在语言上要亲切和蔼；在饮食、住宿、行程安排上要细心全面；在旅游讲解中，多聊近期内地的经济、政治、文化发展情况。旅游服务人员尤其要自尊自爱，禁讲低俗笑话。

三、国外旅游者心理以及旅游服务策略[1]

（一）东亚地区旅游者的心理

1. 日本旅游者心理

日本是发达的国家，日本旅游者个人收入较高，乐于来中国旅游，他们不在乎花钱多少，只要吃、住、行、游、购、娱满意，特别是安排好了餐饮以及做好席间服务，便事事称心，件件如意。服务人员在为其服务时，可以在吃上多下工夫，多给他们讲些中国饮食文化方面的知识，多向他们推荐中国的食品、酒、茶等。因为日本与中国有着悠久的历史渊源，他们来华多半是带着探究访古的目的来的，所以，导游人员的讲解务必深刻，并有独到的见解。

2. 韩国旅游者心理

韩国人忌讳“4”。“4”在朝鲜语中的发音与“死”字完全相同，许多楼房严忌“4”，军队、医院、餐馆等也不用“4”编号。在与韩国人交谈时不宜谈论政治腐败、经济危机、意识形态等方面的问题。在接待韩国旅游者时，要特别注意餐饮礼仪。韩国人有很强的民族意识，甚至有一定的民族优越感。所以，在旅游服务中一定要尊重老人，尊重男性，尊重他们的民族。

（二）东南亚地区旅游者心理

东南亚国家在文化上仍然保留东方的传统文化，如重视家庭、尊老爱幼、尊师重教，他们深受汉文化的影响，讲究教育及群体的权利及义务，同时深受儒家思想影响，对孔子的学说很重视。所以，中国的服务人员最重要的是一定要讲究礼貌礼仪，这是接待东南亚旅游者的关键。在为其服务时要遵守“三不原则”，即不对其宗教有所非议，不对其佛像有所不恭，不对其僧侣有所不逊。

（三）太平洋地区旅游者心理

1. 澳大利亚旅游者心理

澳大利亚人喜欢休闲，追求名牌时尚的风气较为淡薄。在假日周末，T恤衫、牛仔裤或大短裤几乎是国人的“制服”。他们为人真诚，踏实，不喜欢自夸与吹牛，交谈时不喜欢转弯抹角，拖泥带水，谈话时忌谈工会、宗教与个人问题。澳大利亚是多元文化的国家，融合性很强，他们也很随性，不喜欢约束。澳大利亚人对中国菜很感兴趣，但偏好清淡食物。澳大利亚女性较保守。所以，在接待澳大利亚旅游者时，要注意他们不喜欢与英国人或美国人相比，或者评论他们之间的差异。而且旅游安排一定要轻松，不要让他们有约束感。

---

[1] 薛群慧，陶琼.2012年中级导游员《导游知识专题》考试大纲（试行）——游客心理.

2. 新西兰旅游者心理

新西兰人性格比较拘谨，见面和告别均行握手礼，鞠躬和昂首也是他们的通用礼节。男女之间交往较为拘谨保守，较注重礼貌，一般是女方先伸出手，男方才能相握。初次见面，身份相同的人互相称呼姓氏，并加上“先生”、“夫人”、“小姐”等，熟识之后，互相直呼其名。与新西兰人交谈可以以气候、体育运动、国内外政治、旅游等为话题，避免谈及个人私事、宗教、种族等问题。他们的时间观念较强。

在接待新西兰旅游者时，旅游服务人员要注意举止文雅，在为其安排食宿、娱乐等方面要慎重。新西兰人奉行“不干涉主义”，即反对干涉他人的个人自由，不能过问他们的政治立场、宗教、职务级别等。

（四）北美地区旅游者心理

1. 美国旅游者心理

美国人待人热情，易于接近，当初次结交一位美国人时，他会对对方侃侃而谈，甚至滔滔不绝，使对方毫无拘束之感。美国人互相交往时，不喜欢服从于他人，也不喜欢他人过分客气地恭维自己，美国人所担心的是被他人视为不易亲近的人而受到孤立，他们非常看重他人对自己的印象。美国是个独立进取的民族，他们不喜欢依赖他人，也不喜欢他人依赖他们。美国人讲求实际。他们不像法国人那样喜欢漫无边际的幻想，也不像英国人那样讲派头。美国人格外看重成功的价值，所以在美国人身上会有一种快节奏和紧张感。

导游人员在为美国旅游者服务时行程安排上一定要紧凑，不要让他们有耽误时间的感觉。鉴于他们的性格特征，在接待美国旅游者时，思维一定要敏捷，语言要生动幽默，一定要让他们有自我表现的机会。与他们相处时，与他们保持50~150cm的空间距离，不打扰他们的个人空间，不打探美国客人的个人隐私，也不要评论他们的外貌特征。特别是与美国黑人交谈时，不要提及“黑”这个词。

2. 加拿大旅游者心理

加拿大人的生活习性包含着英国、法国、美国三国人的综合特点。他们既有英国人的那种含蓄，又有法国人的那种明朗，还有美国人的那种无拘无束的特点。他们热情好客、待人诚恳。加拿大国民的主体是由英法两国移民的后裔所构成的，英裔加拿大人大多信奉基督教，讲英语，性格上相对保守；而法裔加拿大人则大都信奉天主教，讲法语，性格上显得较为开朗而奔放。与加拿大人打交道时，最好对这点加以注意并区分对待。需要特别注意的是，在与他们交谈时，不要谈论性、宗教、魁北克省要求独立的问题，并且，不要打断对方的谈话。也不要将加拿大与美国进行比较，大谈美国的优越性等。

（五）欧洲地区旅游者心理

欧洲地区的旅游者经验丰富，几乎每个人一年都要外出旅游多次，他们把旅游视为扩大知识、增长见识、提高自我的途径。而且他们对旅游地的要求均较高，尤其是对导游人员的要求更高，他们要求中国的导游人员有较高的外语水平。欧洲的游客大都怀着“求知”的目的来中国旅游，他们以追求文化、加深对中国的了解为目的。这就要求旅游服务人员的知识要丰富，特别要具备欧洲地区的知识。

1. 德国旅游者心理

和德国人初交，他们给人的印象往往是沉默寡言、不擅长幽默，显得呆板而沉重，做事谨慎小心，一切按规矩和制度行事。但接触时间长了，就会觉得德国人待人接物虽然严肃拘谨，但态度诚恳坦率，办事认真仔细，责任心极强。德意志民族是一个特别讲究秩序的民族。所以，在接待德国旅游者时，要处处体现出守时严谨、讲秩序的工作作风，照顾他们个性化的服务需求。由于他们食量较大，喜欢喝啤酒，喜欢吃自助餐，在餐饮方面，要满足他们这方面的需求。

2. 英国旅游者心理

英国人讲究穿戴，只要一出家门，必须衣冠楚楚。英国人的自信心特别强。中、上层的人士由于过着舒适的生活，因此，养成了一种传统的“绅士”、“淑女”风度。但他们一般都墨守成规，矜持庄重，感情轻易不外露，即便有很伤心的事，也常常不表现出来。他们很少发脾气，能忍耐，不愿意与他人作无谓的争论。英国人待人彬彬有礼，讲话十分客气，“谢谢”、“请”字不离口。在正式的宴会上，一般不吸烟，进餐吸烟被视为失礼。

在接待英国旅游者时，要注意他们的一些忌讳：忌谈个人私事、家事、婚丧、年龄、职业、收入、宗教问题。由于宗教的原因，他们非常忌讳“13”这个数字，认为这是个不吉祥的数字。日常生活中尽量避免“13”这个数字，用餐时，不准13人同桌，如果13日又是星期五的话，则认为这是双倍的不吉利。不能手背朝外，用手指表示“二”，这种“V”形手势是蔑视他人的一种敌意做法。

3. 意大利旅游者心理

初次与一个意大利人见面，了解他是哪里人、了解他的生活背景是相当重要的。意大利人热情好客，也很随和，他们爱好聊天，尤其喜欢用不同的手势来表达自己的思想感情。但他们时间观念相对不强。意大利人喜欢喝酒，而且很讲究。一般在吃饭前喝开胃酒，席间视菜定酒，吃鱼时喝白葡萄酒，吃肉时喝红葡萄酒，席间还可以喝啤酒、水等，饭后饮少量烈性酒，可加冰块。意大利人很少酗酒，席间也没有劝酒的习惯。在接待意大利旅游者时，要注意不与他们谈论政治、宗教、纳税、“黑手党”、贪污腐败，以及第二次世界大战时意大利追随德国法西斯历史等相关话题。

4. 法国旅游者心理

法国人最爱美，这是举世公认的，尤其妇女，称得上为世界上最爱打扮的人。就连他们国家的老年妇女也是如此。“女士第一”在法国极为盛行。他们时间概念很强。他们无论出席什么集会，都习惯准时到达，从不拖拉迟到，不愿听到那些蹩脚的发音。法国人在与他人谈话时，总喜欢相互站得近一些，他们认为这样显得更为亲近。

在接待法国旅游者时，要特别注意，我们用拇指和食指分开表示“八”，他们则表示“二”；我们用手指指自己的鼻子，表示“是我”，但他们的手指指自己的胸膛才表示“是我”；他们还把拇指朝下表示，“坏”和“差”的意思。他们偏爱公鸡，把它看做“光明”的象征，并视其为国鸟。他们非常喜欢鸢尾花，认为它是权力的象征、国家的标志、民族的骄傲。他们视秋海棠为“热忱的友谊”，认为兰花表示“虔诚”、丁香表示“纯洁”、大丽花表示“感谢”、玫瑰表示“爱情”。他们对蓝色偏爱，并把蓝色看成是“宁静”和“忠诚”的色彩，认为粉红色是一种积极向上的色彩，给人以喜悦之感。

5. 俄罗斯旅游者心理

俄罗斯人性格豪放、开朗、喜欢谈笑。他们认为给客人吃面包和盐是最殷勤的表示。他们与人见面先问好，再握手致意，朋友间行拥抱礼并亲面颊，与人相约，讲究准时。他们尊重女性，在社交场合，男性还帮女性拉门、脱大衣，餐桌上为女性分菜等。他们爱清洁，不随便在公共场所乱扔东西。他们重视文化教育，组织纪律性强，喜欢艺术品和艺术欣赏。与俄罗斯人交往不能说他们小气，初次结识不可问对方私事，对妇女忌问年龄。称呼俄罗斯人要称其名和父名，不能只称其姓。在接待俄罗斯旅游者时，旅游服务人员要体现出关心时事政治的意思，与他们交谈时要有自己的见解和看法，但不要谈论前苏联解体、阿富汗战争、大国地位等问题。

第三节 旅行社服务心理

一、不同形式划分的旅游者心理

（一）不同年龄旅游者心理

按年龄可将旅游者分为少年旅游者、青年旅游者、中年旅游者和老年旅游者。少年旅游者对新事物具有浓厚的兴趣和好奇心，喜欢追求快乐、刺激，因而要给他们提供富于挑战性的项目和活动；青年旅游者向往浪漫的旅行，对热门问题也较感兴趣，但他们对食宿要求不是很高；中年旅游者喜欢有条不紊、悠闲轻松的游览项目，需要注意的是他们经济负担较重，既要抚养子女，又要赡养老人，所以尽量为其提供中档层次的服务项目；老年旅游者通常会选择交通方便、安全系数大、怀古忆旧的地方旅游，他们对名胜古迹、会见亲朋老友的旅游项目有较大的兴趣，特别需要注意的是“老”在不同国家有不同的价值体现，在东方国家，尤其在韩国，“老”代表尊敬，但在西方国家是“没用”的意思。

（二）不同性别旅游者心理

按性别可将旅游者分为女性旅游者和男性旅游者。女性旅游者，首先在选择目的地时，一般都是先听人反复介绍，然后再多方搜集资料，最确定，她们要求安全、高效、价廉的产品；其次，在游览过程中，她们较为感性，喜欢听带有故事情节的讲解；再次，她们比起男人，更多地承担了永无休止的家庭劳动，所以，她们希望在旅游中尽情地放松自我，但她们通常比较胆怯，行事谨慎，在遵守旅游团队的纪律方面比男子自觉；最后，她们感情丰富易受感染而产生购物冲动，尤其是中年已婚妇女，她们是旅游购物的积极分子，她们喜欢逛商店，但又对物价特别敏感，喜欢讨价还价。

男性旅游者对政治、经济、高科技的内容十分感兴趣，所以，他们偏向于知识性强、竞争性强的活动；他们特别喜欢在女性面前表现自己，愿意显示自己的勇敢，不喜欢他人以指导者的身份对自己评头论足。针对男性的这些特点，应使其成为团队的中坚力量和导游人员的得力助手。

（三）不同阶层旅游者心理

按社会阶层可将游客分为上层旅游者、中层旅游者和下层旅游者。上层的旅游者追求潇洒而又高雅的旅行生活，注重身份、地位和成就感，在购买旅游产品和服务时要求高标准和高品位，他们发表意见往往经过深思熟虑，一旦发表，就希望得到他人的尊重。中层的旅游者一般都表现得自信、开明，他们比较讲究面子，其消费活动具有社会性特征，注重旅游产品质量；下层的旅游者一般不会有经常性的外出旅游活动，但是，他们一旦外出旅游，就会表现出一种希望立即获得满足的倾向，他们对安全、物质性方面的要求较高。

（四）不同职业旅游者心理

按职业可将旅游者分为政府人员、知识分子、商人、工人和农民。

政府人员在旅游中往往从管理、质量、效率角度来审视问题，对整项旅游活动的组织安排、旅游期间的服务质量和服务效率要求均较高，他们较注重礼节礼仪，会表现得比较端庄，同时一般也不轻易发表个人意见，用词较为考究。

教授、专家、学者等高级知识分子在旅游中会非常关注与本专业或技术领域相关的情况，他们希望参观该领域的相关单位、设施设备，并会见该领域的有关人员、研究人物，并希望与其进行交流。他们对旅游服务质量也比较注重，对导游人员要求较高。

商人喜好了解有关经济、法律和商务等方面的情况。在旅游中，他们处事比较慎重，较少发表意见。但是他们要求住高级饭店，乘坐高级轿车，要求精美饮食。

工人一般比较关心诸如物价、子女教育、社会治安等问题。他们有着较强的群体心理，爱打抱不平，同时心直口快。

农民大多具有勤俭节约的品质，他们对旅游生活质量要求不高，一般不随便乱花钱，但喜欢打听异地的生活和收支等情况。导游人员在为其服务时一定要本着一视同仁的心态，不要有所遗漏和怠慢。

（五）不同气质类型旅游者心理

1. 自我中心型

这种人思想谨小慎微，多忧多虑，较保守，不爱冒险，喜欢平静的生活和熟悉的气氛与活动，由于各种不确定因素的存在，他们一般不会外出旅游，一旦出游，就会对导游人员产生极大的依赖性，他们游览时喜欢细细欣赏，购物时爱挑选、比较。导游人员对这部分人的服务一定要细心，不要怠慢，更不能故意冷淡他们，要多亲近、关心体贴他们，多主动与他们交谈些愉快的话题，不要让他们在内心深处有任何阴影，不要落下任何话柄。

2. 多中心型

这类人思想开朗，爱交际，兴趣广泛，不愿随大流，喜欢与不同文化背景的人相处，乐于与他人交朋友。行为表现上喜欢新奇和冒险、有自主性和灵活性的旅游活动，他们是旅游的先行队伍。导游人员要扬其长、避其短，要多征求他们的意见和建议，但也不能让他们打乱正常的活动日程。

3. 中间型

中间型是自我中心型和多中心型两种极端性格的综合，中间型旅游者也爱大众旅游。

（六）不同组团形式旅游者心理

根据旅游组合方式的不同，可以把旅游者分为团队和散客两大类别。参加团队旅游的旅游者大多是出于安全和简便的需要，他们大都希望一切按预定线路完满实现；希望有一位经验丰富、知识面广、热情友好、善解人意的工作人员做向导；还希望团队队友能相互照顾、和睦相处、彼此谦让、团结友爱。散客有两种情况：一种是高收入、高消费的人群，常有随行人员陪同，不考虑经费开支的多寡；另一种是工薪阶层，他们因为收入较低或为了追求新奇和自由而不愿随团旅游。这类旅游者要求不高，只要卫生、方便、价格合理便能接受，他们在活动和时间安排上有很大的随意性。

二、旅游各个阶段的旅游者心理及服务策略

导游人员在不同旅游活动阶段分析旅游者的心理活动，了解他们的心理变化和情绪变化对导游工作具有特别重要的意义，因为只有了解旅游者的真实心理状态，才能向他们提供有针对性的导游讲解服务和旅游生活服务。

（一）旅游准备阶段的旅游者心理及服务策略

旅游者摆脱日常紧张的生活、烦琐的事务，带着美好的憧憬，一个人来到异国他乡旅游，一路上都在为将要经历的新鲜事物而激动，并为自己将无拘无束、自由自在地享受欢乐的旅游生活而兴奋不已。此时，一方面，到新地方后，他们会兴奋、激动；另一方面，一想到就要进入一个陌生的世界，由于人地生疏、语言不通、环境不同，他们会惶恐，产生不安全感和戒备心理，他们甚至担心自己会迷路、会遇到小偷等。显然，旅游者的紧张感是他们在旅游活动中，对安全等缺乏足够信息或信心而产生的紧张心情。在这种情况下，旅游者都会对此次旅游所涉及的旅游地、饭店、旅行社、旅游交通等旅游企业的服务充满一种朦胧的想象，他们更期待导游人员成为他们的“知心人”，希望导游人员态度和善、热情、有亲切感。

为了使旅游者的旅游活动能顺利进行，导游人员在服务初始阶段要给予旅游者更多的关心，塑造良好的第一印象，导游人员应注重仪容仪表，讲求形象美；注重礼节礼貌，讲求行为美；注重语言表达，讲求语言美。要设身处地地多为旅游者着想，并及时给予帮助，使旅游者确立安全的信心，让他们带着轻松愉快的心情享受旅游中的乐趣。

（二）旅游途中的旅游者心理及服务策略

随着对环境的熟悉和对导游人员的熟识，旅游者的情绪渐渐放松，思想也趋于活跃，初期的戒备心理慢慢消除，开始感到轻松愉快，产生平缓、悠闲、放松的心理。他们在听讲解时也不如开始那样集中了，平时健忘的人更容易丢三落四，平时散漫的人更加显得时间观念差。有时还会对导游人员提一些不切实际的要求，一旦要求得不到满足，就会出现强烈的反应，甚至有不友好、挑衅性的问题。

在这个阶段，他们对导游人员提出更多的要求，希望得到导游人员自始至终的热情、友好的服务，而且这种热情应该是真诚的和发自内心的；希望导游人员能主动地关心他们，理解他们，能主动提供他们所需的服务。导游人员要有旅游者至上的态度，充分发挥主观能动作用，认真观察需求变化，做到听声音、看表情，主动了解旅游者的需求和心理，只有这样才能把服务做到位。

（三）游览活动中的旅游者心理及服务策略

旅游者在游览过程中，面对自然美景、历史古迹、文化名城、民俗风情、现代建筑和娱乐设施，会产生强烈的好奇心理，表现出求新、求奇、求异、求知等心理与行为。同时，旅游者还表现出审美心理，即追求心理美感和生理美感。

心理美感是通过人的感觉、知觉、联想、想象、情感和思维等因素对审美客体的把握。它是美感经验的心理基础。生理美感是通过人的生理感官，诸如：眼——视觉、耳——听觉、鼻——嗅觉、舌——味觉以及身体——触觉、皮肤——温觉这些感觉器官来对美感对象进行把握。生理美感是人们美感经验产生的生理基础。生理美感可以给人带来愉悦和快感，它是感官由于获得物质上、生理上的满足而产生的一种自由舒适和满足的感觉。这种生理美感与心理美感在表现形态上大不一样，心理美感以人们的精神生活为满足，反映了人们对精神文化的渴求，它更侧重于精神性的向度；而生理美感则偏重于实用价值和物质享受方面，而且具有瞬间变化的特点。旅游者在游览过程中的心理美感和生理美感主要表现为：自然审美、人文与社会审美、文化艺术审美、饮食生活审美。

导游人员应该满足旅游者这种好奇、审美的心理，言简意赅地介绍景区景点的特征、历史发展、传说故事、历史人物、风土人情之后，留出时间让他们自己感悟、体会、留影。旅游者在新奇独特景色的刺激下，常常会提出各种问题；同时，由于注意力集中于外部世界，有时会发生预想不到的问题，如丢东西、掉队、跌倒等，导游人员此时要善于把握旅游者的心理活动，委婉提醒旅游者各种可能发生的问题，防患于未然。

（四）旅游活动结束阶段的旅游者心理及服务策略

旅游活动的后期，旅游者的心情会既兴奋又紧张。兴奋是因为旅游活动结束后，马上要返回家乡，又可以见到亲人和朋友，可向他们述说旅游的所见所闻，同他们一道分享旅游的快乐。此时，他们会忙中出错，容易丢三落四。导游人员应做好提醒工作。紧张是由于旅游者突然感到时间过得太快，东西未买、朋友还要再会、行李又怕超重，他们对尚未结束的游览恋恋不舍，又希望有时间处理个人事务，上街购物，收拾行李。

此时，导游人员应想办法放松旅游者的心情，并且要留出充分的时间让旅游者处理自己的事情，不要有丝毫催促之意，而且要尽量帮助旅游者对尚未完成的事情进行弥补，使旅游者高兴而来、满意而去。不能忽视旅游结束阶段的服务质量，不能因为临近散团而松懈自己，怠慢了旅游者，从而影响到旅游者对整个旅游服务的评价，造成前功尽弃。导游人员对工作要自始至终追求完美。

三、旅游接待中导游人员应具备的品质

导游活动是一个充满人际沟通的过程，沟通的有效性决定了导游服务的质量和旅游者心理感受的好坏。当导游人员和旅游者接触时，双方都希望能够理解对方的意思。而有效的沟通意味着：在双方谈话的时候，双方指的是同一件事物，对一件事情有共同的理解。为了达到这些目的，作为导游人员应该具备以下品质：

（一）真诚，有亲和力

真诚是人际友善交往的基础。旅游者和导游人员初次见面，一方面心存依赖，另一方面又有疑问。此时，导游人员在仪表、态度、知识、技能、言行、习惯等方面要表现出很高的专业素养，提高可信程度，而且要有正确的服务动机，不要让旅游者误认为导游人员是为了牟取私利而为旅游者安排，导游人员的虚情假意会招致带团障碍；导游人员只有切实地、真心诚意地为旅游者着想，才能赢得旅游者的好

感与信赖，当旅游者认定导游人员是真情实意维护他们的利益时，即使发生了旅游故障，他们也会持合作态度，导游人员才能为下一步的服务奠定基础。

亲和力对于导游人员来说显得尤为重要。只有平易近人、亲切温和、随时微笑的导游人员才能赢得旅游者的信任。微笑是自信的象征，是友谊的表示，是和睦相处、合作愉快的反映，是一种重要的交际手段。微笑是一种无声的语言，有助于强化有声语言、沟通思想，有助于增强交际效果。一个导游人员即使知识再渊博、能力再强，但不苟言笑、面部表情麻木，那他也不能作好与旅游者的沟通，那么这个团队的服务质量可想而知。

[补充案例]

你喜欢哪个人？㊀

一个非常著名的心理学教授做过这样一个试验，他把四段情节类似的访谈录像分别给他要测试的对象：

第一段录像上接受主持人访谈的是个非常优秀的成功人士，他在自己所从事的领域里取得了很辉煌的成就。在接受主持人采访时，他的态度非常自然，谈吐不俗，表现得非常有自信，没有一点羞涩的表情，他的精彩表现不时地赢得台下观众的阵阵掌声。

第二段录像上接受主持人访谈的也是个非常优秀的成功人士，不过他在台上的表现略有些羞涩。在主持人向观众介绍他所取得的成就时，他表现得非常紧张，竟把桌上的咖啡杯碰倒了，咖啡还把主持人的裤子弄湿了。

第三段录像上接受主持人访谈的是个非常普通的人，他不像上面两位成功人士那样有着不俗的成绩，整个采访过程中，他虽然不太紧张，但也没有什么吸引人的发言，访谈一点儿也不出彩。

第四段录像上接受主持人访谈的和第三段录像中所放的一样，也是个很普通的人，在采访的过程中，他表现得非常紧张，和第二段录像中一样，他也把身边的咖啡杯碰倒了，弄湿了主持人的衣服。

教授向他的测试对象放完这四段录像，让他们从上面的这四个人中选出一位他们最喜欢的，选出一位他们最不喜欢的。想知道测试的结果吗？最不受测试对象们喜欢的当然是第四段录像中的那位先生了，几乎所有的测试对象都选择了他，可奇怪的是，测试对象们最喜欢的不是第一段录像中的那位成功人士，而是第二段录像中打翻了咖啡杯的那位，有95%的测试对象选择了他。

㊀ 孟秀珠摘自《财富》周刊. 2004年第55期. 有改动。

这个试验也恰恰验证了一个心理学原理，即犯错误效应，就是对于那些取得过突出成就的人来说，一些微小的失误，如打翻咖啡杯这样的细节，不仅不会影响人们对他的好感，相反，还会让人们从心里感觉到他很真诚，值得信任；而如果一个人表现得完美无缺，人们从外面看不到他的缺点，反而让人觉得有些不真实，恰恰会降低他在他人心目中的信任度，因为一个人是不可能没有缺点的，尽管他人不知道，他心里对自己的缺点却可能是心知肚明的。例如，长着一副龅牙的青年成了美国的反偶像明星，这似乎也验证了这个观念：过失并不可怕，重在向人们展示它的真诚。

（二）尊重和谦恭

尊重有着极其重要的作用，尊重是人际关系中的一项基本准则。有了尊重才有共同的语言，才有感情上的沟通和正常的人际关系。旅游者对于受到尊重的要求是非常强烈的。他们希望他人尊重他们的人格，尊重他们的意见和建议，希望所到之处的人欢迎他们并在生活上关心、帮助他们。凡来游览观光的旅游者都是客人，不管其国籍、社会地位、经济地位的不同，导游人员都应一视同仁地尊重他们的人格和愿望，并在合理而可能的情况下努力满足他们的需求，满足他们的自尊心和虚荣心。导游人员必须明白，只有当旅游者自我尊重的需求得到满足时，提供的各种服务才有可能发挥作用。

（三）理解和体贴

旅游者出门免不了会有懒散、不拘小节的地方，导游人员应予以宽容和谅解；对于旅游者的闪失，导游人员要懂得站在旅游者的立场上去考虑问题，不要指责和批评，要善于谅解他人；对于不同文化背景旅游者的意见和要求，导游人员要本着求同存异的态度去和他们沟通了解，不要试图去说服他们；当然，对于个别旅游者的无理取闹和挑衅，导游人员不能一味迁就，要提醒、劝服和善意地批评。只有善解人意、宽以待人的导游人员才会听到旅游者的心声，同旅游者沟通才会顺畅，才不会让旅游者感到疲惫和压力。远在异乡的旅游者，对导游人员的每一句问候、每一个简单的搀扶，都会心存无限的感激。

[补充案例]

保护好客人的虚荣心㊀

某日，张先生和他的两位同事到杭州旅游。中午，他们来到一家酒店用餐。入座后，张先生下意识地摸了下钱包，“不好，我的钱包丢了！”他对同事说。

㊀ 游富相. 中国旅游报. 2004－10－27. 有改动。

出来玩时，他们三个人的大部分钱都放在张先生钱包里，由其统一开支。此时听说钱包丢了，大家都很着急。由于每个人身上只有少量余钱，除了回家的路费所剩无几。于是，他们决定不在这家酒店用餐，到街上随便吃点儿。正欲起身离店时，服务员面带笑容地走了过来。服务员一过来便给他们倒上茶，递了菜单。张先生接过菜单，一脸愁容。他看了看菜单说："我随便，你们点吧！"说着将菜单传给了他的同事。同事看了后，心领神会地说："这没我喜欢的菜，还是你来点吧。"说着将菜单递给另外一位同事。另外一位同事看了看菜单，自言自语地说："这里的菜太辣了！"他翻来翻去，也没点一个菜。接着，他将菜单又传回给张先生，让他点菜。张先生接过菜单，左右为难，只好朝他的同事望了望。一看他们也一脸愁容，心想对服务员说实话算了，不要没钱还充款爷。但话到嘴边又噎住了，觉得说不出口。见此情形，服务员似乎意识到了什么。于是，他面带笑容地对客人说："各位先生，要是觉得我们酒店口味不适合你们，我们酒店对面还有几家，要不您几位到那里看看？"听了这话，张先生如释重负，立即说："也行！"说着，他们便起身离去。

心理学研究认为，虚荣心是一种扭曲了的自尊心，是为了取得荣誉和引起普遍注意而表现出来的一种社会情感。一个人只要有追求荣誉的欲望，就不可能没有虚荣心。在酒店服务工作中，常见到这样一些客人，本来经济不富有，但遇到有好的菜品、好玩的活动项目、好看的东西时，却以冠冕堂皇的话说自己"不喜欢吃"、"不愿意玩"、"不想买"等来掩饰内心的欲望。其实，在服务员眼里都能够明确看出是客人的财力不足所致，是客人的虚荣心所致。

客人的虚荣心虽然不好，但也是自尊心的一种表现，所谓自尊心就是人们受到威胁时所产生的自卫心理。保护客人的虚荣心实际上是对客人自尊心的保护。因此，对服务员来说，能看穿，但不要"说穿"。在为有虚荣心的客人服务时，服务员若以"吃不起"、"玩不起"、"买不起"把客人不愿说的话说出来，或变相说"这个菜便宜点"、"那个项目价不高"、"这个商品价更低"等，等于揭穿了客人的老底，客人是不会满意的。如果服务员能巧妙地用"这个菜更符合你的口味"、"那个项目更有利你的身体"、"这个商品更好看"之类的话给客人解脱，客人则会感谢你保住了他的面子，会对你的服务留下一个好的印象。

本案例中，服务员看到菜单在客人手里传了一遍也没有点一个菜，结合客人说的话，判断看出客人身上可能没带够钱，于是非常巧妙地说："要是觉得我们酒店口味不合适你们，我们酒店对面还有几家，要不您几位到那里去看看？"这就给了客人一个离开这家酒店的台阶，也保护了客人的自尊心。对此，客人非常感谢这位服务员，对这家酒店也留下了深刻印象。

（四）融合，建立伙伴关系

导游人员与旅游团的融合程度，取决于导游人员被旅游团接受的程度。当旅游者在观念和情感上都能接纳、亲近导游人员时，导游人员的指令就会被乐意接受，导游人员的关心就会得到友好的回报。这时，导游人员与旅游者的关系不仅仅是服务者与被服务者的关系，他们已成为朋友，可以相互支持、相互谅解。在旅游活动中，旅游者不仅是导游人员的服务对象，更是导游人员的合作伙伴。为了更好地与旅游者沟通，获得旅游者的合作，一个很重要的方法就是导游人员设法与旅游者建立正常的合乎职业道德的伙伴关系，这样会使旅游活动更富人情味。

（五）讲究措辞

俗话说“良言一句三冬暖，恶语伤人六月寒。”说话在塑造良好的客我关系中是极其重要的。导游人员使用“文明礼貌语言”要形成习惯。要讲究“同样的话”有哪些“不同的说法”。在一般情况下，用肯定的语气说话比用否定的语气说话会使人感到柔和一些。在客我交往中，特别是在表达否定性意见时，要尽可能采用那些“柔性”的、让旅游者听起来觉得顺耳的表达方式，而不是“刚性”的、让旅游者听起来觉得逆耳的表达方式。

当导游人员要对旅游者提出某种要求时，最好用肯定的说法，例如，可以说“请您如何如何”，而不要用否定的说法，如“请不要如何如何”。当导游人员不能马上满足旅游者的要求时，最好是向旅游者说明自己过一会儿可能为他做什么，而不是仅仅说自己现在不能为他做什么。当导游人员不能接受旅游者的某个意见或建议时，最好是先复述旅游者陈述的内容，比如可以说“您的意见是……”、“您的看法是……”，这样可以表明导游人员耐心倾听并且明白了旅游者的想法，表示出对旅游者的尊重，然后再表明自己的想法：“我认为……也许更合适。”决不要轻易地否定旅游者的意见或建议。在拒绝旅游者的某些要求时，也可以先复述旅游者的要求，然后再表明自己愿意为旅游者效劳，并说明由于什么原因不能完全满足旅游者的要求，最后提出自己的建议，取得旅游者的谅解。有的时候不在于说了什么，而在于怎么说。

[补充案例]

语言的艺术

某年夏季的一天，北京的导游人员廖先生带着一个10人的加拿大旅游团在城内游览。当车子行驶到长安街的时候，一位游客指着街道上方悬挂的彩旗询问：“那些彩旗是欢迎何人的？”廖先生因不知道那天有哪国的贵宾来访，此前又没有经过悬挂来访国国旗的地方，便说："今天有一个从加拿大来的旅游团访问北京，这些彩旗是专门欢迎他们的。"大家先是一愣，然后恍然大悟，开怀大笑，纷纷鼓起了掌。

在去往颐和园的途中，一位游客嫌车速太慢，要求驾驶员开车加速超车。廖先生连忙用手指着一位警察说："那可不行，要是让警察看到了，不但要吊销驾驶员的驾驶证，还要把我作为责任人带走，罚我的钱。那么谁还敢给你们导游啊!"听完他的话，那位游客连连点头。

当到了一个公园吃晚饭时，驾驶员师傅告诉廖先生，最近那里的治安不好，曾有旅游团的汽车被盗，所以请游客下车时把自己的照相机带下去。廖先生想，直接告诉大家容易引起紧张情绪，而且有损首都的形象。于是他对游客说："今天我们要在一个景致优美的公园里吃晚饭，吃完饭驾驶员师傅还要去加点汽油，我们可以利用这段时间拍拍照。"听他一说，大家连忙拿起了准备留在车上的照相机。

为了更好地完成任务，导游人员在接待过程中偶尔说上几句善意的谎言并不为过，有时还会收到一些意想不到的效果，使事情更容易处理。因为使用这种技巧的目的，不是为了欺骗游客，就像不能直接告诉重病人真实病情那样，是为了减轻游客的心理负担或不必要的纠缠。当遇到游客的某些要求不能满足又不好讲明原因时，最好使用这种方法。使用时要注意技巧，必要时还要加上一些幽默的语言。例如，当外国游客要求到一些不开放的单位参观时，如果告诉他们真正的原因，很可能伤害其自尊心，而以内部维修或公务繁忙为由，则容易得到他们的理解。总之，不能用简单的否定词来拒绝游客。

（六）善于运用“无声语言”

导游人员在客我交往中不仅要善于运用“有声语言”，而且要善于运用“无声语言”，即体态语言，做到“有声语言”与“无声语言”并用，两种语言互相补充，配合得当。眼神、表情、体态、姿势等无声语言的表现，可以通过平时的努力和训练来提高。

（七）要有敏锐的洞察力

要让旅游者觉得自己和蔼可亲，导游人员必须善于洞察旅游者的情绪变化，及时作出恰当的反应。导游人员可以通过训练提高自己从旅游者的面部表情洞察其内心感情的能力，学会准确地洞察人们的情绪变化，锻炼敏锐的观察力。

几乎所有的旅游者喜欢表现自己，而且希望被特别关注，给予特殊待遇。对此，旅游企业还必须给旅游者搭建一个“舞台”，给旅游者提供充分表现自己的机会，让旅游者在旅游中多一份优越和自豪。首先，旅游企业必须给旅游者营造一种高雅的环境气氛和浓厚的服务氛围，让他有一种“高雅之家”的感觉，以显示其身份和地位。导游人员必须对旅游者像对待自己的朋友一样，真正体现一种真诚的人文关怀精神，营造出一种“特别的爱给特别的你”的“高尚”境界。

第四节 旅游酒店服务心理

一、服务人员应具备的基本素质

（一）要具备良好的服务意识

一位服务专家经常去企业讲授服务方面的课程，有人问他什么是服务意识。这位专家说道：“一个员工若是为了怕被客户投诉，或是害怕领导追查，再或者是为了更高的薪水和职位，甚至只是为了保质、保量地完成工作，从而有优秀的业绩，那么他所做的并不叫真正的服务，更谈不上有良好的服务意识。”

真正的服务意识应该是在排除了遵守规章制度、满足领导考核标准和提高薪水三个目的之后，完全发自内心地为客人自觉服务的心理取向。由这种意识支配的服务，才是真正的服务。例如风尘仆仆的客人步入前厅登记入住，此时总台的接待员以热情的态度、温和的话语迅速为客人办理手续，并根据客人需要为他选择一间舒适的房间，这样的服务客人一定会满意的。作为服务人员，只有站在客人的立场，才能理解自己的工作价值，才能向客人提供热情周到的服务。

（二）要具备广博的知识以及较高的素质

客人在与员工交流时，好似是对员工素质和知识的检验。洛阳某酒店前厅部根据自身的特点，在培训中调整员工的知识结构，除了正常的业务培训外，还增加了对洛阳历史文化知识、名胜景点的介绍，在对客人提供咨询服务中收到了良好的效果。

所以，服务人员首先要有良好的心理素质，如忍耐力、克制力和稳定乐观的心态，并且努力提高自己的文化修养、职业修养和心理素质。因为一个人的文化知识与职业素养能让人眼界开阔，理智成分增强，能使一个人主动、乐观地保持良好的服务态度。

（三）要具备察言观色的技巧

察言观色是细致、周到服务的一种保证。在酒店服务中，会发现不同的客人有不同的性格，而不同性格的客人又会有不同的旅游行为。所以，作为服务人员，理应“见什么人说什么话”。就是说要求从客人的言行出发，随机应变地改变服务人员自身的言行，并采取相应的服务措施。在酒店服务中，察言观色的技巧体现在方方面面。

1. 前厅服务

前厅是整个酒店业务活动的中心，在酒店中具有举足轻重的作用。其间的察言观色可以体现如下：当旅行团的车抵达酒店门口时，接待小姐应该立即把房卡、钥匙一一准备好，并通知司梯员准备好电梯，通知客房部做好迎接工作；当散客抵店时，收银员在作登记时，应该主动把押金手续办好，而不是让客人再到收银台办手续；当发现入住的客人面容憔悴时，通知大堂副理和楼层领班做好相应服务；当发现有残疾人或老人入住时，应该及时通知大堂副理、楼层服务人员、行李员、餐厅服务人员等岗位做好相应接待服务。

2. 餐厅服务

餐厅服务水平的高低，影响着就餐人员的饮食效果，更重要的是它还影响着酒店的声誉，所以做好客人的就餐服务非常关键。其间的察言观色可以体现如下：当客人的酒杯还有1/3的酒水时，服务人员应该主动将客人的酒杯加满；客人酒过三巡、菜过五味、精神松弛时，服务人员要将空调稍微开大一些；海鲜上席、骨碟满时，服务人员要将垃圾收走，并递上方巾；当宴席气氛比较热烈、客人说话的声音越来越大时，服务人员要赶紧将背景音乐调低；对于习惯用左手的客人，就餐时餐厅服务人员应该灵敏地把酒水移到右上角，在拆筷套的时候，把筷子很快放到骨碟的左边；客人打电话到餐厅，说她病了没胃口，服务人员应该建议她喝点儿白粥，或喝点儿汤，并在最短时间内将热气腾腾的白粥送到她的房间，而且服务人员还应该利用到房间收餐具的机会，再次询问客人的病情。

3. 客房服务

客房工作是以客人需求为转移、以酒店效益为根本，从细处着手，达到客人满意的服务工作。其间的察言观色可以体现如下：如果服务人员清扫房间时，发现床单、毛毯、床垫等各处都有不同程度的秽污，就应该马上意识到是客人外出因饮食不慎引起肠胃失调，应将所有脏的物品更换一新，还应通过楼层主管及时与导游人员联系，并通知医生及时治疗，让客人得以康复；服务人员清扫房间时，发现一张靠背椅靠在床边，服务人员不断地观察，发现床上垫着一块小塑料布，卫生间还晾着小孩衣裤，服务人员这才明白，母亲怕婴儿睡觉时掉到地上，服务人员随即为客人准备好婴儿床放入房间；服务人员无意中听到一位长住客人对他的同事说床板硬，睡得不够舒服，便在清理他的房间时，在席梦思上多加了一床垫被；见到客人正在往电梯行走时，应立马赶在客人前一步，微笑致意并为客人开电梯；客人开会时，要随时留心观察并适时斟水，当会议室烟雾弥漫时，服务人员应将抽风机打开，当开会期间客人钢笔没墨水时，服务人员应及时递上另外一支笔。

[补充案例]

察言观色的技巧[⊖]

时值隆冬，北京街头已是银装素裹，大风呼啸，行人甚是稀少。可是在市中心外的某大酒店里却张灯结彩，充满热闹景象。今晚这儿有一个盛大宴会，各国在京的大商人将汇聚一堂，听取总经理关于寻找合作伙伴的讲话。

会后，客人被请到了大宴会厅，每张桌上都放着一盆大绣球似的黄澄澄的菊花插花，远远望去甚是可爱，客人按指定的桌位一一坐定，原先拥塞的入口处在咨客小姐来回穿梭的引领下，很快又恢复了常态。客人们开始了新一轮的谈话。

咨客小姐发觉，左边有几张桌子前仍有数名客人站着，不知是对不上号还是有其他原因，于是她走上前去了解。原来，那些客人是法国人，法国人认为黄菊花是不吉利的，因此不肯入座。咨客小姐赶紧取走插花，换上红玫瑰花束，客人脸色顿时转愁为喜，乐滋滋地坐下了。

从以上事例可以看出，日常服务工作的察言观色产生了良好的效果，从整体上促进了酒店服务质量的提高。

二、对客服务中的服务策略

（一）掌握良好的交流方法

服务人员在为客人服务时应以热情得体的言谈为客人提供优质的服务。说话力求有内容，有价值，不要信口开河，东拉西扯，给客人以华而不实之感。最重要的是说话要有分寸感，什么时候该说，什么时候不该说，话应说到什么程度，这都是很有讲究的。说话还要注意沟通场合和沟通对象的变化。例如某酒店有位常客，楼层服务人员与其也较为熟悉，有次服务人员在打扫房间时，一推门看见是他就开玩笑说："早知道是你住在这里，就不来给打扫。"一句话就引来了客人的不快和不满，客人向经理投诉服务人员不尊重他。通过这个案例，要明白服务人员与客人交流时有一个合适的尺度，要掌握良好的交流方法。

（二）运用多种交流方式

服务人员在为客人提供服务时，说话不是唯一的交流方式，不是说与客人多说话就能服务好的，其实交流的形式是很多的，有时一个眼神、一个动作、一个

⊖ 范运铭.《客房服务与管理案例选析》. 旅游教育出版社. 2005. 有改动。

微笑都包含了无穷的信息。

（三）讲究说话的艺术

说话是对客服务工作中最为重要的一项技能。“说”得恰当，“说”得好，不仅可以创造一种融洽的沟通气氛，同时也能为客人接受自己的产品或者服务奠定良好的基础。说话的艺术体现如下：

1. 说话要有感情

人是有感情的动物，而语言可以反映一个人的感情。服务人员在为客人服务时要尽量表现出极大的热情和关心，这是一种感情的流露，而且很多时候在与客人沟通时一定要注意关注感情而不是关注事件本身。

[补充案例]

一个西瓜引发的问题

某酒店608号和609号房间的两位客人各买了一个大西瓜回到房间正准备享用。不巧的是，他们正好被两位楼层服务员碰见。为了避免弄脏地毯和棉织品，这两位服务员分头到客人的房间制止他们在房间里吃西瓜。服务员A对608号房间的客人说道：“先生，对不起。您不能在房内吃西瓜，会弄脏地毯的。请您去餐厅吧！”客人很不高兴地答道：“你怎么知道我会弄脏地毯，我就喜欢在房间吃。”服务员A再次向客人解释：“实在对不起，您不能在房间里吃西瓜。”客人生气地说，“房间是我的。不用你教训。酒店多得是，我马上就退房。”说罢愤然而去。服务员B对609号房间的客人说：“先生，您好。在房间里吃瓜容易弄脏您的居住环境，我们让餐厅为您切好瓜，请您在餐桌旁吃，好吗？”客人答道：“餐厅太麻烦了。我不会弄脏房间的。”B又建议道：“要不我们把西瓜切好，送到您房间？省得您自己动手，好吗？”客人点点头，说道：“那就谢谢小姐了。”这两位服务员的语言可谓“小同大异”。

上面的两种情形，不仅仅是服务是否周到的问题，更重要的是，它反映了服务人员对待客人的一种态度和情感。服务员A令客人愤愤而去，扬言换酒店；而服务员B却使客人欣然接受了劝阻，并感受到了酒店细致入微的服务。究其原因，他们在语言的表达中存在两个主要的区别。一是考虑问题的出发点不同。服务员A从客人在房间吃西瓜对酒店不利的角度来解释原因，使客人认为酒店只为自身着想，并不在乎客人的感受。而服务员B表达出为客人的居住环境、为客人利益考虑的心愿，想客人所想，服务就显得热情亲切。二是他们提出解决方法的方式不同。服务员A采用直截了当的方法，明确地告诉客人“不能……”似乎毫无商量的余地，使客人产生受强制之感。服务员B的语言较为委婉，显出征询客人意见的关切之情。在客人固执己见的情况下，服务员B能灵活地作出合理让步，既坚持了酒店不让客人在房内切西瓜的原则，又保住了客人的面子，满足了他的要求。

2. 说话要悦耳

虽然声音与音质是天生的，但掌握好说话的语速、音量、音调和说话的态度可以收到不同的效果。语速、音量、音调和说话的态度就像是音乐的调子，听服务人员说话，客人就可以知道其心情以及要表达的感情。

说话的声音不要过高也不要过低。大声说话会让人误解为没有素养，在显示或是在发泄不满情绪。

音调相对来说更具有技术性。音调的高低变化能够传达给客人“你乐意为他提供服务”这样的信息。服务人员与客人讲话时不能只用一个音调，否则给人的感觉就是只是在履行自己的工作而并不是要为他提供热诚的服务，因为其音调让客人感到冷漠、淡然。

（四）掌握问候的技巧

在酒店服务过程中，问候是最基本的服务语言交流形式，它往往是对客服务的起点。因此，无论是迎宾员、总台服务员，还是客房服务员、餐厅服务员，要想为客人提供满意周到的服务，必须要掌握问候的技巧。

1. 问候要看对象

酒店服务工作面对的是不同国家和地区、不同文化和生活习惯、不同职业和社会地位的客人，问候客人一定要因人而异，不能千篇一律。在我国熟人见面时习惯性的问候，如“您吃了吗?”、“您上哪去?”这些话，对方听后会感到亲切友好。但同样的问候，对于美国、英国等外国人来说，可能会引起误解甚至不悦。例如在酒店服务中，服务员如果习惯性地问欧美游客：“您出去呀?”，服务员自身会认为这是对客人的关心，但客人听了会认为是你叫他离开酒店。究其原因，就在于服务员问候时没有意识到不同文化背景的人有不同的问候方式。

2. 问候用语要规范

酒店服务人员在向外宾服务时，尽量不使用中文，一定要使用规范的外语，以避免由于外宾不理解中文而引起误解。不得已使用中文问候时候用语也要尽量准确，想说什么，想表达什么意思，紧紧抓住“中心”，不能拖泥带水。例如在向外宾问候时，应该使用标准的外语，尽量不用我国的习惯性问候语。例如尽量不说“您出去呀”、“您上哪去”等等，问候时只需用说“早上好!”就行了。不要因为多余的话，引起客人的不满甚至是投诉。

（五）克服服务中的厌烦情绪

客人来到酒店时，常常会遇到这种情况：服务人员思想懈怠、心不在焉，不是对客人不理不睬，就是无精打采；更有甚者，他们似乎满是抵触情绪，客人多提一点儿要求时，他们便显得极不耐烦；客人要投诉，他们还是满不在乎，或者言语粗暴，甚至大动干戈。

（六）化解与客人的矛盾[㊀]

1. 大度忍让

不同的客人，心情是不一样的，服务人员不能要求每位客人都有和颜悦色的态度，如果不能正确对待这个问题，那么矛盾是难免的。追求服务工作的优质，就一定不能苛求每一位客人的态度绝对正确、和善、友好。作为服务人员，要有配角意识、服务意识，有耐心，持忍耐态度，冷静对待矛盾。

[补充案例]

大度忍让

一位客人入住酒店，行李员把他带到客房刚刚退出，服务员小谢即进房送上礼貌茶，她面带笑容地对客人说：“姚先生，请用茶，请用毛巾。”客人说：“小姐，我不用旧毛巾。”小谢连忙说：“对不起，请稍等一会，我马上给您送来。”说完便去工作间换了一条新毛巾送来。这时候客人指着冷水瓶说：“这冷开水不新鲜。”小谢有礼貌地对客人说：“姚先生，请稍候。我马上就给您送来。”转身就去工作间，换上新开水，加进冰块，送回客房。客人这才满意。小谢主动询问客人：“请问您还有什么需要我做的吗？”客人挥挥手，示意服务员离开。

过了一会儿，住客姚先生打电话到服务台，请服务员再送一些茶来。

小谢很快把茶叶送进房间，没想到他大为不满地抱怨：“我不要绿茶，我要红茶！”小谢心里感到委屈，但她没有丝毫的流露，再次向客人道歉说：“对不起，我马上帮您送来。”接着又去换了几包红茶送给客人。此刻，客人很受感动。他连连向小谢道谢：“小姐，谢谢你，谢谢你！”小谢很有礼貌地说：“不用谢，这是我应该做的。”并道了声“晚安”，然后退出了房间。

2. 情真意切

在珠海的一家饭店，一位客人在就餐时发现菜里有一根头发，于是怒气冲冲地到餐饮部经理处投诉：“难道你们只顾赚钱，不讲卫生，不管客人的死活吗？”“你们考虑过这头发吃下去的后果吗？”“你们做菜的厨师难道不戴帽子工作吗？”餐饮部经理过来，马上关切地对客人说：“很对不起，这根头发是

㊀ 张建宏．中国旅游报 2004－01－05．有改动。

否截断了，粘在喉咙上没有？如果粘上了，我们立即请饭店医务室的大夫来，头发粘在喉咙上是很难受的。”这种设身处地为客人着想、关心客人的谦恭语言，缓和了气氛，再加上又吩咐厨房免费换上一份新炒的菜，才使问题得到圆满的解决。

3. 不卑不亢

某五星级酒店大堂，两位美国女客人落座后，点了可乐。两位客人可能是刚刚遇到不顺心的事，显得很恼火。当服务小姐微笑着给她们送来可乐时，其中一位客人喝了一口，说可乐有问题，甚至将可乐泼到服务小姐的身上。面对这样难堪的局面，服务小姐强忍着这种极端无理的行为，不卑不亢地微笑着说：“小姐，这可口可乐正是美国的原装产品，也许贵国这家公司的可口可乐是有问题的，我很乐意效劳，将这瓶可口可乐连同你们的芳名及在美国的地址，一起寄到这家公司，我想他们肯定会登门道歉并将此事在贵国的报纸上大加渲染。”两位客人顿时目瞪口呆。事后，她们向服务小姐赔礼说做得太过分了。

第五节　旅游景区服务心理

一、旅游景区的重要性

从旅游行业发展的角度来看，景区是构成旅游业的核心，旅游者之所以去某地旅游，从根本上是受旅游目的地独特的旅游资源吸引的结果，景区在旅游目的地整体旅游产品构成中居于中心地位，特别是观赏型的旅游景区是人们旅游的主要动机。可以说，整个旅游业都是依附于旅游景区而存在的。因此，旅游景区服务在整个旅游业管理中占据非常重要的地位。

（一）旅游景区是旅游产业的核心要素

人们选择旅游目的地，安排旅游行程，首先考虑的是旅游景区的吸引力程度，其次才考虑交通及其他配套设施的完善程度。从这个意义上说，旅游景区是旅游业六大要素中的核心要素，其他各要素只是配套条件和辅助要素。

（二）旅游景区是社会文明的窗口与地方形象的载体

在市场经济条件下，好的景点就是一张名片，对区域经济会产生很强的市场影响力。例如，黄山是国内外知名的旅游景区，品牌知名度远远高于其所在地屯溪；知道张家界的人很少知道其原名为大庸；云南的香格里拉县原名为中甸。为了利用名山、名景促进地方经济发展，这些地方纷纷更名，黄山市、张家界市、香格里拉县应运而生。

（三）旅游景区是旅游产业发展的增长点

我国到2020年建设成为世界旅游强国目标的实现，有赖于培育和建设一大批具有世界影响力和竞争力的旅游景区。加快我国旅游业发展要实施精品战略，努力建设和推出一批在海内外市场上影响力大和竞争力强的旅游景区、景点和旅游线路，推进旅游产品多样化，要进一步丰富和优化旅游景区的产品和服务，增加旅游产品的文化科技内涵，提高参与性和吸引力。

二、具体的服务标准

（一）服务态度

旅游服务人员为游客提供了热情、周到、耐心、细致、礼貌的服务，使游客对景区留下了深刻的印象。只有这样的服务工作，才是完整的服务产品。

1. 主动服务

主动服务的前提就是对服务对象的了解程度，只有了解透彻了以后，从游客的需求出发，服务游客想要的，而且是当游客还没提出来之时，那就成功了。

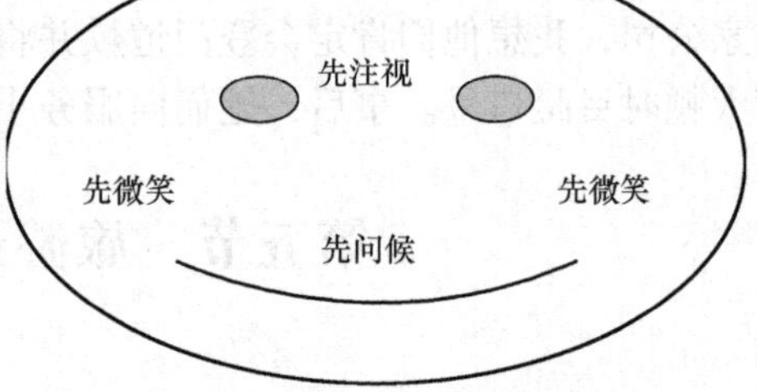

图 7-2　欢乐谷“三先”脸谱示意图

同为主题公园，欢乐谷与其他主题公园不同，其服务方式也有所差别。欢乐谷的服务细则里面有一条叫“三先六心”，如图 7-2 和图 7-3 所示。所谓“三先”就是游客来了，工作人员要：先注视——表示重视；先微笑——表示亲切；先问候——表示尊重、热情。通过“三先”服务、主动服务、特殊服务，抓住服务圈各环节的“关键时刻”，最终提高游客满意率，发展忠诚游客。所谓“六心”就是对 VIP 游客要“精心”服务、对特殊游客要“专心”服务、对反常游客要“热心”服务、对有困难的游客要“细心”服务、对普通游客要“全心”服务、对挑剔的游客要“耐心”服务。一句话，旅游服务既要热情主动，还要让人觉得舒服。

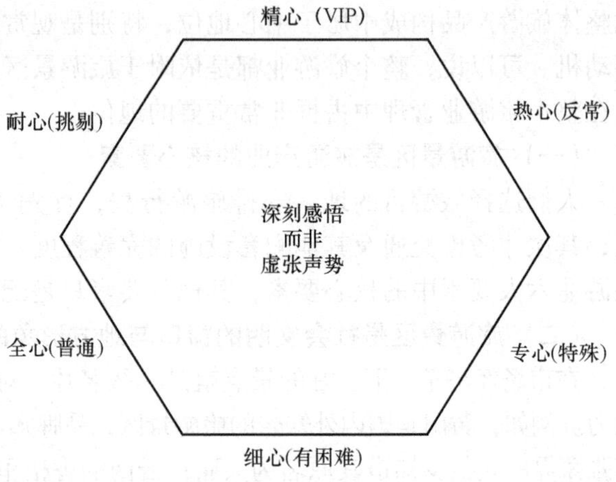

图 7-3　欢乐谷“六心”服务示意图

2. 热情服务

在目前激烈的市场竞争中，有的服务人员一切以卖出商品为中心，虽然也“热情服务”，但不是真情真意，而是虚情假意。热情服务要求服务做到以游客为本，真诚待客。但这种服务要注意节奏感，以游客的需要为服务的尺度。不要自作主张，以免对游客造成不必要的干扰。

3. 耐心服务

“欲速则不达”，意即过于性急图快，反而适得其反，不能达到目的。尤其是在服务过程中，如果急功近利，只求速度，不讲效果，必会招致不必要的损失，延缓成长、壮大、取胜的速度。

4. 周到服务

尽可能做到服务人员专人盯岗，专人服务，注重每一个细节，做好每一项工作，为游客提供热情、周到、细致、快捷的优质服务。

（二）服务语言

中国是文明古国、礼仪之邦，素以语言文明、礼貌待客著称，故服务人员在日常工作中的礼节、礼貌，尤其当接待外国游客时，直接关系着祖国的荣誉，反映着旅游业的服务质量和管理水平，以及服务人员的精神状态和文明程度。

[补充案例]

旅游服务中的态度以及语言技巧㊀

每到年底，很多会议都会在酒店举行，每个会议都会在大堂里放一个指示牌，所以经常看见大堂里有很多会议指示牌。12 月 30 日，某酒店大堂里同样放置了很多会议指示牌，小刘在大堂里值班。早晨大约八点半的时候，他看见大堂副理站在指示牌前正和一位女士激烈地谈论着什么，所以就悄悄地走近了他们。原来他们是对指示牌放置的位置产生了不同的看法。负责会议的女士见大堂里放置了这么多的会议指示牌，自己的会议指示牌不显眼，参加会议的客人很难找到，所以这位女士要求把指示牌放到大堂中央或者紧靠门口的柱子旁。而大堂副理的意见是会议指示牌都统一放置在大堂里侧柱子旁，放在大堂中央或者紧靠门口的柱子旁，不美观、不规范也不可能，酒店那么多会议，给一家放也就得给其他人放，都那样放就会把门口堵住，其他客人进进出出都会不方便。这位女士非常生气，说：“我们在你们酒店举办这么大一个会议，吃住都在你们酒店，有你们这么服务的吗？不说要你们给予特别的照顾，一个小小的指示

㊀ 刘传钦．中国旅游报．2004－04－13．有改动。

牌，你们总该方便我的客人找到会议场地吧。”说着就动手搬会议指示牌，准备换位置，小刘看大堂副理准备动手阻止客人，立马上前一步弯腰帮客人搬起指示牌，说道：“我来帮您搬。”客人抬头看见又一位酒店管理人员出现，不是阻止她而是帮她搬，神情上明显对小刘有好感。“是放在大堂中央还是放在门口柱子旁呢？”小刘非常友好地询问她。这位女士犹豫了一下，大概觉得酒店人来人往的，把牌子放在大堂中央也不合适，就说：“放在大堂门口的柱子旁吧。”小刘搬动会议指示牌朝门口迈动了一步说：“放在门口虽然靠近客人一进门的地方，但是人的习惯是一进门就往里看，很少有人进门后往门两边看，您一进门的时候也是先看见这些会议指示牌，而不是门口柱子旁的酒店宣传牌吧？”小刘看客人明显地犹豫了，就进一步说：“您看这样行不行，我把您的会议指示牌放在这些会议指示牌中间最显眼的位置？”客人明显是同意了小刘的建议，便开始在众多会议指示牌中寻找最合适的位置，小刘就把指示牌给她替换了下来，客人后退几步左看右看，显得非常满意。

虽然小刘并没有对客人多做什么，但站在客人的角度用服务的态度处理问题，避免了冲突，收到了让客人满意的效果。在习惯思维模式下，大家都喜欢站在自己的角度思考和处理问题，所以经常导致客人不满。从事服务工作最关键的态度是站在客人的角度去思考和服务，遇到客人提出的需求，酒店首先应该做的是想想客人要求的合理性，并在酒店政策允许的范围内设法满足客人的需求。任何规范都是酒店的制度，不是客人的制度，更不是约束客人的，所以不要试图用酒店制度规定来阻止客人的要求。当客人需求与酒店制度或者服务规范发生冲突时，站在服务客人的角度，员工应该想的是怎样分解客人的需求，即使不能全部满足客人的需求，也要部分地满足客人的需求，即使不能部分地满足客人需求，至少也要让客人感到为了满足他的需求所作的努力。

综合这个服务案例，可以看到，成功的关键点不仅在于有一个好的服务态度，还在于整个服务过程中的服务语言恰到好处，顺着客人的意思去说、去做，并不是直接拒绝客人的需求，即使客人的要求有些不合理，也要巧妙地给客人一个体面的台阶下。在帮客人的同时把自己积累的服务常识有分寸地告诉客人，这样就能逐步引导着客人的思维由对立转向合作，由认同转向赞许，恰当的语言运用能使客人感到始终是自己在作决定，而不是酒店管理人员强加给他的意见。假如从一开始就告诉客人原来的位置就是最好的位置，而不是帮客人搬起会议指示牌，准备按客人的意思办理，客人就会认定又有一个管理人员在和她对立，再好的建议客人也无法接受。真正优质的服务就应该做客人想做的，并且给客人提些专业化的建议，帮客人更加完美地实现他的想法，使他感受到关心、关注，酒店是在设身处地地为他着想。员工还要不断锤炼说话技巧，既能让客人切实地感受到超值超常的情感服务，又能增加个人服务魅力。

（三）非语言信息

表 7-2 列示了一些非语言信息及其典型含义。

表 7-2 非语言信息及其典型含义[㊀]

非语言信息	典型含义
目光接触	友好、真诚、自信、果断
不作目光接触	冷淡、紧张、害怕、说谎、缺乏安全感
挠头	迷惑不解、不相信
咬嘴唇	紧张、害怕、焦虑
踮脚	紧张、不耐烦、自负
双臂交叉在胸前	生气、不同意、防卫、进攻
抬一下眉毛	怀疑、吃惊
眯眼睛	不同意、反感、生气
鼻孔张大	生气、受挫
手抖	紧张、焦虑、恐惧
身体前倾	感兴趣、注意
懒散地坐在椅子上	厌倦、放松
摇椅子	厌倦、自以为是、紧张
驼背坐着	缺乏安全感、消极

（四）礼貌、礼节、礼仪

礼貌是指人们在相互交往过程中言语动作应具有的相互表示谦虚恭敬、友好得体的气度、风范和行为准则。礼节是指人们在日常生活中特别是社会交往过程中表示出的尊重、祝颂、致意、问候、哀悼、慰问等，并给予必要的协助与照料的惯用形式和规范，是礼貌在语言、行为、仪态等方面的具体规定，主要是指日常生活中的个体礼貌行为。礼仪是人类文明的基本标志，也是个体思想素质、道德素质、文化教养的外在表现。首先对社会来说，礼仪能够改善人们的道德观念，净化社会风气，提高社会文化素质。其次对个人来说，礼仪可以建立自尊，增强自重，自信、自爱，为社会的人际交往铺平道路，处理好各种关系。

㊀ 时巨涛.《组织行为学》. 石油工业出版社. 2002.

（五）精神状态

在同样的环境、同样的情况下，有了良好的积极向上的精神状态，就能做好各项工作，积极克服各种困难，遇险而不惊；如果没有良好的积极向上的精神状态，可能既做不好工作，办不好事情，又手忙脚乱，造成损失，犯下严重的错误。

第六节　旅游交通服务心理

一、不同类型旅游者对交通的需求

（一）走马观花式的传统旅游者

这类旅游者以中青年旅游者居多。中青年旅游者平时闲暇时间不多，要学习、工作，更要适应激烈的生存竞争，正因为如此，他们也有强烈的外出旅游，特别是放松身心的需求，他们一般会选择节假日或与工作出差有关系的旅游目的地，力求在有限的时间多走多看。但由于时间受限，再加上经济支撑不足，他们会选择相对便宜的旅游交通方式，而且希望此种交通方式不会占用太多旅途时间。

（二）有明确旅游目的的旅游者

一般来说，有明确旅游目的的旅游者希望“旅速游缓”，特别是以度假为目的的旅游者，他们希望将更多的时间花在旅游地的休闲、游览上，而旅游途中的时间越少越好，所以，他们往往会选择飞机、特快列车或直达车，以尽可能缩短旅途，不让旅途多占用时间。

（三）注重享受旅途过程的旅游者

注重享受旅途过程的旅游者以老年人游客为代表。老年人外出旅游多为消除苦闷、怀古忆旧；同时也希望能够增强体质、陶冶情操。他们在外时间较为充裕，相对于青少年旅游者而言阅历丰富一些，但是由于受到生理条件的限制，他们希望旅游途中和游览过程相对舒缓些，对于交通方式的选择也会偏向于舒适且安全系数高的飞机、游轮、软卧等。鉴于老年人旅游者的这些需求，旅游途中尽量安排合理、舒适的活动，重点是将活动节奏放缓些，不要让他们产生疲劳感，而且在旅途中尽量配备医护人员。

（四）求新猎奇的旅游者

旅游者的需求多样且复杂，随着旅游市场的日渐成熟，越来越多的旅游者偏向于在旅游中求新猎奇。这类旅游者喜欢新鲜的经历和新奇的事物，他们喜欢不同寻常的经历，旅游常常伴随着探险性、挑战性的活动。因而在旅途中，他们往往不会选择大众化的交通工具，反而选择具有地方民族性且环保的交通方式，如骑马、骑骆驼、坐驴车、坐竹筏、溜溜锁等，或者选择高科技的、新鲜又刺激的交通方式，如乘滑翔伞等。他们想要通过这些新颖的交通方式获得一种全新的刺激和感受。

二、旅游交通服务心理策略

（一）提升旅游交通硬件设施

旅游交通硬件设施包括旅游交通路线、旅游交通运输工具和旅游交通基础设施三部分。提升旅游交通硬件环境的策略如下：

1. 设计科学、合理的旅游交通路线

所谓科学、合理的旅游交通路线，是指在充分考虑到景点的基础上，以满足旅游者需求为首要前提，设计和规划安全、高效、舒适、四通八达的外围铁路、水运、航线、公路网，让游客“进得来、出得去、散得开、住得下”；还要以保持地方特色的原真性、不破坏景区资源为重点，设计具有地方特色的景区内部交通路线。外围路线和内部路线的设计均要考虑到不同季节与气候变化的影响。

2. 安排适宜的、多样化的交通工具

在景区外围，要选择与旅途行程相适宜的现代化的交通工具，以确保旅途的安全和便利，其中旅游者的特征对交通工具的选择有重要影响。在景区内部，尽可能安排多样化的交通工具以满足旅游者多样性的需求。

3. 提供安全便利的基础设施

旅游地要依据当地的地理条件对其基础设施进行合理的规划和布局，基础设施应具备安全性和适应性，还要考虑到旅游者对安全、便利的需要。

（二）强化旅游交通软件环境

1. 便利的一站式服务

所谓的“一站式服务”，其实就是只要客户有需求，一旦进入某个服务站点所有的问题都可以解决，没有必要再找第二家，其本质就是系统销售服务。它原为欧美国家的商业概念，即商家为赢得消费者不断扩大经营规模和商品种类，尽最大努力满足消费者的购物所需而不需东奔西跑；简单地说，就是商家备有充足的货源让消费者在一个商店里买到所有需要的商品。[1]

“一站式服务”运用到旅游交通中，就是指组织两种以上运输方式完成旅游者从起运站（港）至目的地的一种松散型联合运输形式，它的特点是统一客票、一次购票、一票到底，使旅游者在中转地能及时换乘。这样就极大地方便了旅游者。

2. 人性化的服务

人性化的服务因其细致入微地为旅游者着想，“以人为本”，最能打动旅游者，也能最大限度地满足旅游者的心理需求。面对形形色色的旅游者和各种不同

---

[1] http://www.doc88.com/p-496333238837.html.

的心理需求，在交通服务方式上灵活、人性化的做法往往会比较受欢迎，如订票、退票方便，给旅游者自主选择权和充分的游览时间等，都会给旅游者带来切实的好处，从而为景区赢得长远的发展。

3. 良好职业素养的旅游服务人员

鉴于旅游交通中旅游者对安全的需求，首先，要求旅游服务人员具备丰富的知识与高超的技能。为确保旅游者生命财产的安全，必须加强旅游服务人员的安全教育，强化其安全意识，提高其安全操作技能、服务技能，对交通工具进行严格的维护与检查，加强安检。其次，旅游服务人员要有顽强的毅力和高度的责任心，用最丰富的情感和最真诚的关怀服务于旅游者。最后，旅游服务人员要思维敏捷、随机应变。遇到突发事件能保持冷静，用最机敏、果断的思维去判断并处理好各种事件。

[关键概念]

1. 服务能力（service ability）
2. 服务态度（service attitude）
3. 服务意识（service consciousness）
4. 服务技能（service skill）
5. 服务语言（service language）
6. 服务方法（service method）
7. 职业意识（vocational consciousness）

[复习与思考]

1. 根据旅游心理学的相关原理，导游人员应该如何向客人提供优质服务？
2. 在餐饮服务中，服务人员如何做到“察言观色”？
3. 你能列举出我国主要客源地国外旅游者的生活习惯及禁忌吗？
4. 旅游交通服务中需注意哪些细节？

[案例分析]

一个外国驾驶员的职业道德[1]

春节我率50人团赴欧洲八国游览，法国的随团驾驶员给我留下了深刻的印象，令我至今不能忘怀。

欧洲旅游不同于国内旅游，国内的驾驶员顶多可以跨省，但不能出国；而

[1] 封伟《前厅与客房管理》. 高等教育出版社. 2002. 有改动。

欧洲的驾驶员则要驰骋八国，从头跟到尾。试想如果对外国的国情不明、交通规则不懂、旅游线路不清，违一次规，迷两回路，停三次车，那就意味着浪费游客的时间，相当于“砸团”。

而给我们团开车的驾驶员是比利时人，自诩20多年的驾龄，横扫欧洲八国若干次无事故。作为领队的我和全体游客自然感到比较放心。即使这样，驾驶员仍在旅游的间隙，在餐桌旁，在饭店里，随时与导游研究路线，拿着地图指指画画，圈圈点点。我明白，他们是在找捷径，第一不浪费游客的时间，尽可能让游客多看一些景点；第二不与另外的同旅游线路的团体冲突。一旦赶在同一时间同一餐厅，两个团队同时用餐，那就意味着其中一个团体至少要等一顿饭的工夫，因为国外的中国餐馆规模并不都是很大。

认真的工作态度赢得了良好的旅游效果。两个星期八个国家的里程没跑过一点儿冤枉路，经常是我们团游览完一个景点了，另一个团才前来“报到”，吃饭也总是赶在其他团的前头。往往使我们团吃饱喝足迈着四方步出来的时候，驾驶员却一个人默默地守在车里。据说欧洲的“交规”规定大型观赏车的驾驶员是不准下车的，因为欧洲国家寸土寸金，停车场少，观赏车往往只能停在路边，这样又会影响交通，所以驾驶员只好留在车里，以便随时听候调遣。吃饭就成了驾驶员的大问题，只能是游客吃完饭后，导游给驾驶员“打包”带到车上，然后驾驶员没有时间吃，因为要继续赶路，一开就是几个小时，甚至十几个小时。最让我们不安的是，驾驶员吃不惯“便餐级”的中华料理，买西餐又没有时间，经常是一天一天地不吃饭，除了赶路还是赶路。两个星期下来，驾驶员的肚子已经从“D”形变成“H”形了，但是从未见到他发牢骚、抱怨、甩脸子、装可怜，而是滑稽地拍拍自己瘪下去的肚子和双腮，做一个鬼脸，逗得大家一笑，就继续踩油门了。

到了比利时下榻的饭店，驾驶员第一次通过导游告诉游客将车上所有行李统统拿到自己的房间去，因为饭店离火车站很近，又是外国移民聚集地，很乱，以防不测。果然不出他所料，夜里11点10分我接到了信息，我们团的观光车被小偷“光顾”了，我与导游前去视察，只见前门的大玻璃被砸得连渣都不剩了，满地碎玻璃，车内尽管已没有东西，但依然被翻得一片狼藉，汽油也被抽走了，驾驶员正在清扫车内卫生。当时我的脑子一蒙，心想完了，第二天的行程肯定要耽误了。因为按照一般的思维一推就知道，就算现在报案，警察能来，但安玻璃的厂家人员来不了啊，何况当时已是夜里12时了，肯定叫天天不应叫地地不灵了。第二天去安玻璃、加油，开回饭店拉游客，至少半天的时间没了，后边的日程都会受到影响，怎么办？我便火速与导游、驾驶员在汽车上召开紧急会议，商讨解决办法。驾驶员依然是一脸欧洲的幽默，用不容置疑的口吻说：“你们俩先回去睡觉，我和比利时的厂家联系，让他们连夜赶来安玻璃，为防止再次遭劫，我今晚在车里坐一夜值班……”“那怎么行呢？你是驾驶员，你必须睡觉，由导游和领队来值班……”“不行！你们不懂语言，也不懂汽车业务，只能我来，只有一个要求，明晨6点你们找一个人替我一下，我去洗个澡，喝口咖啡提神。”最后三人达成决议：由驾驶员值班直到安上玻璃，由我尽早替换驾驶员，全力保证第二天的日程不受影响。临下车时，驾驶员怕我们担心，又叽里咕噜地向导游说了些什么，只见导游突然伸手向驾驶员腰间摸去，然后郑重地对我说：“带着枪呢！”回到房间，我也睡不着，五点多钟起来准备去“值车”。尽管我的动作很轻但还是把同屋一块住的人吵醒了，他也执意要和我一起去“值车”。我说：“不行！危险性太大，驾驶员能带枪，小偷也会有枪啊。万一有个好歹，咱俩没有一个回去报信的。”按照“偷道”，黎明时间是盗窃抢劫的最佳时间，最危险的意想不到的事情及后果都很难预测。“你把我当什么人啦？要死咱俩一块死，要伤一块伤，要没事就都没事！”我为国人同胞的语言打动了，对他说：“带上你的手电筒，关键时候可以当武器用；咱们早点儿去，好让驾驶员能睡上一两个小时。”当我俩来到车上时，玻璃已于凌晨4点左右安上了，我用半生不熟的英语对驾驶员说：“你洗个澡，睡一会儿。等到了出发时间我叫你。”驾驶员下车走了，没过三四十分钟他又回来了，做了个手势，叫我们回去。我跟他急了，说：“你是驾驶员，必须睡觉！”并把他推下汽车。他说：“我已经洗完澡、喝完咖啡了，你看我现在不是很精神吗？”他又把我拽出了车外，你推我让了半天，他也急了，说：“这是我的车，我有责任、有义务保护它。”我真的被感动了，眼睛也湿了。做旅游工作多年了，接触的外国人也不计其数，但被一位外国驾驶员的职业道德所感动还是第一次。

米兰机场告别时，我对驾驶员说：“我没有什么东西送给你，只送你两句话。一句是你是你们国家的骄傲；另一句是从你身上我知道了什么叫素质，什么叫职业道德。”驾驶员说：“由于你配合得力，这个团才会顺利结束，我送你一瓶香水做纪念。”至今我还把那瓶香水放在家里最显著的位置，以便随时都能嗅到那位驾驶员对工作一丝不苟、敬业尽责的芳馨。

[问题讨论]：

通过阅读以上案例，谈谈旅游工作者应该具备的素质有哪些？

第八章

旅游购物服务心理

[学习目标]

通过对本章的学习，掌握旅游者购物动机，理解纪念性动机和求新求异动机是旅游者的主要购物动机，了解旅游者在购物活动中的思维特点，掌握旅游商品开发所遵循的原则，了解旅游购物服务心理并将理论用于实践。

◆[案例导入]

旅游者究竟想买什么？[㊀]

仿唐三彩奔马造型陶器色彩鲜明，算得上一件好艺术品。在古都西安、洛阳，这种商品相当畅销，但在其他许多地方的旅游商店，它却有些求售无门。这是为什么呢？原因就在于，这种彩瓷固然是好的艺术品，但在那些地方不是当地特产，缺乏地方特色，难以作为旅游纪念。旅游者购买商品大都要求商品具有实用性、工艺性和纪念性，而纪念性通常是被置于首位的。这是旅游者购买需要的基本特点。旅游者对旅游商品的需要与对一般商品的需要有相似之处，也有差异。设计旅游商品时必须考虑这种差异，即旅游购物动机。为此，设计者必须经过广泛的市场调查和心理分析了解来自世界各地的旅游者的购物需要，绝对不能盲目生产。

旅游者在旅游的过程中不仅希望看到美丽的风景，而且还希望在旅游目的地能够买到称心如意的旅游商品，特别是旅游纪念品，只有具有地方特色而又美观

㊀ 王华．中国旅游报．2002-05-28．

大方、款式新颖、工艺精巧的旅游商品，才能成为旅游者的主要购买对象。这就是说，设计一种商品，需要具备上述条件才能满足旅游者的购物需要，才能畅销。

第一节 旅游者购物心理

在吃、住、行、游、购、娱这旅游的六要素中，购物是旅游者消费不可或缺的一部分，也是旅游产业主要的经济来源。从经济学观点来看，旅游是一种新型的高级消费形式，而旅游购物，从根本上来说，是一种旅游者为满足其心理需求而产生的活动。因此，研究旅游购物心理，是了解整个旅游过程中旅游者的消费心理变化和发展的关键，也是发展旅游业、促进第三产业、增长国民经济的重要手段。购物也是旅游者重要的旅游动机之一。旅游者不仅希望看到美丽的风景，而且还希望在旅游目的地能够买到称心如意的旅游商品，特别是旅游纪念品。而对于旅游企业来讲，这则是发展旅游事业、增加旅游收入的一条重要途径。

目前国际通用的评判一个国家或地区旅游经济效益好坏的标准，就是基于其销售旅游商品的收入在旅游业总收入中所占的比例。因此许多国家和地区都致力于推出提高旅游业收入的旅游购物活动等。例如东方明珠香港，素有“购物天堂”之称，甚至推出“购物之旅”来吸引更多的旅游者光顾、购物。目前，世界旅游购物的平均消费指数是30%，在旅游业发达国家这一数字则达到了40%～60%，而我国的旅游商品收入只占旅游总收入的20%左右，我国对于旅游购物方面的重视和发展力度还不够。旅游购物在旅游消费中还存在比较大的增值空间，要吸引并满足旅游者的需求，最好从根本着手，研究旅游者的购物心理，从而满足旅游者的需求。因此，为了作好旅游商品的生产和销售，旅游商品生产企业和旅游服务人员，应当对旅游者的购物心理进行研究。

心理是指生物对客观物质世界的主观反应。而旅游购物心理则是旅游者在旅游的全过程中所有购物消费时的心理。人是具有主观能动性的高级动物，只有掌握了人的主观心理活动，才能从真正意义上吸引旅游者产生消费购买的欲望。传统的关于旅游购物的研究大多立足于市场营销或者经济学这些角度展开，很少有完全基于心理学方面的。[㊀]

聂贵洪2003年在《旅游购物心理与旅游商品开发》中指出：旅游购物是组成旅游的六大要素之一，是促进地方经济发展的一支重要力量。要使旅游购物兴

㊀ 张树夫.《旅游心理学》. 高等教育出版社. 2001.

旺发达，就必须研究旅游购物心理，从旅游者的心理需求着手，分析旅游商品现状，开发旅游商品，从实用、新颖、具有特色以及针对旅游者心理所实施的销售方法等方面着手，吸引旅游者，促进旅游购物的发展。

唐文跃 2002 年在《旅游购物心理成本与营销对策》中写道：旅游购物对促进旅游者的旅游消费、增加旅游目的地的旅游收入有重要意义，旅游者购买消费品要承担较大的经济成本，还要克服较大的心理阻力，承担较大的心理成本，分析形成购物心理成本的主要因素，提出了降低旅游购物心理成本、促进旅游购物消费的营销措施，即从心理出发，从根本上提升旅游者的购买力度。

孙海琴 2008 年在《从旅游购物心理角度谈旅游商品开发与服务的策略》中指出旅游购物在旅游消费中，存在较大的增值空间，对于发展旅游经济、繁荣旅游市场、满足旅游者的生理和心理需要具有不可低估的作用。

综上所述，购物心理是指人在购物全过程中的心理现象，包括其发生、发展和活动规律。旅游购物心理就是指旅游者在旅游的过程中，参与购物之前、之中、之后的全部心理过程。

一、旅游购物心理特征

旅游活动中的购物活动与日常购物活动相比具有以下心理特征：

（一）异地性

“旅游”从字义上很好理解。“旅”是旅行、外出，即为了达到某一目的而在空间上从甲地到乙地的行进过程；“游”是外出游览、观光、娱乐，即为达到这些目的所作的旅行。二者合起来即旅游。所以，旅行偏重于行，旅游不但有“行”，且有观光、娱乐含义。从旅游的定义上可知，旅游是从熟知的地点到另外一个地点所进行的活动，这也就决定了旅游购物的异地性。

（二）仓促性

旅游者初来乍到，兴奋激动，人地生疏、语言不通，所遇到的旅游商品都是自己不了解、不熟悉的，购买时也不容思虑很多，尤其是跟团旅游的旅游者，进店购物时间基本是固定的，而且是短暂的，有“过了这村就没了这店”的顾虑，购买旅游商品的决定较平常来说就很仓促，很容易非理性购物。

（三）随意性

旅游本来就是旅游者为了放松自己，让自己开心所进行的一项活动。因此，旅游者在购买旅游产品时，很少思虑很多（如平日考虑的价格之类的因素），这个时候的购物基本都是随心所欲的，在旅游中看到商品，听到介绍，引起兴趣和喜爱，就会即兴购买。

（四）一次性

购买旅游产品很大程度上是基于纪念和馈赠价值，都是自己留作纪念或者给他人作纪念，人们很少购买多个纪念品来显示其纪念价值，即使有人重游一个自己游览过的经典景点，也不会重复购买纪念品。这必然导致了旅游产品的购买一次性特征。[㊀]

二、旅游购物心理的主要内容

总的来说，旅游者的购物心理主要包括两方面：一是生物性购物；二是心理性、社会性购物，具体表现为购物过程中对旅游商品的偏好，包括对产品类型、用途、外观、品牌、价格、作用等的偏好。

旅游者外出旅游，在异地他乡，由于生活环境和生活节奏有所改变，旅游者的心理活动也随之变化。掌握旅游者心理，有助于购物促销成功。对于有购物动机的旅游者，要引导其作出更多的购物行动；对于没有购物欲望的旅游者，要激发其购物动机，使其作出购物行为，总之，要让旅游者在购物过程中感受到心理需求的满足与快乐。

三、旅游者的购物动机

旅游者购买商品的目的与日常生活中购买一般商品不同，日常生活中购买商品主要是为了取得其使用价值，而旅游者购买商品则出于以下不同的动机：

（一）纪念性动机

这是旅游者为此次旅游留作纪念或作为礼品送给亲人朋友而形成的购买动机。为追求商品的纪念意义和观赏价值，很多旅游者都喜欢把在旅游点买的纪念品和他们在旅游中拍摄的照片、录像带保存起来，留作日后回忆此次旅游经历。旅游商品的开发商应追求地方特色浓、纪念性强、艺术性高、价格低廉、小巧玲珑的旅游商品以满足此类需求。例如，旅游者在登上长城后，能买到印有“长城”、“我到了长城”等字样的汗衫或上衣，将倍感高兴，就是因其具有纪念意义。

（二）求新求异动机

追新猎奇是人们好奇心的表现，这是旅游者在购买商品时，以满足旅游者固有的心理需要追求异国新奇的商品而形成的购买动机。旅游者对于异国他乡具有新异性的物品一般都喜欢购买，以满足他们追新猎奇的心理。求新求异购买动机在旅游者的购买活动中作用极大，往往左右旅游者的购物行为。例如西方旅游者对中国民族风俗感兴趣，来到中国旅游，就会把购物的重点放在民族产品上，要求导游人员帮助选择购买，每到一地，就要求导游人员介绍当地有名的民族产品

㊀ 喻国华.《消费心理学》. 中国物价出版社. 1995.

市场，前去参观和选购。

（三）求实动机

求实动机是旅游者外出旅游购买商品时注重商品的使用价值而形成的购买动机。善于精打细算的人在旅游过程中发现在日常生活中常用到的且在居住地价格昂贵或难以买到的商品，在旅游地价格便宜就会购买。尽管各种旅游商品都有使用价值，但价值有大小之分，使用面有广狭之别，因此，旅游商品开发要注重内在质量、使用价值和外形包装等方面，以诱发旅游者的购买动机。例如不少华侨、港澳台同胞更喜欢回来旅游时购买价廉物美的中药材、针棉织品、不锈钢制品、小家电等；内陆的旅游者到海边旅游，往往要带回些海产品；城市旅游者到山里游玩喜欢购买山货和土特产品，这些都是求实动机的支配。

（四）求知动机

这是为了扩充知识面而产生的购买动机。大多数旅游者把旅游作为增长知识的重要途径，有的旅游者在购买异地商品时，都希望能获得相关的知识。例如，在购买的过程中能够获得售货员或导游人员对商品的一些情况的介绍，如某种工艺品的特色、制作过程，某幅字画的年代、作者、逸事及如何鉴别玉器的优劣等知识；在参观泥人作坊、瓷器厂后，知道某种工艺品的生产过程，一般都希望购买这种工艺品作为纪念。

（五）求名动机

这是旅游者为了显示或提高自己的身份、地位而形成的购买动机，是为了满足心理上的需要，追求的是商品的影响和象征意义。贵重商品，特别是艺术品，由其质优价高、艺术性强，对具有求名购买动机的旅游者吸引力很大。例如到一个地方，购买具有当地特色的商品或具有纪念意义的商品，摆在家中，既是一种装饰，又可以让人知道自己走的地方很多，以此赢得人们的羡慕和尊敬，获得一种心理的满足。

（六）馈赠性动机

人们外出旅游购买的旅游商品，除了自己留作纪念外，还有一个重要的动机就是馈赠亲朋好友、邻里同事，以此联络感情，加深友谊，以表心意。很多国家的国民凡是出门，不管是旅游还是公干，返回时，不管礼物大小，都会为亲戚朋友带上一份礼物。

（七）求美购买动机

旅游者外出旅游中喜欢寻觅美、欣赏美并且享受美，而且在购物时首先会考虑商品的美观、艺术性等问题。求美购买动机是以追求商品的审美价值和艺术价值为主要目的的购买行为。这种动机在文化程度和欣赏水平较高的旅游者中表现得比较突出。

（八）从众购买动机

大多数旅游者外出旅游时具有强烈的从众心理，这是一种非常普遍的社会心理。从众购买动机就是旅游者在购买商品时自觉或不自觉地模仿他人而形成的一种购买行为。

（九）癖好购买动机

这是旅游者为了满足个人特殊兴趣、嗜好而形成的一种购买行为。例如，有的人喜欢收集火柴盒、香烟壳，有的人喜欢收集各国邮票、各式手表，有的人则喜欢收藏古玩字画。

在以上各类动机中，纪念性动机和求新求异动机是旅游者的主要购物动机。也就是说，旅游商品应该有纪念意义、新颖、美观，而价格、实用性相对次要。同时，在旅游者的购物行为中，往往几种动机相互转换。旅游服务人员要细心观察旅游者在购物活动中心理动机的变化，因势利导，满足他们的购物渴求，增加旅游业的利润。[㊀]

四、旅游者购物行为分析

对旅游者的购物行为从年龄、性别、受教育水平、收入状况以及所属社会阶层等方面来对比分析，可以发现存在以下差别：

（一）青年旅游者的购物行为

所谓青年旅游者是指 18～25 岁左右的旅游者，这是旅游市场上最活跃的一部分消费者群体，对事物有很强的敏感性，对新鲜事物有强烈的好奇心。该类旅游者追求明显的消费个性，以独特的方式来显示自己的成熟和与众不同。同时，他们也追求时尚，追赶消费风潮。另外，青年旅游者在购物决策中带有较强的冲动性，容易受环境因素的影响，这是因为青年人一般是受情绪性购买动机的支配，常常是头脑一热，买下再说。

（二）老年旅游者的购物行为

人们一般把 65 岁以上的人称为老年人。他们极少发生冲动性购买行为，在旅游商品的需求上把旅游商品的实用性作为购买商品的第一目的。他们强调经济实用、舒适安全、质量可靠、使用方便，至于商品的款式、颜色、包装等是放在第二位考虑的。

（三）女性旅游者的购物行为

女性旅游者的购买行为具有较大的主动性（而男性的购买行为常常是被动的，如受他人之托）。另外，女性的心理特征之一就是感情丰富，心境变化快，

㊀ 甘朝有.《旅游心理学》. 南开大学出版社. 1999.

富于联想。因而她们的购买行为带有强烈的感情色彩。

（四）知识分子旅游者的购物行为

知识分子旅游者对文化气息较浓的旅游商品更感兴趣，尤其注重旅游商品的艺术性和具有保存价值。知识分子旅游者在购买旅游商品时的自主性较强，大多愿意自己挑选所喜欢的商品，对于服务人员的介绍和推荐抱有一定的戒备心理，对于广告一类的宣传也有很强的评价能力。另外，他们在购买行为中表现出较高的理性，受社会流行和时尚等因素的影响较小。

（五）高收入的白领阶层

由于这一类消费者群体的工作环境中现代气息很浓，因此，他们在购买旅游商品时，追求商品的高档化，对名牌商品和名贵商品比较感兴趣。而且，由于他们的收入水平较高，购买力较强，新风格、新式样的旅游商品容易在他们中推广。

（六）高消费阶层

由于这类消费者不在乎购物的价格，只在乎物品是否新、贵、好，所以奢侈品应向他们推广。㊀

五、旅游者在购物活动中的思维特点

旅游者在购物活动中，必然要产生思维活动。从产生购买动机到完成购买行为，思维活动自始至终都是极其活跃的，都要经过一番动机的斗争。商品质量的优劣、外观的美丑，价格是否合理以及是否便于携带等，都在考虑之中。在经过一系列的思维活动之后，觉得满意，才可能产生购买行为。

当一个旅游者走进一家商店，首先是用自己的感觉器官去感知周围的事物。感性认识仅仅是提供给人们对事物外部现象和联系的了解，旅游者作为一个购买者不会满足和停留在感性认识的阶段上，他们要求得到理性认识。人的认识分为感性阶段和理性阶段，从感性阶段上升到理性阶段的过程就是思维。因此感性认识是思维的源泉。思维通过感觉和知觉反映外部世界，在购物活动中，旅游者通过对商品的观察来获得感觉和知觉，了解商品的外部现象。在此基础上，进一步了解商品的用途、质量、价格以及构造和性能等内在特质，并运用分析综合和比较的方法，进行概括、作出判断，获得对商品的理性认识。

旅游者只有在对商品有了理性认识之后，才会作出是否购买的决定，所以，尽管每个人的思维时间有长有短，但是，购买的决定总是思维活动的结果。只有了解购买者思维活动的规律，才能因势利导，才能满足消费者对购物的需要。应

㊀ http://wenku.baidu.com/view/012094dc5020aaea998f0f94.html.

该帮助消费者进行积极的思维活动，尽一切可能提供理性认识的依据，并在激发购买动机和促进购买行为方面找到规律。[㊀]

第二节 旅游商品中的心理因素

旅游商品是旅游产业的重要组成部分，是旅游活动的一个重要环节。旅游商品开发的成功与否，直接关系到旅游产业经济效益的大小。

一、旅游商品的概念

（一）商品和旅游商品的区别

（1）商品，首先必须是劳动产品。换句话说，如果不是劳动产品就不能成为商品，所以旅游商品必须是与旅游相关的劳动产品。

（2）旅游商品属于商品的一种。作为商品，还必须要用于交换，商品总是与交换分不开的。也就是说，如果不用来交换，即使是劳动产品，也不能称之为商品。

（3）商品是为了交换或出卖而生产的劳动产品，是使用价值和价值二重性的统一体。其属性大致有三：商品本身所固有的特性为商品属性；商品自然的属性及有用性为商品的自然属性；价值则为商品的社会属性。旅游商品是指旅游者在旅游活动过程中购买的物品，也可称作旅游购物品。它与旅游者的吃、住、行、娱、购、游等要素有着紧密的联系。可见旅游商品还具有广泛性。

旅游商品的开发是与旅游业的繁荣相伴而生的。旅游商品是旅游业的重要组成部分。旅行社、交通、饭店、旅游商品被称为旅游业的四大支柱行业。旅游商品承载了满足旅游者购物需求和传播旅游地形象的双重价值。一件精美的旅游商品能激发旅游者美好的回忆，显示旅游者的生活经历；可使旅游者长期保存或乐于赠送亲友，乐于向周围社会介绍；对旅游地形象的传播也是一个很好的渠道，有助于扩大旅游地的知名度。大多数国内外旅游者真正感兴趣、愿意购买的是那些特色鲜明、有一定档次、经济实惠的旅游商品。纪念性、艺术性、实用性、收藏性等是旅游商品应具备的基本特征。适应旅游者精神消费需求的旅游商品有旅游纪念品、工艺品、土特产品、食品、茶叶、服装、丝绸、陶器瓷器、文物复制品、字画等。旅游商品所用的材料、制作工艺，还有实用性能、包装装潢等都应该体现较强的质量意识，否则难以引起旅游者的购物兴趣和购买欲望。[㊁]

㊀ 甘朝有.《旅游心理学》. 南开大学出版社. 1999.

㊁ 杜友珍，裴玉昌，吴洪亮.《旅游概论》. 西南师范大学出版社. 2007.

（二）旅游商品的具体概念和类型

纵观20世纪80年代末至今出现在国内学术书刊和各类传媒对旅游商品一词的见解，常见的有下述几种定义：

旅游商品是指旅游者在异地购买并在旅途中使用、消费或携带、送礼、收藏的物品；旅游商品是指旅游者旅行中所购买的物品，具有完整的物质形态和旅游目的地特色；旅游商品是指旅游区商店对旅游者出售的有形商品，这类商品具有纪念、馈赠、收藏、使用以及体现地方或民族特色等功能特性；旅游商品是指旅游者通过旅游商和旅游经营者所购买的满足其对旅游资源商品、食宿设施、交通工具和旅游劳务需要的，用来交换的劳动产品。

综上所述，旅游商品其实就是指为旅游者采购所提供的商品。旅游商品只有在广泛进行市场调查，并充分了解各类旅游者的购物动机及思维特点的基础上，进行设计与生产，才能适销对路。

旅游商品具有多类别、多品种的特点，主要包括以下类型：

（1）旅游纪念品。这主要是指以旅游点的文化古迹或自然风光为题材、利用当地特有的原材料、体现当地传统工艺和风格、富有纪念意义的小型纪念品，如无锡惠山的泥人、宜兴的紫砂壶、泰山的手杖等。

（2）旅游工艺品。这主要是指用本地特色材料制作的设计新颖、工艺独特、制作精美的艺术品。我国的工艺品历史悠久、技艺精湛、久负盛名，不仅是大宗出口的产品，也是旅游者向往的佳品。作为旅游商品的主要有雕塑工艺品、金属工艺品、刺绣工艺品、花画工艺品等。

（3）文物古玩及其仿制品。这主要包括不属国家严禁出口的古玩、文房四宝、仿制古字画、出土文物复制品、仿古模型等，如西安的仿秦兵马俑模型，洛阳的仿唐三彩，端砚、宣纸、湖笔等文房四宝，碑帖、拓片等。

（4）土特产品。这主要包括具有地方特色的工艺品、农副产品等。我国是个地大物博的多民族国家，山川纵横，土特产品十分丰富，是旅游者特别是华侨和港、澳、台同胞必购的自用品和礼品，如贵州茅台酒、东北人参、云南白药、西藏红花、西北裘皮等是旅游者心目中赠送贵客的最好礼物。

（5）旅游日用品。这主要是指旅游者在旅游活动中购买的具有实用价值的生活日用品，包括洗漱用具、鞋帽、地图指南、箱包、防寒防暑用品、化妆品以及常用的急救药品等。[⊖]

二、发展旅游商品的意义

据有关资料显示，世界旅游消费结构中，旅游购物的比重在不断增加。旅游

⊖ 樊姝玉.《旅游商品开发浅析》. 资源开发与市场. 1999（2）.

业在我国是发展势头正劲的新兴产业和朝阳产业。然而在我国旅游业迅猛发展的这几年中，旅游商品却没有得到同步发展，仅占旅游总收入的20%。在我国不少旅游地，旅游商品市场事实上已陷入困境，一方面品种单一、质量粗糙的旅游商品遍地都是，另一方面旅游者无法买到称心如意的旅游商品。旅游商品开发的弱势已与我国丰富的旅游资源和我国旅游业强劲发展的势头极不相称。

发展旅游商品的意义主要表现为以下几个方面：

1. 旅游商品的生产与销售是提高旅游业整体经济效益的重要途径

旅游者在旅游活动中的消费由吃、住、行、游、购、娱组成，其中吃、住、行的花费相对稳定，唯有购物弹性最大，最有潜力可挖。因此，在客源量稳定的情况下，要提高旅游业的收入，发展旅游商品就具有特别重要的意义。

2. 发展旅游商品可以尽快回笼货币，换取更多外汇，有利于支援国家建设

随着国内人们生活水平的提高，出游率不断增长，对旅游商品的需求也不断增加。发展旅游商品可以把分散的货币尽快回笼，集中起来使用，发挥更大作用。旅游商品对海外旅游者的销售，实际上是就地“出口”商品，发展旅游商品对外销售可为国家换取外汇，作为对我国外贸的补充。

3. 旅游商品的发展为社会提供了大量的就业机会

从总体上说，旅游商品的生产和销售行业属于劳动密集型行业，对劳动力的容纳量大。而发展旅游商品可安置大量待就业人员，有利于社会稳定。

4. 发展旅游商品有利于传播我国传统的优秀文化艺术，加强国际文化交流

旅游商品是一个国家的文化艺术、工艺技巧和物质资源相结合的产物。旅游者购得旅游商品，经过鉴赏品评，能加深对一个国家或一个地方的文化传统、艺术造诣、民族风格和喜好的了解，从而达到思想感情的融通。㊀

三、我国旅游商品开发中存在的问题

（一）机制问题

我国旅游商品开发与销售还缺乏一个有效的市场机制。我国市场经济体制的不完善在旅游商品经济的发展中也有突出表现：全国的旅游商品大市场还没有形成，甚至区域性的市场发育不完全，旅游商品的生产和消费市场被人为或部门分割；市场竞争机制不健全，无证经营的作坊式加工厂和路边摊点、流动兜售小贩挤兑旅游商品合法经营企业；市场激励机制不到位，如出口退税、普惠制等政策措施落实不到位，影响了旅游商品的进出口；市场秩序有待进一步规范，旅游商品质量保障和售后服务体系需进一步完善，消费者购物的安全感不高。

㊀ 樊姝玉.《旅游商品开发浅析》. 资源开发与市场. 1999（2）.

（二）投资结构问题

我国旅游发展初期，也正值刚刚对外开放，大量的入境旅游者涌入我国，各地面临的首要任务是解决旅游者吃、住、行、游的基本需求。因此，大量的资本被引导投资（包括国家直接投资）到改善交通、修建宾馆饭店、建设景区和娱乐设施等方面，由此导致了旅游商品开发资金的缺乏和旅游者消费结构、旅游收入结构比例的失调。

（三）商品设计问题

在我国市场上的一些旅游商品特色不明显，民族性、地方性及文化内涵缺乏。旅游商品的设计人员大多为工艺美术专业毕业，学科背景单一，几乎都是从美学角度设计产品，缺少旅游、经济和文化等相关专业的人士参与策划与设计，这样就造成设计出的旅游产品多是工艺品，旅游商品的纪念性、观赏性、知识性、独创性、收藏性在设计时难以得到综合体现，旅游商品缺乏特色与创新，很难满足旅游者的需要。

（四）品牌意识问题

近年来虽然我国旅游景点建设得到了快速发展，许多旅游景点在国内外旅游者心目中树立了良好的品牌形象。但是许多旅游商品生产企业在研发和生产中却缺乏品牌意识，品牌建设重视不够，加上旅游商品包装水平不高，缺乏更新、优化和改造，对旅游者的吸引力不强，产品缺乏新鲜感，或是简单化，制作工艺粗糙，产品雷同的情况很多。有些生产企业根本没把创品牌当做一回事，而是千篇一律地模仿。许多旅游商品，不仅没有地方特色，更谈不上品牌或名牌。由于一些旅游商品生产厂家，甚至有些是加工小作坊的粗制滥造，导致国内旅游市场上叫得响的品牌屈指可数。

（五）销售问题

由于生产的小规模，旅游商品的销售也不能走上专业化、集约化的路子，销售渠道狭窄，多是靠旅游商品店等着旅行社拉客上门，或是靠小贩沿街追客兜售。专业化的旅游商品生产加工、批发市场国内很少。由于旅游者的流动性和重游率低，一些旅游商品经销商和小贩，都采用“一锤子买卖”，要么漫天要价，要么以次充好，坑、蒙、骗旅游者，更谈不上售后服务。由此导致旅游者对旅游购物缺乏安全感。[1]

四、开发旅游商品的原则

目前，由于人们对旅游商品概念及内涵理解的不统一，导致了人们对旅游商

[1] 张立生.《旅游商品的概念与开发原则探析》. 河南商业高等专科学校学报. 2009（1）.

品开发原则理解的混乱。据不完全统计，国内研究中有关旅游商品的开发原则多达几十种。其实，旅游商品作为一种商品，它的开发不能脱离一般商品开发的原则，如效益性原则、市场导向原则、生态性原则等，但是作为一类特殊的商品，旅游商品的开发也需要一些特殊的开发原则，以便能够更好地满足旅游者的需要。在参考前人及他人研究成果的基础上，旅游商品的开发原则主要包括：

第一，地域性原则。带有浓厚地域色彩的旅游商品往往能够以其特有的地域暗示，勾起旅游者对旅游经历的美好回忆而为广大旅游者喜好。地域性的旅游商品往往具有地域垄断的特点，如果错过该地域再购买就会比较困难，在旅游者特殊消费心理的作用下，旅游者一般对此类旅游商品具有浓厚的兴趣。

第二，文化性与艺术性原则。旅游者消费群体相对于普通居民而言，一般具有较好的经济能力和较高的文化艺术品位，因此，具有较高文化和艺术含量的旅游商品往往能够引起他们的极大兴趣。

第三，便携性原则。由于旅游者身处异地，在一般情况下，不可能、也不太方便携带体积过大的旅游商品，因此，便携的旅游商品会受到旅游者的欢迎。

第四，精品原则。旅游者对旅游商品消费本身具有“引致需求”的某些特征，粗制滥造的商品很难引起旅游者的兴趣。旅游者一般是收入比较高的群体，对价格的敏感程度比较低，这也为开发精品旅游商品提供了消费保障。

第五，特色原则。特色旅游商品能够满足旅游者特有的好奇心，特别是对那些非理性的旅游者和处于非理性心境下的旅游者来说，有着很好的市场发展空间。[1]

五、旅游商品设计心理

（一）旅游商品开发对策

1. 解决旅游商品设计、生产、销售的机制问题

一要加强知识产权保护，用法律的手段维护旅游商品商标、知识产权持有人的合法权益，打击“制假”、“售假”和其他侵权行为。

二要建立统一、开放的区域性乃至全国性的旅游商品大市场。目前，旅游商品市场存在一定程度的区域割据和垄断。尤其是旅游风景区的旅游商品市场封闭现象十分普遍。这严重阻碍了旅游商品的市场流通，也破坏了市场竞价规则，损害了投资主体和旅游商品消费者的利益。

三要理顺管理体制，打破目前事实存在的旅游商品管理体制上的条块分割现象（如轻工、食品、旅游、内贸等部门都在涉及），建立统一的质量标准体系和

---

[1] 张立生.《旅游商品的概念与开发原则探析》. 河南商业高等专科学校学报. 2009（1）

规范的监督管理体制。

四要建立严格的市场准入制度和统一的旅游商品市场交易规则：加强市场调节，放开物价管理，采取市场自由竞价方式。

五要整顿旅游市场秩序，打击偷税、漏税、逃税行为（这在风景区和旅游商品路边销售摊点中十分普遍），规范导游人员从旅游者购物中收取佣金的行为，杜绝强买、强卖现象，建立公平的市场竞争机制，为所有旅游商品生产、销售企业创造良好的市场环境。

六要建立旅游商品生产与销售的激励机制，实施旅游商品出口退税和普惠制，鼓励大量的资本、资源、技术、人力流向旅游商品领域。政府应该在税收、立项、信贷、融资、管理等方面制定相关政策对旅游商品开发和销售企业给予扶持。

2. 加强旅游产品结构和消费结构调整

旅游吃、住、行、游、购、娱六要素应当在政府的宏观调控下，按比例协调发展。从产品供给的角度，国家旅游行政主管部门可以通过发布产业政策、规划指导、立项审批、税收调节、宣传引导，甚至通过直接投资来对旅游内部各产业要素进行干预、调节，使旅游业按结构比例协调发展。从消费者的角度，可以通过引导消费、创造良好的购物环境、提高旅游商品质量、增加花色品种、扩大旅游商品营销渠道、加强售后服务管理等有效措施，提高旅游者对旅游商品的消费水平，扩大旅游购物在旅游总收入中的比例。

3. 分析客源市场，设计适销对路的旅游商品

要加快我国旅游商品的发展，就必须更新观念，认真研究和分析旅游商品消费的特点和旅游者的购物偏好，以旅游市场为导向，在旅游商品的开发、生产和销售上狠下工夫。对于不同的旅游者群体，应有不同档次的旅游商品，以适应不同旅游者的审美习惯和不同层次的消费需求。组织专门部门或人员对现有商品消费水平进行调查，制定出合理的高、中、低档商品比例，以充分满足不同水平的消费需求。

4. 提高认识，确定旅游商品的地位

要全面、正确地认识旅游商品在旅游业发展中的地位和作用，从旅游业创汇、创收的经济功能来看，旅游商品收入是旅游业中弹性最大的一笔收入。对旅游地而言，旅游商品本身就构成旅游资源的一个重要组成部分，并且精美的旅游商品往往成为传播旅游地形象和文化的重要载体。因此要提高认识，确定旅游商品的地位，只有这样才能促进旅游商品产业的可持续发展。

5. 加强政府主导作用，为旅游商品生产销售搭建交易平台

政府可以而且应该通过基础设施建设、鼓励投资政策配套、服务设施与环境优化等措施，将生产规模小、产品结构单一、技术含量不高、分布零散、抗市场

风险能力弱的旅游商品生产加工和销售企业组织在一起，增加规模效应，实现真正意义上的旅游商品生产产业化、产品特色差异化、生产技术专业化、分销渠道多样化、产品质量标准化、市场交易规范化。㊀

（二）旅游商品设计原则

1. 突出实用性、艺术性与纪念性

实用性、艺术性与纪念性这三者的有机结合使旅游商品区别于一般商品。旅游商品这三个特点反映了消费者的心理需要。实用性是所有商品的一般属性。旅游商品首先要具备实用性，即有旅游者可使用和消费的效能。旅游商品的生产和销售，首先要考虑商品的实用价值，做到产销对路。艺术性是旅游商品的重要属性。在很多情况下，旅游者购买旅游商品是当做礼品送人，或当做纪念品、收藏品珍藏，因此，旅游商品应具有较高的艺术性。旅游商品除具有实用性、艺术性之外，还应具有纪念性。旅游是人们享受生活的美好过程，每个旅游者都希望以各种形式来留住这一段美好的经历。因此，旅游商品的设计与开发要突出其实用性、艺术性的纪念价值。例如外国旅游者在中国购买价廉的古玩、中国特有的日用品、工艺美术品和特种工艺美术品，回国后可以作为纪念品摆件。

2. 体现本国风格、民族风格与地方风格

只有具备本国风格、民族风格与地方风格的旅游商品，才会对旅游者具有吸引力。旅游商品设计与生产应结合本国风格、民族风格与地方风格，并用当地特产的材料来制作，以突出民族风格与地方风格。极富特色的工艺品、药材、仿古文物、少数民族服饰等，深受旅游者喜爱。例如旅游者在贵州少数民族聚居区旅游，若能买到集艺术性与实用性于一身的蜡染制品及服饰将欣喜若狂。而旅游商品如果脱离当地的风俗习惯，失去本地特色，就不会有生命力。

3. 设计生产系列化、多样化、配套化

旅游商品设计和生产应花色品种繁多、规格齐全，以满足各种类型旅游消费者的需要。旅游商品设计和生产有特色，品种多，档次多，才会对旅游者产生吸引力，引得旅游者争相购买。在一般情况下，旅游者中高收入、高消费者只占少数，绝大多数旅游者属于中、低收入阶层。因此，旅游商品设计与生产应以中、低档为主，尤其是成本低、售价低的小型纪念意义强的旅游纪念品，往往最受旅游者的欢迎。

4. 重视商品包装

商品包装是指一切用于盛装、包裹、保护商品的容器或包扎物。漂亮的包装不仅可以美化商品，而且还起着无声推销员的作用，因为人们在购买商品时，首

㊀ 张立生.《旅游商品的概念与开发原则探析》. 河南商业高等专科学校学报. 2009（1）.

先看到的是商品的包装，而不是商品本身，包装常常影响人们对商品的取舍，甚至影响人们对商品质量的认定。应充分利用美学原理和心理活动中的联觉与错觉现象。例如男性旅游者希望包装设计风格刚劲有力，要有科学性、实用性；女性旅游者则喜欢构图精巧、线条柔和、色彩艳丽，要突出艺术性与流行性；老年旅游者要求风格古朴，要突出传统性和习惯性；少年儿童喜爱新奇、色彩鲜明、具有知识性和趣味性的包装。

随着商品经济的发展、消费者收入水平的提高、生活习惯的变化，以及包装新材料、新工艺的应用和包装技术的提高，包装不仅影响人们的选择，而且还成了地位和身份的象征。旅游商品很多是被作为艺术品收藏，或作为礼品赠送给亲朋好友的，其包装的要求更高。所以，旅游商品的包装要更加注意发挥其无声推销员的作用，注意其艺术性和审美价值，同时要注意包装的形式要便于携带，如果不方便携带，旅游者可能就会放弃购买。

当然，包装也应当适度，杜绝过度包装，避免买椟还珠的现象发生。

（三）做好商品售前准备工作

做好商品销售的前提是做好销售准备工作，具体包括以下内容：

1. 创造良好的购物环境

购物环境是指固定的商品销售所需要的场所和空间，以及与其相配套的服务设备和附属场所。购物环境设计主要包括商店的店址选择、营业建筑及外观环境、商店的外观、商店的招牌、橱窗设计以及其他。购物环境设计必须充分为消费者着想。周到完善、富有人情味的购物环境对商品营销起着主要作用。宽敞明亮，色彩柔和，环境幽雅，整洁美观，会使旅游者感到舒适和振奋，并对其出售的商品产生信赖感。

现代卖场设计中，在灯光的设计方面，会注意亮度和色彩适宜，灯光向客户提供光线氛围从而起到造势的作用，它着力于营造由轻松、愉快、舒适、享受、自在、信任等情绪综合组成的购物环境；在温度的调控方面，要注意适宜，温度过低或过高都会让旅游者觉得不舒服，缩短购物时间；在听觉方面，旅游商店要注意保持安静，避免各种噪声，可以播放轻音乐，这会让人变得心平气和，触发购物动机和行为。服务人员一定要热情周到，任何的不礼貌都会让旅游者产生不良情绪，放弃购买。

2. 做好商品陈列

旅游商品陈列就是通过布景道具的装饰，配以灯光、色彩、文字说明，运用美学的基本原理，艺术地对商品进行宣传的过程。商品陈列是宣传和推销商品的重要手段，通过商品陈列的直观形象可以帮助旅游者认识商品，激发购买欲望。特别是对于只有购买意向而无具体目标的旅游者，陈列就显得更加重要。但商品的陈列要注意安全性，使旅游者能够安全购买到称心如意的商品。例如，张某在某商场购物，由于商品堆放过高，在拿取商品时商品架倒下将他砸伤，而且当他用手臂阻挡倒下来的商品时，手腕上的玉镯被打碎了。对此，张某提出了人身伤害赔偿要求和物品损伤赔偿要求。

在陈列中，要运用多种艺术手段使旅游者的感官对陈列的商品易于感知、记忆和引起兴趣。商品陈列设计得好，不仅可以美化店面，同时还可以达到宣传和推销商品的目的。陈列商品最重要的是视觉的利用，所以销售服务人员应该潜心研究商品陈列和消费者心理的关系，利用视觉特点来设计和布置商品。㊀

（四）旅游购物服务策略

在旅游商品的销售中，除了研究旅游者的购物动机、创造良好的购物环境外，还需要销售人员运用智慧和技巧吸引旅游者，最终让旅游者采取实际购买行动，所以，如何灵活地做好接待工作，是促使旅游者购买的关键。要注意掌握旅游购物服务过程中的各种策略。

1. 服务人员要善于接触旅游者，不失时机地促销

怎样接触客人是一门学问，包括售货人员什么时间接触旅游者最好，怎样和旅游者打招呼，直接影响旅游者的购物行为。服务人员应掌握接触旅游者的时机，注意讲第一句话的艺术。旅游者走进时，服务人员要精神饱满，站立姿态优雅，不要靠在柜台、柱子上，不要闲谈或漫不经心地左顾右盼，更不能做自己的私事，努力给旅游者一个良好的第一印象，等待时机去接触旅游者。

当旅游者刚进店时不宜过早地搭话，因为这样可能会引起旅游者的戒备心理，使那些还没有确定购买商品的旅游者产生不安的情绪而很快离开。接触旅游者的最佳时机是：当旅游者长时间地凝视某一商品时，或用手触摸商品时，或到处张望似乎寻找什么商品时，或与服务人员视线相碰时。此时，服务人员应面露微笑，走近旅游者，应用适当的语言及语气询问旅游者，并提供帮助。

2. 做好商品展示

服务人员向旅游者展示商品，是为了使旅游者进一步了解商品。了解到旅游者的购买意向后，应及时展示商品，促进旅游者联想，对商品质量产生信任感，加快商品成交速度。在商品的展示过程中尽量展示商品的使用状态，这样可以让旅游者清楚商品的用途，激发旅游者的购买欲望；尽量让旅游者接触商品，如一些食品、茶叶、饮料、酒类等可以品尝，化妆品可以试用，服装和装饰品可以试穿试戴，各种工艺品可拿在手上欣赏等，这样会让旅游者对所购商品有一个全面的体验和认识，进而发生兴趣，产生购买欲望。展示商品的价位应根据旅游者的反应来把握，当旅游者要求拿出同类商品时，服务人员一般应先拿中档的，然后

㊀ 张树夫.《旅游心理学》. 中国林业出版社. 2000.

根据旅游者的反应，展示合适的档次。在展示商品时，应尽量满足旅游者，做到百拿不厌、百问不烦。

3. 服务人员技能要娴熟，赢得旅游者的信任

当旅游者认真挑选时，服务人员应详细介绍。而对随便看看或初次购买的外行，则简明、扼要地介绍商品功能、用法、价格等一般特点；如遇到行家，那就得着重强调商品的独特性。

当旅游者无法确定是否购买时，服务人员应用最能刺激旅游者购买的语言介绍商品，增强其购买欲望；旅游者决定购买后，服务人员应当根据旅游者的要求恰如其分地介绍商品的有关标志，包括商品名称、价格、产地、商品的使用方法、性能、售后服务等。服务人员在介绍商品时，应特别注意语气、语调，必要时不妨多讲几遍。

4. 利用模仿心理和从众心理，推动旅游商品的销售

在旅游者购物时，服务人员要通过观察、分析旅游者的心理活动规律，采取针对性的措施和准备。服务人员要善于运用人们的模仿心理和从众心理，巧妙地激发旅游者的购买欲望，促成购物行为的实现。在旅游商品销售服务中，可以观察并选择旅游者中比较有影响的人物作重点对象，首先促其购物，以带动其他旅游者。在旅游者较多时，服务人员在接待第一位旅游者的同时要兼顾周围其他的旅游者，千万不要冷落了他们，这是留住旅游消费者的重要方法。[一]

旅游购物是旅游者重要的旅游动机之一。作为旅游服务人员，要把做好旅游购物活动作为提高旅游活动效果的一个重要方面来对待，针对旅游者购物心理，努力做好销售服务工作，力争使每一位旅游者都能心满意足。[二]

[关键概念]

1. 旅游购物（tourist shopping）
2. 旅游服务（tourism services）
3. 旅游商品（tourist commodities）
4. 购物心理（shopping psychology）
5. 购物动机（shopping motivation）
6. 旅游消费（tourism consumption）
7. 市场需求（market demand）
8. 旅游资源特色（characteristics of tourism resources）
9. 购买决策（decision making in purchasing）

[一]、[二] 张树夫.《旅游心理学》. 中国林业出版社. 2000.

[复习与思考]

1. 旅游者的购物动机有哪些？其思维特点如何？
2. 旅游商品设计应遵循什么原则？
3. 商品包装具有哪些心理功能？
4. 商品陈列有什么重要性？如何根据旅游者心理进行商品陈列？
5. 旅游购物服务人员应达到哪些要求？
6. 在旅游商品的销售中，接触旅游者的最好时机是什么？为什么？

[案例分析]

多为客人想一想㊀

几位游客到杭州西湖春酒店商场购物，径直走到茶叶专柜，看了看标价便议论道："这儿的东西贵，我们还是到外面去买吧！"这时，服务小姐便走上前，关切地说："先生们去外面买茶叶一定要去大型商场，因为市场上以次充好的茶叶很多，一般是很难辨别的。"游客立即止步问道："哪家商场比较好，茶叶又怎样进行选择呢？"于是服务小姐便告诉茶叶等级的区分，如何用看、闻、尝等几种简易的方法区分茶叶好坏，又介绍了本商场特级龙井的特点，价格虽高于市场，但对游客来说，买得称心、买得放心是最重要的。几位游客听了服务小姐的介绍，都爽快地买了几盒茶叶。服务小姐为商场做成了一笔较大的生意。

[问题讨论]：

上述案例中，服务小姐销售成功的原因是什么？

㊀ 彭萍.《旅游心理学》. 重庆大学出版社. 2008.

第九章

旅游企业售后服务心理

[学习目标]

通过对本章的学习，理解旅游者投诉的主观原因和客观原因；掌握旅游者投诉的一般心理，并能运用各类概念进行理论分析；掌握处理旅游者投诉的对策，并能灵活应用一般处理原则；理解售后服务的作用及特征；了解售后服务的几种方式。

◆[案例导入]

这是武昌鱼吗？[㊀]

某餐厅里，一位客人指着刚上桌的武昌鱼，大声对服务员说："我们点的是武昌鱼，这个不是武昌鱼！"他这么一说，同桌的其他客人也随声附和，要求服务员退换。

正当服务员左右为难时，经理走了过来。仔细一看，发现服务员给客人上的确实是武昌鱼，心里便明白是客人弄错了。当她看到这位客人的反应比较强烈，其余的客人多数含混不清地点头，而请客的主人虽然要求服务员调换，但却显得比较难堪时，立即明白主人对那位客人的错误又不好指出。

于是，经理对那一位投诉的客人说："先生，如果真是这样，那您不妨再点一条武昌鱼，我陪您亲自到海鲜池挑选好吗？"客人点头应允。经理陪着客人来到海鲜池前，恰好有其他客人也点武昌鱼，看到服务员将鱼从池子里捞出，客人的脸上立即露出了惊诧的神情。等点鱼的客人走后，经理对这位投诉的客人说："这就是武昌鱼。"接着，她指着海鲜池前的标签和池中的

㊀ 彭萍.《旅游心理学》.重庆大学出版社.2008.

鱼简要地介绍了一下武昌鱼的特征。

客人回到座位，认真观察了一下，确定是自己弄错了，面带愧色地道歉，而主人则投来了感激的目光。

旅游从业人员的素质，是各方面知识和能力的综合体现，而是否具备一定的旅游心理学知识，影响着从业人员能否及时把握旅游者心理，提供相应服务，最终赢得旅游者的好评。因而，学习和掌握一定的旅游心理学知识，是提高旅游从业人员素质的一个重要方面。

第一节　旅游者的投诉心理

随着旅游业的快速发展，竞争日趋激烈，一切从旅游者利益出发，一切为旅游者着想的经营理念，已经被旅游业内绝大多数人士所认同。在竞争激烈的环境下，旅游者投诉现象日益严重，因此了解旅游者的投诉心理，及时应对，减少和避免投诉，是旅游企业、旅游从业人员生存和发展的必由之路。旅游企业都希望把最好的服务提供给旅游者，但是在许多情况下，既要满足旅游者生活上的需求，又满足旅游者社会和心理上的需求，难免会出差错引起旅游者的不满，以致投诉旅游企业。

一、旅游者投诉对企业的影响

旅游者的投诉是做好旅游工作、弥补工作中的漏洞、提高管理和服务水平的一个重要的促进性因素。同时，通过解决投诉，可以消除旅游者对企业的不良印象和情绪，为企业挽回声誉和信誉，留住旅游者，所以旅游企业应该认真对待旅游者的投诉。处理好旅游者的投诉企业获利较多，具体如下：

（一）阻止顾客流失

现代市场竞争的实质就是一场争夺顾客资源的竞争，但由于种种原因，企业提供的产品或服务会不可避免地低于顾客期望，造成顾客不满意，顾客投诉是不可避免的。向企业投诉的顾客一方面要寻求公平的解决方案，另一方面说明他们并没有对企业绝望，希望再给企业一次机会，美国运通公司的一位前执行总裁认为：“一位不满意的顾客是一次机遇。”

相关研究进一步发现，50% ~70% 的投诉顾客，如果投诉得到解决，他们还会再次与企业做生意，如果投诉得到快速解决，这一比重上升到 92%。因此，顾客投诉为企业提供了恢复顾客满意的最直接的补救机会，鼓励不满顾客投诉并妥善处理，能够阻止顾客流失。

（二）减少负面影响

不满意的顾客不但会终止购买企业的产品或服务，而转向企业的竞争对手，而且还会向他人诉说自己的不满，给企业带来非常不利的口碑传播。据研究发现，一位不满意的顾客会把他的经历告诉其他至少九位顾客，其中13%的不满顾客会告诉另外的20多个人。研究还表明，公开的攻击会比不公开的攻击使顾客获得更多的满足感。一位顾客在互联网宣泄自己的不满时写到："只需要5分钟，我就向数以千计的顾客讲述了自己的遭遇，这就是对厂家最好的报复。"

但是，如果企业能够鼓励顾客在产生不满时，向企业投诉，为顾客提供直接宣泄的机会，使顾客的不满和宣泄处于企业控制之下，就能减少顾客找替代性满足和向他人诉说的机会。许多投诉案例表明，顾客投诉如果能够得到迅速、圆满的解决，顾客的满意度就会大幅度提高，顾客大都会比失误发生之前具有更高的忠诚度，不仅如此，这些满意而归的投诉者，有的会成为企业的义务宣传者，即通过这些顾客良好的口碑鼓动其他顾客也购买企业产品。

（三）获得免费的市场信息

投诉是联系顾客和企业的一条纽带，它能为企业提供许多有益的信息。丹麦的一家咨询公司的主席 Claus Moller 说："我们相信顾客的抱怨是珍贵的礼物。我们认为顾客不厌其烦地提出抱怨、投诉，是把我们在服务或产品上的疏忽之处告诉我们。如果我们把这些意见和建议汇总成一套行动纲领，就能更好地满足顾客的需求。"研究表明，大量工业品的新产品构思来源于顾客需要，顾客投诉一方面有利于纠正企业营销过程中的问题与失误，另一方面还可能反映企业产品和服务所不能满足的顾客需要，仔细研究这些需要，可以帮助企业开拓新市场。

从这个意义上，顾客投诉实际上是常常被企业忽视的一个非常有价值且免费的市场研究信息来源，顾客的投诉往往比顾客的赞美对企业的帮助更大，因为投诉表明企业还能够比现在做得更好。

（四）预警危机

一些研究表明，顾客在每四次购买中会有一次不满意，而只有5%以下的不满意的顾客会投诉。所以如若将公司不满的顾客比喻为一座冰山，则投诉的顾客则仅是冰山一角，不满顾客这个冰山的体积和形状隐藏在表面上看起来平静的海面之下，只有当公司这艘大船撞上冰山后才会显露出来，如果在碰撞之后企业才想到补救，往往为时已晚。所以，企业要珍惜顾客的投诉，正是这些线索为企业发现自身问题提供了可能。例如，从收到的投诉中发现产品的严重质量问题，而收回产品的行为表面看来损害了企业的短期效益，但是避免了产品可能给顾客带来的重大伤害以及随之而来的严重的企业—顾客纠纷。事实上，很多企业正是从投诉中提前发现严重的问题，然后进行改善，从而避免了更大的危机。

即使是那些在提供服务方面做得很出色的企业，仍然不得不一次次应付那些不满意的顾客。企业处理顾客投诉问题的能力如何是决定企业能否留住顾客、能否从投诉中发现问题改进质量的重要因素。但是，有多少百分比的顾客愿意提出投诉？不愉快的顾客为什么不投诉？他们都在哪里提出投诉？如何处理顾客的投诉呢？

据最有影响力的消费者投诉处理研究机构之一 TARP 研究发现，制造性消费品有25% ~30%的顾客投诉；尼尔森公司发现杂货品或包装问题的投诉率为30%，而大件耐用品的投诉率也只有40%。其他国家也得出了相似的结果，如挪威的一项研究发现投诉中不满意消费者的比率在9%（咖啡）和68%（汽车）之间。

敏锐的服务组织会从两个方面看待投诉。一方面，它是一股能够被用来帮助衡量质量、为服务设计和实施提供建议的信息流；另一方面，它是一系列独立的顾客问题。其中每一个问题都需要解决。如果投诉能被用作市场研究的信息投入，那么建议和询问也同样可以。建议通常显示了一个把顾客从“有点儿满意”向“非常满意”推进的机会。询问常常揭示了企业提供信息方面的弱点，或者向企业指出了改进顾客教育的需要。

获取及时投诉的好处是，在服务传送完成（以及重大破坏可能造成）之前可能还有机会作出修正。当一个服务的过程很长，而服务的后果又很重大时，这样的补救可能是至关重要的。及时投诉的不利之处（从员工的观点看）在于聆听顾客的不满会使员工失去动力，及时处理投诉又会干扰服务传递的顺利进行。对于员工而言，真正的困难是他们常常没有解决顾客问题的权力和工具，尤其是当需要牺牲公司的利益来作出替代安排或在现场核准赔偿时。

如果投诉是在服务完成后发生的，那么补救的选择就更有限了，仅限于道歉、重复服务，以实现所要求的解决（在诸如修理这样的情况中，这仍然是有可能的）或者提供其他形式的补偿。无论是哪一种情况，处理投诉和解决问题的方式都可能对消费者决定是继续成为企业的顾客还是在将来寻求新的服务提供者产生重要的影响。

当投诉得到满意的解决时，顾客保持品牌忠诚和继续购买那种商品或服务的可能性就更大了。研究发现，那些对投诉结果感到完全满意的投诉者中有再次购买不同种类产品意图的占69% ~80%，而投诉没有得到很完满解决的投诉者中只有17% ~32%。

投诉处理应当被看做是一个利润中心，而不是成本中心。一个公式被创建来帮助企业把保留一个有盈利能力的顾客的价值同运作一个有效的投诉处理部的成本联系起来。把行业数据代入这个公式得出了一些激动人心的投资回报率：银行业50% ~70%，天然气行业20% ~50%，汽车服务行业100%以上，零售业35% ~400%。当然，为公司设计一个有效解决问题的程序，必须考虑其特定的环境和顾客可能遭遇到的问题的类型。[㊀]

㊀ http://baike.baidu.com/view/1989035.htm.有改动。

二、旅游者投诉和不投诉的原因

旅游者投诉是指旅游者、海外旅行商、国内旅游经营者为维护自身和他人的旅游合法权益，对损害其合法权益的旅游经营者和有关服务单位，以书面或口头形式向旅游行政管理部门提出投诉、请示处理的行为。旅游者投诉，既可能是由于服务工作中确实出现了问题，也可能是由于旅游者的误解。某饭店经理张先生说："相信很多的管理者们都深有同感，现在的客户越来越'刁'了，动不动就要投诉，使我们的管理者和客服代表每天面临着巨大的压力。的确，投诉处理不好，会影响客户与企业的关系，有些投诉甚至会损坏企业形象，给企业造成恶劣的影响。可是，仔细想一想，投诉是坏事，也是好事，正是有客户的投诉我们的服务才有进步，客户的投诉是灾难，也是机会，关键在于你如何理解及面对。如果你视客户投诉为灾难，那你将会每天背负沉重的压力；如是你把它当做好事，投诉就是提高企业服务水平的工具，甚至会促成客户成为企业的长期忠诚客户。"

（一）投诉的原因

旅游者投诉的原因多种多样，既有主观方面的，也有客观方面的。

主观方面的原因主要表现为旅游服务质量差、旅游企业形象差、服务人员形象差和工作不负责任四种情况。

1. 旅游服务质量差

旅游服务质量差主要表现在：服务项目不全或被变更，服务环境脏，服务秩序乱，服务态度差，服务能力弱，服务效率低，服务设施落后，服务流程烦琐，服务环节欠缺，服务数量不足，服务渠道不畅，服务缺乏个性化与创新化，收费不尽合理等问题。

例如旅游者与某旅行社签订旅游合同，参加1月26～31日昆明、大理、丽江双飞六日游，旅游团第四天行程为乘坐雪山大索道至冰川公园。但到第四天旅行社突然通知旅游者，因雪山大索道检修，停止运营，须改乘另一索道游览云杉坪。在旅游者向当地旅游管理部门提出投诉时了解到，雪山大索道于1月27日开始检修并停止运营，在没有选择的情况下，旅游者被迫接受了游览云杉坪的现实。旅游者认为，旅行社是在明知雪山大索道停运的情况下，故意向旅游者隐瞒真实情况，造成旅游者在旅游中途被迫接受未事先安排的旅游行程。

2. 旅游企业形象差

旅游企业形象差将导致旅游者对旅游企业产品形象、服务形象、员工形象、企业的生活与生产环境形象、企业标志、企业精神、企业文化、企业责任、企业信誉等的不满。例如某客房的赵先生投诉房内有蟑螂。房内有蟑螂，这说明酒店的卫生清洁和杀虫工作做得不够。而旅游者入住酒店，特别关心的一个问题就是卫生，不能让一个蟑螂坏了酒店的整体形象。

3. 服务人员形象差

服务人员形象差主要表现为：旅游服务人员仪表不整，言行不一，缺乏诚意与尊重，缺乏责任心与事业感，知识面窄，能力不强，整体素质差等。例如某导游人员带团外出期间所穿服装暴露，还经常和驾驶员卿卿我我，导致旅游者反感最终投诉。

4. 工作不负责任

工作不负责任是指服务人员工作马虎、不细致、不认真、粗枝大叶等，不经同意随便变更日程和旅游路线或导游人员擅离职守，出现漏线、错线等现象。这实质上是侵犯了旅游者的权益，严重的就会引起旅游者投诉。例如某旅行社组织的海南环岛五日游，当晚到达海口，因自费旅游项目问题与旅游者发生争执，导游人员置旅游者在酒店大堂于不顾，擅自离团，致使旅游者不能入住，直到凌晨4点，旅游者向海南110报警，警方出面协调旅行社才来人为旅游者办理入住手续，旅游者要求旅行社退回全部旅游费用。

引起旅游者投诉的客观原因主要有以下三个方面：

1. 旅游产品质量差

旅游者不满意旅游产品质量低劣或不稳定、品种单一或不全、样式单调或陈旧、产品附加值低、价格缺乏弹性、产品销售渠道不畅、广告宣传虚假、售后服务滞后、投诉处理效率低、产品缺乏创新等。

2. 服务环境条件差

服务环境条件差主要表现为：①服务环境不适，饭店的电气设备噪声太大，室内温度不适宜，气味不好，餐厅色彩及照明不适宜等；②缺少必要的设施和服务，饭店内没有理发、传真等设施，客房、餐厅等设施不齐全，卫生间无电源插座，乘坐的汽车没有空调等；③服务设施损坏不修不换，饭店里、汽车上的空调不能运转，卫生间冷、热水龙头出现故障，餐厅中的座椅不牢固摔倒客人，电梯出故障，出游时汽车抛锚等。

[补充案例]

再也不住这家酒店了！㊀

酒店里面的设备都是老的、旧的，没有网络，电视是老早的台式机。旁边那间房里的电话一直响了十几个小时，打电话给总机，总机也不处理，就会敷衍，中午一点都没有睡着，郁闷！更可气的是，房间里面一副黄山区的小旅游地图，外面也就卖2元钱，住的时候以为是酒店细心为顾客免费准备的，出去

㊀ http://hotel. kuxun. cn/huangshan - guoyuan_1 - 9174853 - jiudian - dianping. html. 有改动。

的时候就拿着了，玩过以后就扔了。结果，退房的时候没有人说，可是等上车了，酒店的服务人员跑到车上找我说地图没了，状况很是尴尬。你倒是退房的时候查清楚，那个时候也不会被人误会啊！结果，我说扔了，总台让赔了5元钱。其实，钱是小事，从这一方面，也就能看出服务的品质了，细节决定成败。另外，早餐极其差，都不够吃，我们带路的朋友，去吃饭的时候因为晚到，结果什么吃的都没了，只好吃了两个辣椒。希望大家注意啊！去哪家都不能去这家！

3. 服务收费不合理

公平合理是旅游者的基本要求之一。旅游企业的商品及服务质量不好，收费过高或旅行社增加新的收费不给解释，饭店的客房、饮食项目等的收费不合理都可能会引起投诉。

例如某旅游者参加某旅行社组织的“三亚四日自由人”旅游团，签订了旅游合同，合同约定住宿的酒店为三星级。在签合同时，旅游者再三强调要住三星级酒店，旅行社告诉旅游者安排入住的酒店是“挂牌三星”酒店，但旅游者到达三亚后发现入住的酒店不是三星级酒店。

（二）不投诉的原因

管理者可能会问，不愉快的旅游者为什么不投诉？旅游者不投诉的原因主要有以下几个（按发生频率的大小排列）：

（1）不值得花费时间和精力。

（2）担心没有人会关心他们的问题或有兴趣采取行动。

（3）不知道到哪里去投诉及怎样投诉。

（4）有很大比例的投诉者反映他们对投诉的结果不满意。

（5）有时候它是一种文化或背景的反映。例如日本有21%的顾客对投诉感到不适；在某些欧洲国家，服务提供者和顾客之间有一种强烈的客人—主人关系，告诉服务提供者对服务的方式不满意会被认为是不礼貌的事。

另外，除去以上这些投诉与不投诉的原因外，还有研究发现来自高收入家庭的消费者比来自低收入家庭的消费者提出投诉的可能性更大，年轻人比老年人提出投诉的可能性更大。投诉者往往具有更丰富的产品知识，也更了解投诉渠道。其他增加投诉可能性的因素包括问题的严重性、产品对顾客的重要性和财务损失。[㊀]

㊀ http://baike.baidu.com/view/1989035.htm.有改动。

三、旅游者投诉时的一般心理

旅游者投诉时的一般心理有以下几种：

（一）求发泄的心理

旅游者在旅游过程中受到的不公正、不舒畅的待遇之后，心中充满了怨气、怒火，要利用投诉的机会发泄出来以维持心理平衡。旅游者之所以投诉，是认为自己花了钱却受到了不公平的待遇，这促使他们选择投诉以获得心理平衡，找回自己作为旅游者的权利与尊严。某旅行团入住旅店无人开门。情况是这样的：有个40间房的大型团体下午入住，但当时中班四楼、五楼只有一个服务员，无法照应过来，而导致旅游者久等无钥匙进房，引发旅游者投诉。

（二）求尊重的心理

引起旅游者投诉的一个重要原因就是旅游者没有得到应有的尊重。旅游者会采取投诉行为，其目的是希望得到他人的同情、理解、尊重；希望有关人员、有关部门重视他们的意见，向他们表示歉意，并立即采取相应的行动，积极地弥补服务中的过失。例如吴先生投诉酒店房间墙壁边水管有流水声，但至第二天早上无人理会，致使吴先生一夜无法入睡。

（三）求补偿的心理

在旅游服务过程中，由于旅游工作者的职务性行为或旅游企业未按合同标准执行，给旅游者造成物质上或精神上的损失和伤害，旅游者就可能采取投诉方式要求补偿，这是非常正常和普遍的现象。

[补充案例]

如此退费

某旅行社组织的青岛、烟台、大连单飞（回程）六日旅游团，在发团后，返程机票一直未落实，直到最后一天，地接旅行社为该团购买了火车硬卧票后要求游客乘火车返回，并于当晚强行将游客送到火车站，全体游客拒绝登车滞留当地。当晚，旅行社安排酒店住宿，并在机票款中扣除火车退票费后，将余款退还给游客，第二天，游客自费乘坐飞机返回。游客要求旅行社赔偿火车票退票费及延误一天返京的误工费用。

四、处理旅游者投诉的对策

旅游工作者应该记住：接待旅游者投诉的过程也是向旅游者进行补救性的心理服务的一个重要组成部分，所以，必须耐心而诚恳地接待旅游者的投诉。对旅游者投诉的处理，一般要注意以下的原则：

（一）耐心倾听，弄清真相

旅游企业管理者、导游人员或服务人员，对旅游者的投诉一定要礼貌对待、耐心倾听，鼓励对方把事情经过说出来，要当一个好的听众。听者对旅游者所叙述的情况要认真对待，千万不要让旅游者感到他的投诉无足轻重；不能左顾右盼，显得心不在焉，更不能显得不耐烦或做其他事情，要使旅游者感到听者对他的投诉是很关注的。

[补充案例]

误机之后

某天早晨7点30分，一位睡眼惺忪的客人来到总台，投诉说酒店未按他的要求叫醒他，使他误了飞机，其神态沮丧而气愤。早已在大堂等候的大堂副理见状立即上前将这位客人请到大堂咖啡厅接受投诉。原来，该客人是从郊县先到省城过夜，准备一大早赶往机场，与一家旅行社组织的一个旅游团成员汇合后乘飞机出外旅游。没想到他在要求叫醒时，以为服务员可以从电话号码显示屏上知道自己的房号，就省略未报。服务人员未及时叫醒他使他误了飞机。大堂副理了解情况后及时叫来当天的值班人员询问情况，并要求其对客人赔礼道歉。另外，旅行社答应让这位客人加入明天的另一个旅游团，不过今天这位客人在旅游目的地的客房预订金270元要由客人负责。

耐心倾听，当一个好听众，往往可以使本来怒气冲冲的旅游者很快平静下来。要设身处地为旅游者想一想，不要只是站在自己的立场上，用自己的观点来看问题。即使对方出言不逊，也应该采取容忍的态度，千万不要急于辩解或反驳。因为一方面只有让旅游者把心中所有的不满发泄出来，才能缓和他们激动的情绪；另一方面，只有认真倾听，让旅游者把话说完，才有利于弄清事实真相，以便采取最适当的解决方式。在投诉者盛怒时，接待者的解释可能会被认为是对旅游者的指责和不尊重，使旅游者越发受到刺激，增加处理的难度。

（二）同情旅游者，诚恳道歉

前来投诉的旅游者一般总是觉得自己受到了伤害，这时，服务人员必须对旅游者表示安抚和同情，这是抚慰其已经受伤的心灵的最好办法，也是把他的注意力引向解决问题而不是拘泥于令人烦恼的细节和令人沮丧的情绪的唯一途径。投诉者所说的事情有时可能不是真实的，但他仍然希望服务人员能够对他表示同情和理解，对于那些夸大其词、喋喋不休的投诉者也要给予他们适当的关注，以安抚他们的情绪。

[补充案例]

在酒店客房丢失财物怎么办?

林某等四名旅游者向旅游行政管理部门投诉。诉称某年某月某日，在北京市某星级酒店住宿，第二天早晨，发现其置于房内的一个女用黑色挎包不见了。该挎包内装有现金、信用卡、身份证、首饰等物件，价值共13万元。林某等认为，他们共住酒店，酒店应有义务保护他们的财产安全。现在其财物丢失，酒店应全额予以赔偿。

旅游行政管理部门接此投诉后，即与该酒店了解、核实情况。据该酒店称，酒店得知旅游者财物丢失，迅即向公安机关报案，公安机关也当即派出警员到酒店并对旅游者的住宿房间进行现场勘察，并察看了酒店楼道、电梯的闭路摄像，发现该日凌晨两时许，有两名男子乘电梯下楼，其中一名男子背的挎包正是林某等人丢失的女用黑包。经查，该两名男子系住店客人，由于林某等人晚间未关房门，致使两名男子潜入房内窃走挎包。该两名男子已于当日上午结账离店。公安机关由此确认是一起盗窃案件，已经立案侦查。

旅游者投诉是相信被投诉方能处理好这件事，希望能得到帮助，或希望其能改进工作、提高服务质量。正因为如此，当旅游者前来投诉时应当抱着热情诚恳的态度去接待，欢迎他们的投诉，尊重他们的意见，同情旅游者并向他们表示歉意。这样做会使旅游者觉得自己的投诉已经得到了重视，自尊心也得到了满足，为圆满地处理投诉铺平了道路。

（三）核实情况，恰当处理

旅游者投诉的最终目的是希望问题得到解决，员工必须明白旅游者的要求，旅游者的投诉不一定全部合理，接到投诉后，应尽快核实情况，作出恰当处理。对一些明显是服务工作过错引发的投诉，应马上道歉，在征得旅游者同意后作出补偿性处理。对一些较为复杂的问题，在弄清真相之前，不应急于表态或处理，而应当有礼、有理、有节，在旅游者同意的基础上作出处理。[㊀]

例如某客房的杨先生投诉，衣服送洗回来有污渍。情况是这样的：杨先生要赶时间退房，衣服送洗衣房洗已没有时间，所以决定在服务间洗烫好，并赶在杨先生退房前，送回给他，这中间出了小差错，致使衣服上沾了污渍，应该向杨先生赔礼道歉。收送客衣的服务员一定要把好质量关，有问题的客衣一定

㊀ 毛福禄，樊志勇.《导游概论》. 南开大学出版社. 1999. 有改动。

不能送到旅游者手中，能重洗的要重洗，不能重洗的要想其他补救措施。如果来不及帮旅游者送洗衣服，一定要和旅游者讲明，告诉旅游者有几种方案，让他自己选择。

投诉处理结束后，服务人员要了解旅游者对处理结果的满意程度，要对旅游者的投诉表示真诚的赞赏和谢意。这样既表明了服务人员的一种礼节，也表示了对投诉者的感谢，因为这可以使企业知道自己的服务与生产在某些方面尚有待提高，是有助于其提高服务质量、最终赢得旅游者的满意的。要注意的是，投诉不应影响服务人员对全团旅游者的服务态度和积极性。

五、投诉管理

（一）为旅游者投诉提供便利条件

为方便旅游者投诉，企业要做到：

1. 制定明确的产品和服务标准及补偿措施

企业通过制定产品和服务标准，可以使旅游者明确自己购买的产品、接受的服务是否符合标准，是否可以投诉以及投诉后所得到的补偿。企业执行上述标准的过程中，还能在旅游者投诉之前对产品和服务的缺陷采取相应补偿措施。

2. 引导旅游者怎样投诉

企业应在有关宣传资料上详细说明旅游者投诉的方法。它包括投诉的步骤、向谁投诉、如何提出意见和要求等，以鼓励和引导旅游者向企业投诉。

3. 方便旅游者投诉

企业应尽可能降低旅游者投诉的成本，减少其花在投诉上的时间、精力、金钱与心理成本，使投诉变得容易、方便和简捷，投诉系统不能向旅游者要求过多的文件证据和额外的努力。企业还要了解旅游者更乐意用什么方式投诉，是邮寄、电话、电子邮件、传真，还是面对面投诉，然后提供给旅游者乐于接受的投诉渠道，告知旅游者投诉的程序，更方便旅游者投诉。

（二）全力解决旅游者投诉的问题

全力解决旅游者投诉的关键是要建立起灵活处理旅游者投诉的机制，包括：

（1）制定并不断改善员工的雇用标准和培训计划。这些标准和培训计划充分考虑了员工在碰到企业的服务或产品使旅游者不满意时应尝试做的善后工作。

（2）制定善后工作的指导方针。目标是达到旅游者公平和旅游者满意。

（3）去除那些使旅游者投诉不方便的障碍，降低旅游者投诉的成本，建立有效的反映机制。包括授权给一线员工，使他们有权对企业有瑕疵的产品和服务向旅游者作出补偿。

(4) 维系旅游者和产品数据库，包括完备的旅游者投诉详细记录系统。这样企业可以及时传送给解决此问题所涉及的每一个员工，分析旅游者投诉的类型和缘由，并且相应地调整企业的政策。

(三) 服务技巧

企业服务人员面对旅游者投诉应把握好一些处理技巧，这些技巧如下：

(1) 安抚和道歉。不管旅游者的心情如何不好，不管旅游者在投诉时的态度如何，也不管是谁的过错，服务人员要做的第一件事就应该是平息旅游者的情绪，缓解他们的不快，并向旅游者表示歉意，还得告诉他们，企业将完全负责处理旅游者的投诉。

(2) 快速反应。用自己的话把旅游者的抱怨复述一遍，确信自己已经理解了旅游者抱怨之所在，而且对此已与旅游者达成一致。如果可能，告诉旅游者自己愿想尽一切办法来解决他们提出的问题。

(3) 移情。当与旅游者的交流达到一定境界时，会自然而然理解他们提出的问题，并且会欣赏他们的处事方式。服务人员应当强调，他们的问题引起了自己的注意，并给了自己改正这一问题的机会，对此自己感到很高兴。

(4) 补偿。对投诉的旅游者进行必要的且合适的补偿，包括心理补偿和物质补偿。心理补偿是指服务人员承认确实存在着问题也确实造成了伤害，并道歉。物质补偿是指一种“让我们现在就做些实际的事情解决这个问题”的承诺，如经济赔偿、调换产品或对产品进行修理等。尽己所能满足旅游者。在解决了旅游者的抱怨后，还可以送给旅游者其他一些礼品，如优惠券、免费礼物，或同意其低价购买其他物品。

(5) 跟踪。旅游者离开前，看旅游者是否已经满足，然后在解决了投诉一周内，打电话或写封信给他们，了解他们是否依然满意，可以在信中夹入优惠券。一定要与旅游者保持联系，把投诉转化为销售业绩，旅游者投诉得到了令人满意的解决之时，就是销售的最佳时机。㊀

第二节　售后服务心理

售后服务对旅游企业维持形象、防止旅游者购买后的抱怨和投诉、保持老顾客与开发新客源至关重要。售后服务工作的核心就是让旅游者满意，使之保持与旅游企业的业务关系，通过维系回头客来减少旅游企业扩充新客户的投入，提高旅游企业的利润。随着旅游市场竞争激烈加剧，建立健全旅游企业售后服务系

㊀ http://baike.baidu.com/view/1989035.htm.有改动。

统，已越来越受到旅游企业的关注和重视。

一、售后服务的意义

第一，售后服务是一次营销的最后过程，也是再营销的开始，它是一个长期的过程。旅游企业要树立这样一个观念，一个产品售出以后，如果所承诺的服务没有完成，那么可以说这次销售没有完成。一旦售后服务很好地被完成，也就意味着下一次营销的开始，正所谓："良好的开端等于成功的一半。"

第二，售后服务过程中能够进一步了解客户和竞争对手更多的信息。其实，售后服务人员更像一个深入客户那里的考察者，售后服务人员一定要珍惜这个机会，以便能通过一次服务为企业带回更多的信息。售后服务人员能够垂手而得的信息可能就是销售人员急需而无法得到的。

第三，售后服务人员能与客户进一步增进感情，为下一步合作打下基础。一个好的售后服务人员，总能够给客户留下一个好的印象，能够与不同类型的客户建立良好的关系，甚至成为朋友，实际上就为下一次的合作增加了成功系数。当然这需要有扎实的技术功底、良好的职业道德和服务技巧。

第四，售后服务能为产品增值。产品销售出去以后，一般都有保修期，保修期过了之后一般是需要收取服务费的。假设产品可以有多家服务商来竞争，客户就不一定选择谁来做。如何保住和得到这一部分增值利润，很大程度上取决于企业整体的售后服务质量。

第五，售后服务是一种广告，是为企业赢得信誉的关键环节。经常听到客户这样说，这家产品尽管贵些但服务不错，那家产品便宜但服务没保障。市场的规律已经证明，企业的信誉积累很大程度上来源于售后服务。

第六，售后服务的过程也是服务人员积累经验、提高技巧、增长才干的过程。在本企业里也许售后服务人员永远也看不到如此多的高档设备，在客户那里，就能学到企业的产品如何与这些高档设备协同工作，而且有机会学到这些设备的使用方法。[1]

二、售后服务的作用

（一）树立企业形象

在产品同质化日益严重的今天，售后服务作为市场营销的一部分已经成为众厂家和商家争夺客户心智的重要领地。好的售后服务有助于企业腾飞，良好的售后服务是下一次销售前最好的促销，是提升客户满意度和忠诚度的主要方式，是

[1] http://wenku.baidu.com/view/d85cdbldc5da50e2524d7f0b.html.有改动。

树立企业口碑和传播企业形象的重要途径。

（二）提高客户满意度

售后服务作为客户提出来的要求，厂家或商家做得好坏程度将与客户的满意程度成正比关系。售后服务做得好，若能达到客户提出的要求，客户的满意度自然会不断提高；反之，售后服务工作做得不好或者没有做，客户的满意度就会降低，甚至产生极端的不满意。例如，一位客户来到总台，在办理入住手续时向服务员提出房价七折的要求。按酒店规定，只向住店六次以上的常客提供七折优惠。这位客户声称自己也曾多次住店，服务员马上在计算机上查找核对，结果没有发现这位客户的名字，当服务员把调查结果当众说出时，这位客户顿时恼怒起来。此时正值入住登记高峰期，由于他的恼怒、叫喊，引来了许多不明事由的好奇的目光。

（三）提高企业的知名度

客户满意后通常会持续购买自己满意的产品，利用口碑宣传等积极方式进行传播，对提高产品的市场占有率和品牌的美誉度起到强有力的作用。

三、售后服务的特征

售后服务是旅游服务的延伸，没有统一的规范。服务模式多样化，只要让旅游者满意，就是最好的服务方式。其服务质量取决于服务人员的能力、素质以及领导者对售后服务体系的关注程度；其价值需要在服务之后相当长的时间，通过旅游者的反映及旅游企业的效益变化来评定。售后服务是无形的，是附加在产品上体现的，产品可以脱离服务入市，但售后服务脱离产品，则难以开展工作。

四、售后服务的技巧

（一）抓住主要服务对象

做销售业务的时候要抓住主要服务对象，即拍板的人。做售后服务的时候也是一样，即使自己的服务被客户方所有人员都认可了，客户负责人一个“不”字就可以否定自己的一切，所以在做完服务后一定要得到客户负责人的认可后方可离开。

（二）不要轻视客户那里的每个人

客户端的每个人都很重要，如果只顾及负责人的感觉，对其他人提的要求置之不理，就大错而特错了。当其他人提的要求与负责人有冲突时，你要不厌其烦的给予合理的解释，以期得到他的理解。

（三）抓住主要解决的问题

在做服务之前，要写出服务计划，要明确主要解决的问题是什么，因为不可能一直待在客户那里，有时间约束。一定要先把主要的问题解决掉，以免犯本末倒置的错误。

（四）不要讲太绝对的话

世上没有绝对的事情，不要轻易说“绝对没问题”或“绝对应该这样做”；可保持沉默，如果必须要说，则可以说“一般是没有问题的”、“可以做”、“有问题的话，我们会及时给您提供服务”、“正常来讲应该是这样的”之类的话。

（五）举止、谈吐、衣着大方得体，表现出公司的文化底蕴

“一滴水可以折射出一个太阳。”出差到客户那里，一言一行都代表着企业的形象，千万不可太随便，自己的一句话、一个动作都可能失去一个客户。养成良好的职业习惯，毛手毛脚、不修边幅、无谓争吵等都是售后服务人员应该注意避免的。

（六）自己不代表企业的最高水平，让客户感觉到自己有强大的后盾作支撑

一个人的服务水平无论多高都是有限的，一旦在服务的过程中出现难题，解决不了，打电话向企业其他人求救。这样如果客户对自己不认可，也不会对企业的信誉造成太大的影响。

（七）打有准备之仗，做好最坏的打算

做售后服务不要抱侥幸心理，也许一个小疏漏就要让自己来回奔波几千里。要做好准备工作，对突发状况有应急方案。例如：文件资料要齐全；能给自己提供支持和帮助的人的联系方式要保存好；万一拖延几天，带的费用要足够等。

（八）见好就收

这并不是说工作完成了就赶快收场，而是说如果需要做的工作做完了，就不要再做什么添枝加叶的事情，结果会造成迟迟不能交工。

（九）不要与客户大谈竞争对手的不是

有人总期望通过贬低他人来抬高自己，但事情往往事与愿违，贬低他人正因为害怕他人，不妨大度一点，也给他人一点肯定，有助于给自己树立好的形象。

（十）与客户主要负责人建立一条联系通道

做完服务以后一定记下客户相关人员的联系方式（如办公电话、传真、电子邮箱、私人电话、地址），这对企业都是很有价值的信息。

（十一）企业内部矛盾和问题不要反映到客户那里去

经常出现这样的情况，两个人员之间有个人矛盾，刚好被派在一起为客户提供售后服务，到了客户那里两人不是互相配合，而是互相较劲，谁也不听谁的。还有就是把自己企业的问题带到客户那里，譬如出差补贴少、经营有问题、决策层有矛盾、老板有很多缺点等。[一]

㊀ http://wenku.baidu.com/view/d85cdb1dc5da50e2524d7f0b.html.有改动。

五、售后服务的方式

（一）上门服务

上门服务即旅游企业售后服务人员上门提供服务，介绍旅游产品，便于旅游者了解新旅游产品情况、激发旅游动机、作出旅游决策。服务人员尽量做到语言文明、礼貌、得体；语调温和，悦耳、热情；吐字清晰，语速适中。如果客户不耐烦或不感兴趣，服务人员要耐心介绍，并尽量取得客户的理解。旅游企业售后服务人员应尽可能接受旅游者的各种委托事宜，如托运、邮寄、订票等。

（二）促销服务

促销服务即旅游企业售后服务人员定时、定点将最新旅游信息告知旅游者，遇到大型的优惠活动及时通知旅游者，及时邮寄旅游宣传册等。旅游企业应根据旅游市场变化，进行市场调研，策划促销活动。旅游企业应积极参与规格高的旅游博览会，精心布置促销活动场所，派员工参与促销活动，发放宣传资料和印有旅游企业标志的礼品，如海报、企业画册、宣传画、证明书、旅游线路册、钥匙扣、毛巾、纸巾、太阳伞、风衣、工作服等。

例如“飞马”每年都举行一次“飞马节”，旨在邀请一些有代表性的旅游者参加他们免费组织的持续三天的有意义的旅行。而这些旅游者都曾经参加过“飞马”所组织的旅游，是“飞马”的老顾客。而能成为这样的旅游者的条件是：在一年中参加“飞马”的次数不低于四次，且在每次旅游中的表现都是比较好的。“飞马”的这一举措实行以来收到了很好的效果，争取了不少的回头客，同时也引来了若干的新顾客。

（三）咨询服务

很多旅游企业开通服务热线，免费为旅游者提供旅游咨询服务或其他业务咨询服务。服务点的工作人员要保持24小时通信畅通；尽量做到语言文明、礼貌、得体，语调温和，悦耳、热情，吐字清晰，语速适中；并做到当日把售后服务情况传入企业专用邮箱，确保远程服务网点的过程受到监督。

（四）沟通服务

旅游企业内部部门变更、人员变更、产品价格变更、联系方式变更等要及时通知旅游者；旅游者意见反馈、投诉等，须有专人负责登记并处理，这些沟通服务需要旅游企业以文字传真、电子邮件、电话、面对面等方式进行。

（五）接待服务

旅游者来企业考察拜访，要热情接待，使之有宾至如归的感受，加强彼此之间的感情联系。不论什么旅游者均要热情接待，问清情况积极处理，尽量在第一时间解决问题，使旅游者满意而归，如不能解决或不能满足旅游者提出的要求也要尽量作好解释说明，或与旅游者商量其他解决的途径。例如，某旅行社经理十年如一日，每次有旅游团来的时候，他都亲自去探望、看团。这是一个很了不起的细节。通过把握售后服务细节，赢得了旅游者的青睐，同时也大大降低了广告宣传的支出。

（六）访谈服务

旅游企业售后服务人员要定期与重要旅游者进行面对面的访谈、电话访谈、信件沟通等，以此收集信息，了解旅游者的需求，向旅游者提供合适的服务。企业在每年市场营销调研中，应将客户对售后服务的满意度调查列入计划，以此来检查这方面工作的成效，分析存在的问题，为改进服务提出有效措施。服务中心每半年应组织一次售后服务意见征询活动，并把活动结果上报主管部门。例如某旅行社负责售后服务的工作人员得知旅游团旅行结束后，一一给旅游者打电话，向他们问候，顺便还咨询了旅游者对他们服务的有关意见，而且还寄去节日礼物。这让旅游者非常满意，觉得没花错钱。

[关键概念]

1. 投诉心理（complaint psychology）
2. 售后服务（after-sale service）
3. 顾客需求（customer demand）
4. 旅游服务特性（characteristics of service in tourism）
5. 旅游服务规范（service specification in tourism）
6. 旅游服务质量（service quality in tourism）
7. 旅游投诉管理（handling of tourist complaint）
8. 旅游投诉理赔（settlement of tourist complaint）

[复习与思考]

1. 妥善处理旅游者投诉的重要性有哪些？
2. 引起旅游者投诉的原因及投诉心理有哪些？如何处理投诉？
3. 旅游企业售后服务的作用及方式有哪些？

[案例分析]

意外的收获㊀

3月的一天，参加完部门的培训，服务员小骆刚回到楼层，同事就告诉她“有位张先生请你到1113房去找他”。下班后，小骆敲开了1113房的门。开门的

㊀ 薛群慧.《旅游心理学》. 南开大学出版社. 2008.

是一位40多岁的男子，小骆觉得他很面熟，却又记不起他是谁了。客人一见小骆便说："你是骆小姐吧？谢谢你将裤子帮我寄到北京，你的服务真的很周到。这次，我本想住九楼，可惜没房间了。"这时小骆才想起，两个月前，洗衣房送回903客人送洗的裤子时，房主张先生一早已经退房了。服务员小骆知道他很珍爱这条裤子，因为在送洗之前他特意说过这是好朋友送的，还说要住几天呢！可只住了一天，张先生就走了，客人走得这么急，一定是有急事，要不为何连珍爱的裤子都忘记带走呢？客人来自北京，而且这是第一次来衡阳，下次还不知道什么时候再来，怎么办呢？小骆决定按照住宿单上的地址，将裤子寄给张先生。在邮寄裤子时小骆还附加了一张卡片，祝他阖家幸福，工作顺意。于是就有了开头的那一幕。张先生接着对小骆说："那天我因有急事走得很匆忙，回家才发现裤子不见了，我都不记得遗失在哪里了，正心疼不已。没想到却收到这份意外的惊喜。这次我到广州出差顺道来谢谢你。这是50元，请你务必收下，就算作为邮费的补偿吧。"小骆不好意思地对张先生说："这是我应该做的，欢迎您下次光临"。

[问题讨论]：

1. 本案例中，小骆采用了何种售后服务方式？

2. 结合案例，谈谈售后服务的作用。

第四篇

旅游企业管理心理

第十章 旅游企业员工个体心理差异及管理

［学习目标］

通过对本章的学习，全面了解和认识旅游企业员工之间的个体差异以及相应的管理对策；深入了解激励理论以及有效激励的方法与手段。

◆［案例导入］

李兰的烦恼

朱彬是一家房地产公司负责销售的副总经理，他把公司里最好的推销员李兰提拔起来当销售部经理。李兰在这个职位上干得并不怎么样，她的下属说她待人不耐烦，几乎得不到她的指点与磋商。李兰也不满意这工作，当推销员时，她做成一笔买卖就可立刻拿到奖金，可当了经理后，她干得是好是坏取决于下属们的工作，她的奖金也要到年终才能定下来。一位管理咨询专家被请来研究这一情况，他的结论是，对李兰来说，销售部经理一职不是她所希望的，她不会卖力工作以祈求成功。

第一节 旅游企业员工能力差异及管理

一、能力差异

能力差异是指人与人之间在智力、体力及工作能力等方面的差异，是由性别、年龄、文化背景等因素造成的。能力差异的表现为：能力的类型差异、能力的水平差异、能力的年龄差异。

1. 能力的类型差异

能力的类型差异是指能力在质的方面的差异，主要表现在知觉、记忆、言语和思维等方面相对稳定的心理品质。在知觉能力方面，有分析型、综合型、分析综合型三种类型。属于分析型的人，对事物的细节感知清晰，但对整体的感知较差，有较好的分析能力；属于综合型的人，对整体的感知较好，但对细节的感知较差，这种人概括能力强；属于分析综合型的人，两种类型的特点兼而有之。在记忆能力方面有视觉型、听觉型的区别。属于视觉型的人，视觉记忆效果特别好，画家很多是属于视觉型；属于听觉型的人，听觉记忆比较清晰，音乐家多数是听觉型。言语和思维方面所表现的类型差异，是由于高级神经活动类型的不同，使得有些人的言语特点是形象的，情绪的因素占优势，属于生动言语类型或形象思维型；有些人是概括的逻辑思维占优势，属于抽象思维型。但绝大多数人是属于两种特点兼有的中间型。

另外，人的特殊能力的差异也很明显。例如，有文学才能的人具有敏锐而又深刻的观察自然和社会的能力、丰富的想象力、较强的语言表达能力等；而具有音乐才能的人，则具有敏锐的音乐感觉能力、较强的听觉表象记忆能力等。

2. 能力的水平差异

能力的水平差异在一般能力方面主要是指智力发展水平的差异。心理学家通过大量研究得到一个共同的结论，即智力的个别差异在一般人中呈常态曲线分布。68%的人的智商在85～115之间，他们的聪明程度属于中等水平：智商超过140的人属于智力超常；智商低于70的人属于智力障碍。特殊能力方面，具有同一种特殊能力的人，其水平也有明显的差异。

3. 能力的年龄差异

能力的年龄差异，即能力表现早晚的差异。有的人在儿童时期就显露出非凡的智力和特殊能力，属于才华早露或称早慧。古今中外能力早慧者不胜枚举。例如，奥地利作曲家莫扎特5岁就创作了他的第一首乐曲，8岁时举办独奏音乐会；“初唐四杰”之一的王勃10岁能作赋，26岁写出著名的《滕王阁序》。除了才华早露之处，还有大器晚成的人。例如，我国的画家齐白石，本来长期做木匠，40岁才显露绘画才能，成为著名的国画家；我国明代医学家李时珍，在61岁时才写成《本草纲目》。

[补充案例]

好员工与普通员工的差别

两个同龄的年轻人同时受雇于一家店铺，并且拿同样的薪水。

可是一段时间后，叫阿诺德的那个小伙子青云直上，而那个叫布鲁诺的小伙子却仍在原地踏步。布鲁诺很不满意老板的不公正待遇。终于有一天他到老板那儿发牢骚了。老板一边耐心地听着他的抱怨，一边在心里盘算着怎样向他解释清楚他和阿诺德之间的差别。

"布鲁诺先生，"老板开口说话了，"您现在到集市上去一下，看看今天早上有什么卖的。"布鲁诺从集市上回来向老板汇报说："今早集市上只有一个农民拉了一车土豆在卖。"

"有多少？"老板问。

布鲁诺赶快戴上帽子又跑到集市上，然后回来告诉老板一共40袋土豆。

"价格是多少？"

布鲁诺又第三次跑到集市上问来了价格。

"好吧，"老板对他说，"现在请您坐到这把椅子上，一句话也不要说，看看别人怎么说。"

阿诺德很快就从集市上回来了，向老板汇报说，到现在为止只有一个农民在卖土豆，一共40袋，价格是多少，土豆质量很不错，他带回来一个让老板看看。这个农民一个小时以后还会弄来几箱西红柿，据他看价格非常公道。昨天他们铺子的西红柿卖得很快，库存已经不多了。他想这么便宜的西红柿老板肯定会要进一些的，所以他不仅带回了一个西红柿做样品，而且把那个农民也带来了，他现在正在外面等回话呢。

此时老板转向了布鲁诺，说："现在您肯定知道为什么阿诺德的薪水比您高了吧?!"

布鲁诺和阿诺德这两个人有何共同之处？社会阅历、工作经验、待遇相同，都很勤快，对老板交代的任务认真对待。不同之处在于青云直上的阿诺德还有哪些特点呢？对于同一个问题懂得纵（土豆的具体情况）横（市场上其他物品如西红柿）思考，有很强的观察能力，有对信息的整合能力、对形势的决断能力。两个人的思维方式、观察能力、应变能力不同。

由此可以联想到，优秀员工与普通员工差别在于：优秀员工会积极开动脑筋，用自己的头脑思考问题、解决问题、处理问题；而普通员工则是被动接受问题，主管让做什么就按照要求做什么，按部就班，拨一拨转一转，不具有灵活性和主动性。所谓不是努力勤奋就会有结果的，方法策略很重要。做销售工作、做生意都讲到悟性很重要，要多根"弦"，运用头脑和智慧，去思考问题和解决问题，知道自己的职责和目标所在，想方设法地完成任务，"把信送给加西亚"。

二、能力差异与管理

（一）录用员工既要考虑知识、技能，也要考虑潜在能力

知识与能力并非相等，知识仅仅是能力的一个因素，在实际生活中学历的高低与工作能力不一定成正比，一个人的学历只代表他所受的教育程度，并不能证明其工作能力的大小。目前，有些旅游企业招工时，往往把文化考核与技术操作考核的成绩作为能否录用的唯一标准，这显然是不全面的。文化或技术操作的考核，只代表一个人已经掌握的部分知识或技能水平，但并不等于一个人所具有的能力，更不等于他所蕴藏的潜力。所以在录用员工时，既要看文凭，也要看解决实际问题的能力。再说一个人的工作绩效不仅仅受能力一种因素的影响，还要受气质、性格、兴趣、情商等多种因素的影响，所以作为管理者，必须从多方面对一个人进行考察，真正做到量才使用。

（二）不断地培养和提高员工的能力水平

现代科技的发展日新月异，一个人原有的知识水平和能力，往往不能适应新形势下工作的需要，这就需要做好员工的培训，通过培训提高他们的一般能力水平和特殊能力水平，使员工能更好地应对工作中出现的各种问题，更好地为企业的发展贡献力量。

（三）掌握能力阈限，做好人与工作性质的配合

不同工作岗位对人能力的要求有很大的差别。在现实生活中，不同的人，能力也各不相同，没有一个人都是全才，擅长于某一方面、适合于某一工种的人大量存在。管理者应当善于发现每一个人的长处，做到用人之长、避人之短，这是提高工作效率不可缺少的条件。

实际上，每一种工作都有一个能力阈限。完成这种工作，既不需要超过一定的能力阈限，也不能低于一定的能力阈限，过高过低都会影响工作效率。如果一个人的能力低于工作要求，就会表现出吃力和无法胜任，从而产生焦虑心理，严重时还会感到群体的压力，可能出现人格异常。如果一个人的能力高于实际工作的要求，那他就会不满足现状，往往觉得工作乏味，对工作失去兴趣，当然会影响工作效率和质量。例如，美国在建第一个农业大工厂时，需要雇用一批保安人员，因为当时美国劳动力过剩，工厂在制定雇用标准时，要求应聘人员最低是高中毕业，并具有三年警察或工厂警察的经验，但按此标准雇佣的保安人员走上工作岗位后，普遍感到这种保安工作（只检查出入门的证件）单调乏味，无法容忍，因而对工作漠不关心，不负责任，而且离职率很高。后来工厂改为雇用只受过四五年初等教育的人来担任，这些人对工作很满意，而且责任心强。由此来看，一个管理者不在于谋求把社会上智力和能力最优秀的人都聚集在自己周围，关键在于根据企业的工作特点，选择与该工作要求的能力相匹配的人员，即不是

选择最好的，而是选择最合适的。㊀

第二节 旅游企业员工气质差异及管理

一、气质差异

气质是人的心理活动的动力特点，同一般所谓的“脾气”、“秉性”相近。它在人参与的不同活动中有近似的表现，而不依赖于活动的内容、动机和目的。气质是个人与神经过程的特性相联系的行为特征。人的气质差异是先天形成的，受神经系统活动过程的特性所制约。气质差异是客观存在的。希波克拉底提出了气质的四种类型：多血质、黏液质、抑郁质、胆汁质。它们各有其主要的行为特征。各种气质类型往往都有积极的和消极的一面，实际工作中应扩大气质类型积极的一面，而缩小其消极的一面。因此，应当应用气质的差异，妥善安排人们的工作。可以从人际关系、思想教育等方面考虑应用气质差异。

气质差异表现为气质类型及其行为特征的差异。气质类型是由神经过程的基本特性按照一定的方式结合而成的气质结构。因此，气质类型的行为表现带有稳定的规律性。一般说来，一个人无论从事什么活动，即使各种活动的性质和内容千差万别，但他的气质特征却得到同样的表现。

前面相关章节已经详细探讨了多血质、胆汁质、黏液质、抑郁质四种气质类型的特点。

二、气质差异与管理

气质对人的行为有一定的影响，了解人的气质，对于经营管理、员工教育、选拔人才、充分发挥人的潜力等都有重要意义。因此，管理者在选择工作人员、安排工作时，要尽量使其气质特点适应工作特点的要求。

（一）正确理解气质类型

1. 气质类型无好坏之分

任何一种气质类型都有其积极的一面，也有其消极的一面，所以在评定人的气质时，不能以好坏作为标准，如胆汁质的人做事积极性高、热情、生机勃勃、精力充沛，但这种人脾气暴躁、任性、爱感情用事等；多血质的人灵活、工作能力强，对环境的适应性强，但这种人注意力不稳定，兴趣容易转移，做事不深入；黏液质的人感情发生慢，但稳定性比较好，工作认真细致，踏实肯干；抑郁

㊀ 刘纯.《旅游心理学》. 高等教育出版社. 2004.

质的人观察力好，但积极性不高，需要他人的督促。

2. 气质也不能决定一个人的社会价值和成就高低

气质只是属于人的心理品质在动力方面的特征，它使人的心理活动染上个人独特的色彩，并不影响人的能力。各种气质的人都可以获得成功，都能为人类作出很大贡献。据研究，俄国的四位著名作家就是四种气质类型的典型代表：普希金具有明显的胆汁质特征；赫尔芩具有多血质的特征；克雷洛夫属于黏液质；果戈理属于抑郁质。虽然他们的气质类型各不相同，但在文学上都取得了突出的成绩。

3. 气质影响活动的效率

气质虽然在人的实践中不起决定性作用，但对活动的效率有一定的影响，例如，要求能迅速灵活作出反应的工作比较适合胆汁质和多血质的人，黏液质和抑郁质的人就较难适应。相反，要求持久、细致的工作，黏液质、抑郁质的人比较合适。在一般的学习和劳动活动中，气质的各种特征之间可以互相补充，因此对活动的效率影响并不显著，但一些特殊职业如飞行员、宇航员、运动员，这些人要经受高度的身心紧张，要有灵敏的反应，所以在选拔时要进行气质测定。

（二）气质类型与管理

1. 根据员工的气质类型安排适当的工作

旅游企业管理者要善于了解和掌握员工的气质类型，以便使不同气质的人被安排在合适的岗位上，在工作中发挥他们气质中积极的一面，抑制或克服消极的一面。对人的气质类型的准确了解，需要进行科学的测试，随着企业对人才要求的不断提高，各种测试逐渐被人们所接受。再者是需要认真的观察，因为只有属于典型气质类型的人，他们的言行举止才表现得比较典型。但多数人的气质属于混合型，表现得并不是那么典型。这就需要企业的管理者具有识别人的能力，把员工尽量安排在合适的位置上。例如饭店前厅的服务人员，负责客人的迎来送往，他们对客人要笑脸相迎，对客人提出的各种要求能快速作出反应，所以多血质的人就比较合适，黏液质和抑郁质的人就很难应付。客房服务被称为背后的工作，它要求认真细致，一丝不苟，所以黏液质和抑郁质的人比较合适。

2. 注意不同气质类型人员的适当搭配

在选择员工时，除了要努力做到每个人的气质特点适应其工作性质外，还应注意各种气质类型人员的搭配。这对能否发挥出一个集体的整体效应关系很大。因为一个集体有各种不同性质的工作，把各种气质类型的人搭配在一起，就可以发挥他们各自气质中积极的一面，而弥补消极的成分。假如一个集体的所有成员都是胆汁质和多血质，那么这个集体可能活泼有余而严肃不足，容易产生摩擦，处理不好人际关系。同样如果都是黏液质和抑郁质的人组成，就可能死气沉沉，没有生气。所以一定要注意气质搭配，这样更容易处理好人际关系，在工作中各种气质类型也可以互补，最大限度地发挥群体效能，提高管理效率。

3. 对不同气质类型的员工采取不同的教育方法

气质不同，对挫折的容忍力也不一样，所以在对员工进行批评教育时必须注意批评的方式和分寸，要区别对待，否则不但不能达到目的，反而会适得其反。胆汁质和多血质的人心理承受能力强，若他们犯了错，可以批评得严厉些甚至当面指出来，对于他们改正错误会有帮助；对抑郁质的人就不能采用这种方法，应采用启发诱导的方法。还应注意，在调动工作或重新进行人员编制时，多血质的人容易适应新环境，无须特别关心，而黏液质和抑郁质的人适应新环境和接受新工作比较慢，应给予他们更多的体贴和关照，以增强他们的自信心。

第三节 旅游企业员工性格差异及管理

一、性格差异

性格（character）的意思是指“特征”、“标志”、“属性”或“特性”。它可以标志事物的特性，也可标志人的特性。人的性格是既定的有核心意义的个性心理特征。性格是一个人对现实的态度以及与之相适应的习惯化的行为。性格是个性心理特征中最重要的方面，它通过人对事物的倾向性态度、意志、活动、言语、外貌等方面表现出来，是人的主要个性特点即心理风格的集中体现。人们在现实生活中显现出的某些一贯的态度倾向和行为方式，如大公无私、勤劳、勇敢、自私、懒惰、沉默、懦弱等，都反映了自身的性格特点。

鉴于性格在个体结构中的重要地位，长期以来，许多心理学家高度重视对性格理论的研究，并尝试从不同角度对人的性格类型进行划分，不同性格类型存在着明显的差异。关于性格的类型，第五章已进行了详细介绍，此处不再赘述。

二、性格差异与管理

性格反映着人的生活，同时又影响着人的行为方式。了解人的性格，把握其变化规律并预测行为，在管理活动中有着重大的意义。研究性格的目的，就是要弄清一个人的性格特点，把握一个人的性格全貌，为有目的性地进行人员管理创造良好的前提条件。

（一）掌握一个人的性格特点是选人、用人的关键

掌握一个人的性格特点，可以正确地预测未来，对可能发生的不良行为加以适当的控制，做不到这一点，管理过程就可能出现差错。三国时诸葛亮出兵伐魏，错用了马谡，失掉了街亭咽喉要地，使那次伐魏功亏一篑，其中一个重要的原因就是诸葛亮没有考虑到马谡言过其实、刚愎自用的性格特点，没有预料到他可能造成的后果。军事管理是这样，企业管理也是这样，有时稍一疏忽，错用一个人，就可能给管理工作造成难以挽回的损失。

在我国历史上，这样的例子比比皆是，如楚汉相争，无论从个人武功还是军队实力来讲，刘邦远不如项羽，刘、项之间历经百余战，起初刘邦屡战屡败，后来却反败为胜，夺取天下。究其原因，有很多种，但很重要的一条就是刘邦能"知人善任"，了解部下的不同个性特点、能力专长，用其所长，避其所短，发挥了人才的最佳效益。因此可以说刘邦是一个杰出的管理者。

（二）把握一个人的性格类型及特征，有助于管理工作的顺利进行

管理者了解和把握被管理者的性格，不仅有利于管理者因人而异、因事而异地做好组织管理工作，而且有利于人们克服消极性格品质，培养良好的性格。例如，有的人在工作中积极热情，乐于助人，好出头露面，但做事不稳定、不持久，易虎头蛇尾，对这样的人就应该教育他们提高工作的目的性，培养他们克服困难的决心和信心，使他们逐渐养成坚忍和持久的性格特征；对缺乏自制力、纪律松懈的人，应经常向他们提出一定的行为准则或用集体的力量施加影响；对性格倔强的人，做工作就不能硬碰硬，必须耐心细致，推心置腹，否则容易造成僵局；有的人比较自负，对其表扬必须恰如其分，过于褒奖可能会助长其自满情绪等。

（三）把握一个人的性格类型及特征，有助于合理地进行人员配置㊀

合理的人员配置，可以避免性格不合所引起的摩擦，如果一个部门选用的都是支配型的人物，那么具体工作就无人来做；若全是清一色的急性子或慢性子，同样也会给工作带来不便。

总之，了解一个人的性格对做好管理工作是很重要的，在现实生活中，要真正把握一个人性格特征的全貌是很不容易的，因为人毕竟是社会人，其性格不但会随着外界环境及个人社会实践的变化而发生变化，而且人本来就具有双重或多重性格。这就需要管理者具有一定的心理学知识，同时还要有敏锐的观察力，这样才能做到正确识人、合理用人。

第四节　旅游企业员工积极性的激励

激励在中文的含义是"激发、鼓励"。激励被用于管理主要是指激发员工的工作动机，使人有一股内在动力，朝着所期望的目标前进的心理活动过程。通俗地说就是调动积极性的过程。企业实行激励最根本的是正确指导员工的工作动

㊀ 舒伯阳.《旅游心理学》. 清华大学出版社. 2008.

机，使他们在实现组织目标的同时实现自身的需要，增加其满意度，最大限度地调动他们的积极性和创造性。因此，激励工作是管理者一项重要的核心工作。

一、激励的理论

需要是人们积极性的源泉，也是推动社会生产力发展、变革社会生产关系的强大动力。需要理论是一切激励理论的基础。

（一）马斯洛需要层次理论

1. 马斯洛需要层次观点

马斯洛是美国人本主义创始人，在 1943 年提出需要层次理论，认为人的价值体系中存在不同层次的需要。马斯洛把人的需要分为：生理需要、安全需要、社交需要、尊重需要、自我实现需要。

马斯洛认为，上述五种需要是按次序排列并逐级上升的，下一级的需要获得基本满足之后，才会产生追求上一级需要从而驱动行为的动力；在一定时期同时产生多种需要，因为人的行为是受各种需要支配的。但是，多种需要中总会有一种需要处于支配地位或主导地位，需要满足后就不再成为激励力量。

2. 需要层次理论在企业管理中的应用

马斯洛的需要层次理论被引入我国之后，受到各方的关注和兴趣，在进行试验应用后，既有成功的经验，也有失败的教训。西方企业界根据需要层次理论进行管理所采取的相应措施，如表 10-1 所示。

表 10-1　需要层次理论

需要层次	诱因（追求目标）	管理机制与措施
生理需要	薪水、健康的工作环境，各种福利	医疗保健、工作时间（休息）、住房设施、福利设备
安全需要	职位保障，防止意外	职业保证、退休金制度、健康制度、意外保险制度
社交需要	友谊（良好的人际关系），群体的接纳，与组织的一致	协谈制度、利润分配制度、团结活动、互助金、娱乐、教育训练制度等
尊重需要	地位、名分、权力、责任，与他人之薪水相对高低	人事考核、晋升秩序、表彰、奖金、选拔进修制度、委员会参与制度
自我实现需要	能发挥个人特长的工作、环境，有挑战性的工作	决策参与制度、提案制度、研究发展计划、劳资会议

（二）双因素理论

1. 双因素理论的观点

双因素理论（Two Factors Theory）又称激励保健理论（Motivator-Hygiene Theory），是美国的行为科学家弗雷德里克·赫茨伯格（Fredrick Herzberg）提出

来的。双因素理论认为引起人们工作动机的因素主要有两个：一是保健因素，二是激励因素。只有激励因素才能够给人们带来满意感，而保健因素只能消除人们的不满，但不会带来满意感。

其理论根据是：第一，不是所有的需要得到满足就能激励起人们的积极性，只有那些被称为激励因素的需要得到满足后才能调动人们的积极性；第二，不具备保健因素时将引起强烈的不满，但具备时并不一定会调动强烈的积极性；第三，激励因素是以工作为核心的，主要是在员工工作时发生的。

保健因素是指造成员工不满的因素。保健因素不能得到满足，则易使员工产生不满情绪、消极怠工，甚至引起罢工等对抗行为；但在保健因素得到一定程度的改善以后，无论再如何进行改善往往也很难使员工感到满意，因此也就难以再由此激发员工的工作积极性，所以就保健因素来说："不满意"的对立面应该是"没有不满意"。

激励因素是指能使员工感到满意的因素。激励因素的改善而使员工感到满意的结果，能够极大地激发员工工作的热情，提高劳动生产效率；但对激励因素即使管理层不给予改善，往往也不会因此使员工感到不满意，所以就激励因素来说："满意"的对立面应该是"没有满意"。

2. 双因素理论在管理中的运用

（1）采用激励因素调动职工积极性。要在保健因素的基础上采用激励因素，给员工更多的主人翁感，来激发他们的工作热情和创造精神。例如，根据员工的不同特点，安排富有挑战性意义的工作，扩大员工的范围，使工作本身丰富而使员工产生兴趣等。这在我国当前有较大的应用价值。

（2）保健因素与激励因素在一定条件下是可以相互转化的。作为优秀的管理者，要创造一定的条件，把保健因素转化为激励因素。例如，工资属保健因素，若改变发放工资的方式，则工资就可转化为激励因素。

在日本，某单位员工年均收入为 18 000 日元，但单位不采取每月平均发放 1500 日元的方式，而采取月工资为 1000 日元，剩余部分留待 6 月份和 12 月份各发放一次相当于 3 个月工资的奖金，则：

$[(1000\times12)+(2\times1000\times3)]$ 的心理效应 $>(1500\times12)$ 的心理效应

一个管理者，若管理方式运用不当，将会把激励因素转化为保健因素。例如奖金，应属激励因素，但若奖金发放不与企业经营好坏、部门和个人的工作成效挂起钩来，采取平均分配或按级别分配的办法，则起不到激励作用，变成了保健因素。

（三）公平理论

1. 公平理论的观点

公平理论又称社会比较理论，它是美国行为科学家斯塔西·亚当斯在《工人关于工资不公平的内心冲突同其生产率的关系》(1962，与罗森合写)、《工资不公平对工作质量的影响》(1964，与雅各布森合写)、《社会交换中的不公平》(1965）等著作中提出来的一种激励理论。该理论侧重于研究工资报酬分配的合理性、公平性及其对员工生产积极性的影响。

该理论的基本要点是：人的工作积极性不仅与个人实际报酬多少有关，而且与人们对报酬的分配是否感到公平更为密切。人们总会自觉或不自觉地将自己付出的劳动代价及其所得到的报酬与他人进行比较，并对公平与否作出判断。公平感直接影响员工的工作动机和行为。因此，从某种意义来讲，动机的激发过程实际上是人与人进行比较，作出公平与否的判断，并据以指导行为的过程。

2. 公平理论在管理中的应用

(1）应制定比较严格、具体的客观标准，做到有据可依，有章可循。

(2）平时要有科学的考绩方法，尤其对干部、管理人员要严格考核、记录，做到既有质的标准，又有量的分析。有条件的可由评奖法逐步过渡到计奖法。

(3）少评全面模范先进，多评单项冠军。这样容易使员工心服口服，有利于产生良好的效果。

(4）在激励过程中应注意对被激励者公平心理的引导，树立正确的公平观。绝对公平是不存在的；不要盲目攀比；要认识到人们往往对自己的报酬与他人付出的估计偏低，而对他人的报酬与自己的付出估计偏高。

二、有效激励的方法与手段

(一）物质激励要和精神激励相结合

物质激励是指通过制度刺激的手段鼓励员工工作。它的主要表现形式有发放工资、奖金、津贴、福利等。物质需要是人类的第一需要，是人们从事一切社会活动的基本动因。所以，物质激励是激励的主要模式，也是目前我国企业内部使用得非常普遍的一种激励模式。随着我国改革开放的深入发展和市场经济的逐步确立，“金钱是万能的”思想在一部分人的头脑中滋长起来，有些企业经营者也一味地认为只有资金发足了才能调动员工的积极性。但在实践中，不少单位在使用物质激励的过程中，耗费不少，而预期的目的并未达到，员工积极性不高，反而贻误了组织发展的契机。例如，有些企业在物质激励中为了避免矛盾实行不偏不倚的原则，极大地抹杀了员工的积极性，因为这种平均主义的分配方法非常不利于培养员工的创新精神，平均等于无激励；而且目前中国还有相当一部分企业没有能力在物质激励上大做文章。事实是人类不但有物质上的需要，更有精神方面的需要，美国管理学家彼得斯（Tom Peters）就曾指出：“重赏会带来副作用，因为高额的奖金会使大家彼此封锁消息，影响工作的正常开展，整个社会的风气就不会正。”因此企业单位物质激励不一定能起作用，必须把物质激励和精神激励结合起来才能真正地调动广大员工的积极性。在二者的结合上要注意以下几个方面：

1. 创建适合企业特点的企业文化

管理在一定程度上就是用一定的文化塑造人，企业文化是人力资源管理中的一个重要机制。只有当企业文化能够真正融入每个员工个人的价值观时，他们才能把企业的目标当成自己的奋斗目标，因此用员工认可的文化来管理，可以为企业的长远发展提供动力。

2. 制定精确、公平的激励机制

激励制度首先体现公平的原则，要在广泛征求员工意见的基础上出台一套大多数人认可的制度，并且把这个制度公布出来，在激励中严格控制执行并长期坚持；其次要和考核制度结合起来，这样能激发员工的竞争意识，使这种外部的推动力量转化成一种自我努力工作的动力，充分发挥人的潜能；最后是在制定制度时要体现科学性，也就是做到工作细化，企业必须系统地分析、搜集与激励有关的信息，全面了解员工的需求和工作质量的好坏，不断地根据情况的改变制定出相应的政策。

3. 多种激励机制的综合运用

企业可以根据本企业的特点采用不同的激励机制。首先可以运用工作激励，尽量把员工放在适合的位置上，并在可能的条件下轮换工作，以增加员工的新奇感，从而赋予工作更大的挑战性，培养员工对工作的热情和积极性。日本的著名企业家稻山嘉宽在回答“工作的报酬是什么”时指出，“工作的报酬就是工作本身”，可见工作激励在激发员工的积极性方面发挥着重要的作用。其次可以运用参与激励，通过参与，形成员工对企业的归属感、认同感，可以进一步满足自尊和自我实现的需要。事实上激励的方式多种多样，主要是采用适合本企业背景和特色的方式，并且制定出相应的制度，创建合理的企业文化，这样综合运用不同种类的激励方式，就一定可以激发出员工的积极性和创造性，使企业得到进一步的发展。

（二）多跑道、多层次激励机制及竞争机制的建立和实施

联想集团的激励模式可以带来很多启示，其中多层次激励机制的实施是联想集团创造奇迹的一个秘方，联想集团始终认为激励机制是一个永远开放的系统，要随着时代、环境、市场形式的变化而不断变化。

这首先表现在联想集团在不同时期有不同的激励机制，对于20世纪80年代的第一代联想人，主要注重培养他们的集体主义精神，基本满足他们的物质生活；而进入90年代以后，新一代的联想人对物质要求更为强烈，并有很强的自我意识，从这些特点出发，联想集团制定了新的、合理的、有效的激励方案，那就是多一点空间、多一点办法，根据高科技企业发展的特点激励多条跑道，例如让有突出业绩的业务人员和销售人员的工资和奖金比他们的上司还高许多，这样就使他们能安心做现有的工作，而不会煞费苦心往领导岗位上发展，他们也不再认为只有做领导才能体现价值，因为做一名成功的设计员和销售员一样可以体现自己的价值，这样他们就把所有的精力和才华都投入到最适合自己的工作中去，从而创造出最大的工作效益和业绩。联想集团始终认为只激励一条跑道一定会拥挤不堪，一定要激励多条跑道，这样才能使员工真正能安心在最适合他的岗位上工作。

其次是要想办法了解员工需要的是什么，分清哪些是合理的和不合理的，哪些是主要的和次要的，哪些是现在可以满足的和哪些是今后努力才能做到的。

总之联想集团的激励机制主要是把激励的手段、方法与激励的目的相结合，从而达到激励手段和效果的一致性。而联想集团所采取的激励手段是灵活多样的，是根据不同的工作、不同的人、不同的情况制定出不同的制度，而绝不能是一种制度从一而终。

[补充案例]

团队管理应如何激发下属斗志

曾经有一个牧羊人，他放牧的羊群经常会死掉一些羊，无论他采取怎样的措施，每年还是总要死去一些。为此，他请教一个朋友，朋友告诉他，不妨引进几只狼试试，他听从了朋友的建议，没有想到的是，羊的死亡率大大降低了，为什么在羊群里放进几只狼，就可以有效阻止羊的死亡呢？原来，羊和狼是天敌，当狼进入羊群后，羊为了活命，就会拼命地奔跑，在跑的过程中，激发了自身的生命力、免疫力，从而增大了自身的活性，减少了自然死亡率。

这个故事说明什么呢？其实，它告诉我们一个道理，那就是如何才能调动团队成员的内在动力，如何才能避免下属“当一天和尚，撞一天钟”，如何才能有效激发下属的斗志，而避免成为“休克羊”。那么，作为一个团队管理者，如何才能有效地激发团队的活力呢？

要巧妙激励，激发活力。团队没有竞争，就没有活力。团队要想有活力，还必须要巧妙激励。激励分为正激励和负激励，有经验的管理者总是通过多用正激励、少用负激励的方式，来最大化地调动员工的积极性。通用汽车公司的前CEO韦尔奇曾经总结出激发下属的“活力曲线”，他把员工分为以下三种：①明星员工，大约占到所有员工的20%，对这些员工，采取“加薪、加心、加信”的正激励；②活力员工，大约占到70%，要求他们上进、上进、再上进；③余下的10%是落后员工，对他们是裁员、裁员、再裁员。韦尔奇的逻辑是企业不应该向员工承诺“提供终身就业”，而应该努力让他们拥有“终身就业能力”。韦尔奇“活力曲线”其实就管理的本质来讲，是抓两头放中间，即抓先进和后进，以此来带动中间。笔者在一家集团企业做管理时，每月都会让一些优秀的营销人员上台介绍他成功的经验，但同时，也让个别做得差的员工上台分享他失败的经历，通过树立正反榜样，来激发营销人员赶先进、避教训，让所有员工都能不断地提高。

（三）企业家的行为是影响激励机制成败的一个重要因素

企业家的行为对激励机制的成败至关重要。首先是企业家做到自身廉洁，不要因自己多拿多占而对员工产生负面影响；其次是要做到公正不偏，不任人唯亲；再次是要经常与员工进行沟通，尊重支持下属，对员工所做出的成绩要尽量表扬，在企业中建立以人为本的管理思想，为员工创造良好的工作环境，最后是企业家要为员工做出榜样即通过展示自己的工作技术、管理艺术、办事能力和良好的职业意识，培养下属对自己的尊敬，从而增加企业的凝聚力。总之企业家要注重与员工的情感交流，使员工真正地在企业的工作中得到心理的满足和价值的体现。当然在激励中也不能忘记对企业家的激励，企业家的年薪制就是要充分调动企业家工作的积极性，进一步推动企业向前发展。

管理是科学，更是一门艺术，是运用更科学的手段、更灵活的制度调动人的情感和积极性的艺术。无论什么样的企业，要发展都离不开人的创造力和积极性。因此企业一定要重视对员工的激励，根据实际情况，综合运用多种激励机制，把激励的手段和目的结合起来，改变思维模式，真正建立起适应企业特色、时代特点和员工需求的开放的激励体系，使企业在激烈的市场竞争中立于不败之地。

[关键概念]

1. 能力差异　(ability differences)
2. 气质　(temperament)
3. 气质差异　(temperament differences)
4. 性格　(character)
5. 激励 (excitation)
6. 马斯洛需要层次理论　(Maslow's Hierarchy of Needs)
7. 双因素理论　(Two Factors Theory)
8. 公平理论　(Equity Theory)
9. 物质激励　(material incentives)
10. 精神激励　(spiritual incentives)

[复习与思考]

1. 简述旅游企业员工能力差异与管理。
2. 马斯洛需要层次理论对管理工作有何借鉴价值?
3. 怎样有效地激励旅游企业员工工作的积极性?

[案例分析]

激励还是剥削?

某民营企业的老板通过学习有关激励理论，受到很大启发，并着手付诸实践。他赋予下属员工更多的工作和责任，并通过赞扬和赏识来激励下属员工。结果事与愿违，员工的积极性非但没有提高，反而对老板的做法强烈不满，认为他是在利用诡计剥削员工。

[问题讨论]:

请根据所学习的有关激励等理论，分析该老板做法失败的原因并提出建议。

第十一章 旅游工作者的心理卫生与保健

［学习目标］

通过对本章的学习，掌握心理健康的概念及其标准；全面了解情绪的种类及其管理；掌握处理消极情绪及调节情绪的方法、技巧；掌握挫折的概念、挫折的原因、受挫后人们的行为反应，以及旅游企业应对受挫员工的心理策略；了解及学会运用自我防御机制。

◆［案例导入］

人力资源新策略错了吗？

A 公司是大型国有医药企业。今年以来，为了适应市场的激烈竞争，该公司减员增效，先后两次裁员，实行绩效至上的人力资源新策略；在绩效管理上，导入 360 度考评与末位淘汰制，以压力来激发员工的活力。然而，一系列改革举措的绩效改善效果似乎并不明显，反而导致公司内员工关系紧张，彼此之间唯唯诺诺，原来有说有笑的员工现在也变得沉默寡言了。部分想跳槽的员工怨声载道，大发牢骚。公司管理层怎么也想不到，压力管理没有带来生机与活力，反而带来了低落的士气与不良的情绪。

第一节 旅游工作者的心理健康

一、心理健康的概念

关于心理健康的界定，多数学者认为应以人的整个行为的适应情况为标准，而不过分重视个别症状的存在。心理健康包括人的人格、能力、认识、行为和情绪多方面的健康。就心理健康的人本身而言，又有水平高低之分。例如，心理健康从最低水平上理解是指没有心理障碍或行为问题的一种精神状态；从高水平上理解则是指人们客观地认识环境与自我，进行心理调节，最大限度地发挥自身潜能，从而更好地适应社会生活，更有效地为社会和人类作出贡献的心理状态。如果一个人经常过度地处于焦虑、郁闷、孤僻、自卑、犹豫、暴躁、怨恨等不良心理状态中，则他不可能在工作与生活中充分发挥个人潜能，取得成就。

二、心理健康的标准

1. 国际心理卫生大会提出的心理健康标准

1946 年第三届国际心理卫生大会曾为心理健康下了这样的定义："所谓心理健康，是指在身体、智能以及在感情上与他人心理健康不相矛盾的范围内，将个人心境发展成的最佳状态。"大会还具体指明心理健康的标准是："身体、智力、情绪十分调和，适应环境，人际关系中能彼此谦让；有幸福感；在工作和职业中，能充分发挥自己的能力，过有效的生活。"

2. 美国心理学家马斯洛和米特曼（B. Mittelman）1951 年提出的心理健康标准

（1）具有适度的安全感，有自尊心，对个人的成就有价值感。

（2）适度地自我批评，不过分地夸耀自己或苛责自己。

（3）生活目标、理想切合实际。

（4）与现实环境能保持良好的接触，能容忍生活中的挫折打击幻想。

（5）能适度地接受个人的需要，并有满足自身需要的能力。

（6）有自知之明，了解自己的动机与目的，并能对自己的能力有适当的估计，对个人违背社会规范、道德标准的欲望，不过分地否认或压抑。

（7）能保持人格的和谐与完整，个人的价值观能随社会标准的变迁而改变，对自己的工作能集中注意力。

（8）有切合实际的生活目的，在个人的生活目的中，含有利己与利人两种成分，个人所从事的工作多为实际的、可能完成的。

（9）具有从经验中学习的能力，能适应环境的需要而改变自己。

（10）在团体中能与他人建立和谐的关系，重视团体的需要，接受团体的传统，并能控制为团体所不容的个人欲望或动机。

（11）在不违背团体的原则下，能保持自己的个性，有个人独立的意见，有分辨是非善恶的能力，对人不过分地闲谈，也不过分追求社会的赞许。

3. 我国台湾学者黄坚厚提出的心理健康标准

（1）心理健康的人是乐于工作的，能将本身的知识与能力在工作中发挥出来。同时，能从工作中获得满足之感。

（2）心理健康的人是有朋友的，能与他人建立和谐的关系，在与人交往、与人相处时，正面的积极态度（喜悦、依赖、友爱、尊敬等）常多于反面消极的态度（仇恨、敌视、嫉妒、怀疑、畏惧等）。

（3）对本身有适当的了解，并能悦纳自己，愿意努力发展其身心的潜能。对无法补救的缺陷也能安然接受，不以为羞，不作无谓的怨尤。

（4）能与现实环境有良好的接触，对现实环境有正确、客观的观察，并能作有效的适应。对生活中的各种问题，能以切实有效的方法谋求解决，而不企图逃避。

4. 我国其他一些教育工作者提出的青少年心理健康标准

第一，对自己有信心。对自己有基本的了解，能作正确的自我评价。不仅知道自己的弱点、缺点和局限，而且还知道自己的优点、长处和发展潜质；对自己持肯定态度且怀有信心，有良好的自我形象，自尊、自爱、自信；对自己的未来抱有切合实际的希望。

第二，对学校生活有兴趣。喜欢自己担负的学业和工作任务，能在学习和工作等活动中发挥自己的智慧和才能，获得满足感与成就感，认识并肯定自己的价值，从而热爱学习和班级工作。

第三，喜欢与人交往，有较好的人际关系。在家里，关心家庭与家人，与父母有良好的沟通；在学校里，与同学和老师有比较多的接触，与他们建立友好和谐的关系，共同分享快乐，分担忧虑；喜欢结交朋友，对人的态度正面的（信任、尊敬、喜欢、热爱）多于负面的（敌对、怀疑、憎恨、冷漠）；能帮助他人，也愿意接受他人的帮助。

第四，具有良好的心理适应能力。能根据环境的变化调整自己，积极地适应环境变化；能面对自己的成长变化，学习调整自己；遇到失败和挫折，不过分焦虑不安和颓废丧气，具有一定的挫折容忍力。

尽管在措辞和侧重点上，学者们有所不同，但其基本思路是一致的，即标准涉及知、情、意、行等心理活动的各个方面。据此，可将心理健康的含义概括为：个体能够积极地适应环境，有正常的认知水平、稳定愉快的情绪、与客观现实保持积极平衡的意志行为、良好的个性特征、正常的自我调控能力。

综上所述，一般认为心理健康者有如下特征：

（1）行为反应适度。行为反应适度是指一个人的行为的内容符合社会规范，与社会角色相一致，反应强度与刺激强度相一致。不过敏、不迟钝，言谈举止、喜怒哀乐均在情理之中。

（2）心理和行为符合年龄特征。心理健康者的心理和行为应与同年龄多数人相一致。如果一个人的心理和行为与他的同一个年龄层次的人差异相当大，一般被视为心理不健康。青少年过分“少年老成”，独坐一隅、萎靡不振；或者，成年人具有较多的“幼稚化”的表现，喜怒无常、好吵好闹，经常耍小孩子脾气：这些都是心理不正常的表现。

（3）自我概念正确。具有自知之明，能正确认识和评价自我，不仅能了解自己的长处、优势和优点，也能了解自己的短处、弱势与缺点，并能努力改正和克服自身的缺点及不足，以适应社会发展的要求。

（4）具有自我价值感。能体验到自己存在的价值，所定目标和理想切合实际，对自己感到满意。如果总是要求自己十全十美，却又无法做到完美无缺，就会同自己过不去，使自己的心理状态永远无法平衡。

（5）情绪健康。健康的情绪在生理上表现为人的中枢神经系统活动处于良好的和谐状态。在心理上则表现为：生活乐观，情绪安定，心怀坦荡，心胸开朗，没有不必要的紧张感与不安感，对他人富有同情心，充满热情，能够充分理解他人对事物的体验，乐于助人，并乐于接受他人的帮助，有充分的自信心，对事业自信而又执著追求，充满希望。

（6）善于与人相处。社会交往能力及其状况标志着一个人的心理健康水平。健康的人应该乐意与人交往，善于与人交往，与他人保持良好的和谐的人际关系；能够理解和接受他人的思想和感情，也善于表达自己的思想和感情；在交往中既能悦纳他人，也能愉悦自己。

（7）面对现实，正视现实。心理健康者能和现实保持良好的接触，对于自己生活、学习和工作中碰到的困难能用适当的方法妥善解决，对于环境所发生的变化或者遭遇到的较大挫折也能正确对待，能随遇而安地很快适应，不逃避现实；遇到极端喜悦的事件，能适度对待，不忘乎所以。

（8）自我控制。善于控制自己的心理与行为，有明确的行为标准，完成任务的自觉性高，能较好地控制自己的情绪和行为，不为环境所干扰与诱惑。

三、企业常见的心理问题

（1）企业中最突出的心理问题是压力。压力可能来源于工作本身，可能来源于工作中的人际关系，也可能来源于家庭和日常生活，总之压力可能来源于工作、生活的各个方面。压力是企业心理问题的核心。压力过大会引起很多消极反应，如疲劳、丧失记忆力、创造性下降、工作热情和积极性下降，还可能产生各种身体反应，极大地影响着工作效率。

（2）沟通和人际关系的问题。当今企业，沟通和人际关系比以往任何时候都重要。沟通和人际关系体现在几个方面：一是与客户的沟通和关系；二是同事之间的沟通和关系；三是上下级之间的沟通和关系。沟通和人际关系直接关系到客人服务质量、信息传递的速度和质量、组织气氛和企业文化的健康，因此与企业的效率息息相关。

（3）心理危机。在某些特定时期，如企业裁员、并购以及员工遭遇灾难性事件时，员工会产生弥散性的心理恐慌。此时，心理学的干预是很重要的。

(4) 员工的一些个人问题。例如，恋爱、婚姻家庭、子女教育、个人心理困扰等问题，这些虽然是员工的个人问题，却是影响员工压力和情绪的重要因素。

心理问题对企业的影响常表现出员工缺勤率增加，离职率增加，事故率增加，工作中的人际关系冲突增加，工作效率下降。对企业而言，压力的代价难以具体结算，但是对一些压力和心理干预项目投资回报率的研究表明，这类服务项目的收益往往很高，超过一般商业投资的回报率。这也从反面证明了压力和心理问题给企业造成的损失是重大的。

企业应对压力和心理问题要做好两项工作。一是对员工进行专门的心理培训，二是帮助员工，即提供职业心理健康调查研究、组织管理与建议、心理培训、心理咨询等各方面的服务。通过这些工作，增加主管与员工之间的沟通，明确企业的发展战略及双方的期望，从而更好地实现组织目标。㊀

第二节　旅游企业员工情绪的调控

关于“情绪”的确切含义，心理学家还有哲学家已经辩论了100多年。情绪有20种以上的定义，尽管它们各不相同，但都承认情绪是由以下三种成分组成的：第一，情绪涉及身体的变化，这些变化是情绪的表达形式；第二，情绪涉及有意识的体验；第三，情绪包含了认知的成分，涉及对外界事物的评价。由于情绪与情感表现、表达极易混淆，比如爱情的满足感总是伴随着快乐，所以在情绪定义中情绪与情感的关系是辩论争议的重要方面。

一、情感与情绪

心理学认为，情感与情绪是人们对客观事物是否符合自己的需要而产生的主观态度的体验。

一般说来，情感与情绪紧密相连并互为转化，两者的区别是：

(1) 情绪是人与动物所共有的，而情感则是人类独享的。

(2) 从表现形式看，情绪不甚稳定，容易变化，如高兴、快乐、痛苦、悲哀等，且多外向，伴有一定的机体表现。情感则比较稳定，且内向，如责任感、幸福感、荣誉感、羞耻感等，比较深刻地反映出个体意识或群体意识。

(3) 从产生基础看，情绪受欲求性、本能性制约；情感则注重于认知方面，理智成分多，受社会性需要制约。

(4) 从发展水平和层次上看，情绪是低层次，注重无意识性、失控性；情感

㊀ 李灿佳.《旅游心理学》. 高等教育出版社. 2005. 有改动。

是与自我意识发展相联系的，是高层次、高水平的心理机能，能自控，可节制。

情感与情绪的功能有二。一是调节功能，是指情感与情绪作为动力、有引起和维持行动，排除前进中的障碍的作用。例如，惊恐时避开引起惊恐的事物，愤怒时指向引起愤怒的对象等。由于情感与情绪的调节作用，人就能够消除过分紧张，并把行动引向合理的轨道。二是信号功能，它是通过表情实现的。表情是指伴随情感与情绪而生的机体姿势动作、面部表情动作以及言语等，使人的思维和感情易于被他人所领会。

二、情绪的种类

根据情绪发生的强烈程度和持续时间，情绪分为以下三种状态：

（一）心境

心境是一种比较持久地、微弱地影响着人的整个精神活动的情绪状态，其特点是具有弥漫性。由于心境使人对各种事物都蒙上一层情绪色彩，所以很容易成为人的心理状态的背景，或成为某些情绪印象的良好基础，或成为另一些情绪印象的不良土壤。

影响心境的因素很多，有近因，也有远因，有客观因素，也有主观因素。家庭的境遇、事业的成败、工作的顺逆、往事的回忆、未来的遐想、健康状况等，甚至时令、自然景物之类，都可引起人的某种心境。

良好的心境是提高工作效率、顺利完成任务、处理好人际关系，以及保证身心健康的重要条件。

（二）激情

激情是一种强烈而短暂的情绪状态。如果说情绪是精神的波浪，那么激情就是暴风骤雨。激情的特征是理智减弱和意志失控。

激情包括产生阶段和各种不同的相互交替阶段，开始是能控制的，而后便逐渐失去理智控制，最后出现安静和疲劳现象，表现出对一切都抱无所谓的态度，呆若木鸡，精神萎靡，即所谓的激情休克。

当一个人的工作遇上巨大障碍，要克服艰难险阻时，没有激情是无法成功的。但在待人接物时，激情有百害而无一益。

（三）应激

应激是在一种出乎意料的紧急情况下所引起的情绪状态。

在应激状态下，人们可能出现两种截然不同的表现：一是为突如其来的刺激所笼罩，目瞪口呆，手足无措，语无伦次，陷入一片混乱之中；一是在突如其来的刺激面前，头脑清醒，冷静，急中生智，当机立断，行动有力，常能做出平时办不到的业绩。

许多职业，特别是领导者应锤炼自己的应激能力，急中生智，自如地应付突发事件。应激持续时间过长，有损健康，这点也应该留意。

三、情绪与管理

从某种意义上说，人是一种情绪型的动物。的确，要激励一个人，理远不如情；要号召一个人，情比理容易；要完成某种事情，作为原动力，理的力量怎么也无法与情匹敌。因此，有人把现代管理称为情感管理。

情绪对管理的影响主要表现如下：

1. 情绪对管理者决策的影响

决策是管理者的一项重要工作，正确决策的基础是对事物的客观分析、严密逻辑推理、理智判断。情绪成分的掺入往往会使决策失误，尤其在作重大决策时，一旦情绪成分掺入过多，往往会使事业遭受重大损失。

2. 情绪对员工劳动积极性的影响

在企业生产中，员工生产效率高、低或不稳定，究其原因，往往是情绪在起作用。一般来说，情绪处于积极状态的员工，劳动积极性高，效率高，且不易疲劳，事故也少；情绪低落时，则不仅效率下降，而且易出事故。

3. 情绪对员工健康的影响

据现代医学证明，人类80%以上的疾病都和不良情绪有关，有些疾病本身就是心因性的。

4. 情绪对后进转先进的影响

对后进者，调动其积极性首先是促使情绪的转化问题，动之以情是关键之一，应以“心”为中心，做到关心、交心、知心、热心、耐心、树立其信心，谓之“六心俱到，铁石皆融”。

如果管理者不了解情绪的原理和特点，那么很可能胜任不了管理工作。

四、情绪变化及波动的原因

人们在现实中所接触到的一切，无论是外部对象还是人体的内部刺激，都会引起情绪和情感的变化。情绪是体验，又是反应，是冲动，又是行为。它是机体的一种复合状态，是以特殊方式来表现的心理状态。

了解引起情绪变化及波动的原因，有利于创造或消除某些条件，以诱发良好情绪而避免不良情绪的产生，无论对旅游者还是对旅游服务人员，都具有重要的实际意义。为了便于分析理解，情绪变化及波动的原因可归纳为以下几个方面：

（一）身体状况

情绪具有两极性，它的产生是人脑的机能，是大脑皮层系统和皮层下系统协同活动的结果，主要是在大脑皮层所形成的动力定型（即稳固的条件反射系统）的维持或破坏的基础上产生的。遗传、激素分泌发生紊乱、神经系统功能的器质性变化或精神上的刺激引起的生理变化等，都会影响到一个人的情绪。

在日常生活中，身体健康、精力旺盛是产生愉快情绪的原因之一。身体健康欠佳、过度疲劳或患病，特别是患有某些生理变化及处在更年期的人，情绪就容易激动，从而容易产生不良情绪反应。

（二）需要是否得到满足

需要是情绪产生的主观前提。人有着各种不同的需要。人的需要能否得到满足，决定着情绪能否产生，决定着情绪的方向，决定着情绪的性质，满足的程度决定着情绪的强弱，同时情绪的方向也决定着行为的方向。若是客观条件能够满足人的需要，他就会产生积极的、肯定的情绪，如高兴、满意、喜欢等；若人的需要得不到满足，他就会产生否定的、消极的情绪，如不满、失望、遗憾、气愤等。

（三）团体成员中的人际关系

一个团体中成员之间心理相容、互相信任、团结和谐，就会让人心情舒畅、情绪积极；如果互不信任、互相戒备，则会随时都处在不安全的情绪之中。人与人之间的交往过程中，要尊重他人，信任他人，同时也受他人尊重和欢迎，这样才能产生亲密感、友谊感，心情才会愉快。

言语是人际交往的工具，言语状况对情绪有明显的影响。俗话说："良言一句三冬暖，恶语伤人六月寒。"言语刻薄或是言语不当，都会立即引起不愉快的情绪甚至导致愤怒情绪的产生。

（四）职业定位

职业定位也是影响人们情绪的一个重要原因。人们对工作都会有一个期望值，期望值的程度来源于接受到信息量的多少和自身经历的影响，期望值的高低常常影响着情绪的强弱。当期望值高于实际值时，常会感到遗憾和失望，满意度下降；反过来，当期望值低于实际值时，会感到意外和惊喜：这些都会影响情绪的波动。

尤其值得一提的是，在长期和强烈的工作压力之下，容易使人产生一种职业倦怠感，产生一种心理上的疲惫。这种内心想法的变化常常带来情绪的变化与行为的改变。

（五）活动交往的顺利程度

需要是动机的基础，为了满足需要，人们在动机的支配下产生行动。不仅行动的结果（能否实现动机的目标）产生情绪，而且行动过程是否顺利也会引起不同的心理体验。若活动顺利，则产生愉快、满意、轻松等情绪；若活动不顺利，就会产生不愉快、紧张、焦虑等情绪。人在活动过程中不同情绪的产生常常被忽视，应当加以特别的注意。因为活动进程本身就是一个很好的激励因素，其中就有情绪的产生，并反过来对活动的继续进行产生积极或消极作用。因而，活动过程中情绪的产生是普遍的和重要的。

（六）环境条件的优劣

旅游设备设施与工作活动内容等因素结合在一起形成的工作环境氛围等，也在一定程度上影响着情绪的变化。环境条件是一种外在刺激，它引起人的知觉从而产生情绪和情感体验。和谐的环境使人产生美的情感体验，整洁的环境使人赏心悦目，芳香的气味、悦耳的音响等都会使人产生愉快的情绪；混乱的环境、难闻的气味、刺耳的噪声、繁重的劳动等常常会使人反感、不愉快。与此同时，健康的社会生活、安定的社会环境使人身心舒畅；健康的社会生活被破坏及社会的混乱，就会使人产生紧张不安和焦虑的情绪。

五、消极情绪的处理

（一）化解愤怒

愤怒情绪的危害很大，研究发现，恶性肿瘤患者与健康者之间情绪的不同在于前者在日常生活中易产生敌意的愤怒。追踪心脏病患者的研究发现，容易暴躁的人发病率是性情温和的人的三倍；另一研究也发现前者再次发病率也大于后者。哈佛大学对1500位心脏病患者的研究证明易怒者心脏停止跳动的概率要大两倍。

从中国文字角度来看，“怒”可分解为“心”和“奴”，也就是说，当人一旦变为心的奴隶时，情绪就会失控。不顾一切地发泄和压抑情绪对身体都是有害的。人们都有自然的情绪反应，压抑和否认会加重愤怒情绪对身心的伤害，重要的是通过健康的方式来表达和处理愤怒情绪。

可以通过下面一系列的活动来减缓愤怒对人们的影响：

（1）写日记、写信、写诗等。

（2）出去散步。

（3）跳舞或慢跑。

（4）找一个空旷的地方，大声说出自己的不满。

（5）大声哭或看一部悲剧电影。

（6）对朋友讲自己的不满或愤怒。

心理学认为，人因为失去、求而不得或所得非所愿而开始不满，并进而产生愤怒情绪。欲望的驱使会使人失去平衡的心态，所以将欲望转移到新的有意义的事物上，培养精神上的快乐，往往比得失成败更为重要。而爱可以让人们感受到生活的快乐。因为爱自己，人们可以不再苛求自己；因为爱他人，人们也可以宽恕、谅解他人所犯的错误；因为爱，生活不再是获得物质和实现欲望的过程，而是感受欢乐、发现美的旅程。

因此，控制愤怒最好的方法是控制个人的欲望，将个人欲望转变为另有意义的情感，如爱朋友、爱家人、尊重他人等。愤怒还可以采用疏泻法和搁置法加以化解。

对当事人疏泻的技巧是：对事不对人。说出自己的感受，而不是批评对方；注意时机的适当性；把握语言及肢体语言；另外，还可以向适当可靠的人倾诉。

时机不当，不能疏泻时，采用搁置法暂时搁置：告诉自己，改天再谈；暂时放下它；自己先躲入“散兵坑”；将它“关在门外”。

（二）缓和性急

性急的表现如下：稍不如意就心乱如麻；不屑与人闲谈；对一般的生活情趣觉得难耐；事情只要未完成就局促难安；争强好胜，但输不起；个性易激怒；等候时焦灼难安。

消除性急的方法如下：给自己多一点时间，或割舍日程表中的部分项目；对自己低语“别急!”安抚内心这个毛躁的孩子；哼一首曲子；稍事休息。

（三）消除悲观

悲观是由于不恰当的思维习惯所造成的。面对挫折时，乐观者认为是暂时的，是在特定情况下产生的，是外在原因造成的；悲观者则认为是永久的、一般的，是内在原因造成的。面对顺境时，乐观者与悲观者的思维模式正好相反。乐观者如有隔舱的船，悲观者如没有隔舱的船，容易在受挫时不停地进水，最终沉没。

面对悲观情绪，不要隐藏自己的悲伤，不能不惜代价故作表面的镇静，不必沮丧，不要继续制造令人悲伤的环境，不应拒绝他人的帮助；而应该接受自己的悲伤情绪，表达自己的悲伤，寻找愉快的事情，继续行动，或寻求心理咨询师的帮助。

（四）排遣厌倦

面对长期承受压力产生的厌倦，可以采用以下方法来排遣：

（1）采用海边妙方：聆听、回忆、检讨、放下。

（2）改变环境，改变观念：禅定、想让自己心情好的事情、时常开怀大笑。

面对空虚产生的厌倦，可以采用以下方法来排遣：

（1）拟定新的目标。

（2）找出新的意义。

（3）通过运动锻炼体力。

（4）与积极的朋友交往。

（5）寻求温暖与人际支持。

六、几种常用的情绪调节方法介绍

（一）形象和联想控制法

人的情绪常常与“浮现”在意识中的形象联系在一起。当一个人在意识中浮现出或联想到美好的形象时，他的潜意识会自动化地使自己进入良好的情绪状态。

时常在心中描绘美好的、具体的、鲜明的形象有助于形成积极的情绪状态。这种形象可以是过去留下的美好记忆，也可以是对美好未来的想象。

例如，旅游工作者在工作中遇到比较困难的事情时，可以用过去工作中取得成功的美好印象来调节自己的情绪，增强自信心。又如因为担心失败而感到不安或精神不振时，可以在自己心中描绘出未来的美好情景，描绘时要仿佛亲眼目睹一样，把每一个细节都描绘出来，这样就会使自己体验到成功的喜悦，由此产生早日实现这个目标、尽快取得成功的希望，这种希望会取代担心失败的不安心理，促使人满怀信心地去实现自己的目标。

（二）动作和姿态矫正法

人的心理与生理之间有着相互的影响，生理的反应可能引起心理上相应的反应，心理的反应也可能引起生理上相应的反应。

人们内心世界的活动总是通过姿态和动作表现出来的，人的情绪也会随着外部的动作和姿态的变化而变化。所以人们可以通过有意识地调整自己的身体动作和姿态来调节和改善自己的情绪状态。

旅游工作者如果发现自己情绪不佳，可以通过改变自己的一些动作和姿态以改变自己的情绪状态。情绪低沉时，昂首挺胸可以振奋精神；心情郁闷时，可以用快速的步伐和富有节奏感的摆臂来调整心态；焦躁不安时，可以深呼吸以调节情绪；愤怒不满时，可以用力地击打沙袋使情绪得以排遣。运用动作和姿态的改变来调节情绪是一种最为快捷、便利而有效的方法。

（三）冥想训练法

英国学者戴维·丰塔纳认为："冥想的方法是我们抵御压力、排遣忧郁、烦恼等否定的情绪状态的措施中最有帮助的心理学技能之一。"冥想的作用在于：可以训练注意力；可以增加对思维过程的控制；可以提高处理情感的能力；可以帮助身体放松。

冥想的过程是："选择一个目标或经历，然后沉着地聚焦。随着思想的出现，我们便拒绝脱离已选定的目标或经历，不作任何抛开思想或阻止其出现的努力。不论这些思想好与坏、乐与悲，我们都任其出入我们的头脑，不紧紧纠缠，不让它们偏离正常的判断或联想。"

下面介绍冥想的步骤：

（1）选择一个不太可能被打搅的时间和地点，关掉手机。

（2）坐在直立的椅子上，或双腿交叉盘坐于硬垫之上，双手轻握在大腿上，整个过程中保持上身直立，不让头或肩倾斜或背部朝后倒，保持这种直立姿势，同时尽可能放松肌肉。

（3）闭上双眼，把注意力集中于呼吸，别紧张，保持一切轻松、自然。

（4）让自己对呼吸的感觉占据全部意识，无论自己聚焦于鼻孔还是腹部，都把对呼吸的感觉作为焦点。不要从鼻孔又转到腹部，反之亦然。选择一个焦点并坚持，别让注意力随呼吸而转向全身，可以让它在所选位置上稍作休息。

（5）如果在记数，那么呼第一口气时默数1，第二口气默数2，第三口气默数3，一直数到10，然后往回数，一直数到1，又往回数到10，如此循环往复。倘若在记数过程中走了神，那么，回到1，从头开始。

（6）当各种想法出现时，既不要随它跑，也不要赶跑它，不论其内容如何，均不要判断其“好”与“坏”。只把注意力集中于呼吸，不要聚焦于想法，让它出入你的头脑，既不追随，也不阻止。

（7）冥想过程结束后，慢慢从座位上站起来。在从事各项活动时，保持住冥想过程中体验到的平衡意识（不论多简单）。用自己意识呼吸的方法努力意识周围的所见所闻，不要急于将它们概念化，不要急于对它们下结论，也不要急于脱离联想链。

（四）放松训练法

放松训练法是使身体和精神从意识要求中解脱出来，使紧张得以缓解的方法。

旅游工作者经常处于紧张的工作状态之中，在工作中也常常会遇到复杂的人际关系情况。而旅游企业又要求旅游工作者在工作中必须始终保持轻松、愉快的心情为旅游者提供服务，所以学习和掌握一些放松调节方法，有效地控制和调整情绪状态对于旅游工作者是十分必要的。

下面介绍戴维·丰塔纳（David Fontana）关于身体放松和使头脑平静的程序。

1. 身体放松

（1）选择一间安静的屋子和一段自己不太可能被人打扰的时间。

（2）宽衣解带。

（3）平躺在地板或坚硬面上。

（4）使右脚和右肌肉紧张，扭动脚趾，感觉如何？收紧肌肉，再放松，反复做几次，注意收紧和放松时感觉上的不同，记住它。

（5）左脚和左肌肉重复同样的练习。

（6）收紧小腿肌肉，先右后左，收紧肌肉再放松，重复几遍，注意两种状态的不同感觉，记住它。

（7）接下来是大腿肌肉，也进行同样的练习，注意大腿的紧张是如何影响膝盖和膝关节的。

（8）再移到臀部和肛门（容易产生不必要紧张的位置），再一次注意紧张和松弛状态的不同感觉。

（9）向上轮流练习腹部、胸部、背部和肩膀的肌肉。

（10）练习二头肌、前臂和手。

（11）最后移到脖颈、下颏、脸部、前额和头皮。

2. 使头脑平静

（1）选一个自己不太可能被打扰的安静的屋子和时间。

（2）平躺在一个软或硬的表面上。

(3) 闭上双眼，用意识掠过全身，放松每一个紧张的肌肉群。

(4) 想象一个自己非常熟悉的景致，或是花园，或是住房的前半部分。选一个令人高兴具有快乐联想的景致，倘若不能明确想象，别发愁，无论想到什么都行，想象力会随练习而提高。

(5) 一旦确定了想象之事，仔细看着它，寻找它的细微之处，假如想象的是花园，找出花丛、玫瑰丛或苹果树的确切位置，看着它们的颜色和形状，尽量准确地获取它们的一切，倘若图像不太清晰或想象随即消失，也别发愁。

(6) 现在，放开想象（让它走开），代之以一个幻想中的景象。选一个海滩，风平浪静，海水在阳光的照耀下波光粼粼，沙滩平静如镜。或选一条河，河水穿行于茂密的森林，树影倒映水面，斑斑驳驳。或选一个截然不同的但充溢着宁静、祥和、让自己心旷神怡的景象。

(7) 随着景象越来越清晰，幻想自己越来越轻柔、越来越轻柔……直到飘飘悠悠离开躺着的地方，飘进了想象中的宁静景观，让它环抱着自己，自己已置身其中，与它融为一体，再感觉身体与它的联系，阳光暖洋洋地抚摸自己的脸，清凉的水、温柔的风、软软的沙、绿绿的树叶拂着自己的手。

(8) 自己已化为景象的一部分、宁静的一部分，没有地方要去、没有事要做、没有要求要满足、没有压力、没有最后期限，只有周围的宁静、内心的祥和。

(9) 自己任意选择在这种状态下逗留的时间，然后慢慢让自己沉回到躺着的地面或床上，让眼前的景象缓缓消逝。不要过分唐突地回到现实之中，再躺一会儿，看一看景象远去后留下的空白，晴空万里的蓝天、平静似水的白云，随后缓缓地作好思想准备，睁开眼睛，回到现实。

（五）音乐调节法

1. 音乐调节情绪的原理

音乐对人的心理和生理活动可起到解郁、喜乐、激励、养性、安神等作用。不同的音乐反映不同的情绪、情感。人感受到不同曲调所反映的情感，产生共鸣，会对人体的五脏系统产生影响。

大致说来，脑波有四种，不同的情绪状态有不同的脑波。因为脑波代表脑部的活动，能够反映人类的情绪，每种情绪都会影响全身各器官的功能，如心跳、血压、呼吸等，所以借着音乐改变脑波，也就改变了情绪和器官功能。

现代研究证明，人体中有100多种生理活动具有音乐的旋律，而音乐本身就是一种能量，它作用于人体，与人的生理活动发生共振，使相应的器官发生兴奋或抑制，使人产生愉悦感，消除不良情绪，使身心达到平衡而得以健康。音乐可使大脑分泌一些激素，兴奋神经细胞，调节血液流量，改善神经、心血管、内分泌系统的功能，使人体生理节律正常化，同时使心理达到平衡。常听优美的音乐，使人全身经络通畅、精神饱满，可以促进人的身心健康。

2. 音乐调节情绪的功用

音乐在生活中最常见、最大的功能是减轻压力，改变心情。从医学的原理来说是因为音乐引起脑波的改变，当音乐使一个人的脑波进入到低频（40～60Hz），会使人缓解紧张，全身肌肉、筋骨都进入休眠状态，而器官也在平静的律动下运作，对恢复体力、养生有助益。选听能改变脑波的音乐，是恢复身心疲劳的特效药。古典音乐、巴洛克音乐如维瓦尔第、莫扎特、海顿的音乐，或是近代各种情调音乐、冥想音乐，可使人在15分钟左右进入放松状态。

音乐可以影响人的情绪和心灵，能驱走灰色情绪，让焦躁的心灵得以平息。当音乐所给予的和人自身的需要相符时，影响情绪的作用便产生。音乐让人置身于和谐之中，可以帮助人平衡感情，恢复平静，维护健康，减少焦虑、忧郁和被孤立的感觉，增加情绪的稳定性，增加想象力和思考力，增加注意力集中的能力，增加表达能力。

在音乐的旋律、节奏中，有控制人情绪的密码。特定的音乐可在人心中再现某种特定的情感，这种对应关系一旦成为习惯，会成为人性格的一部分。人能从音乐感受正确的情绪。

身体是能量系统，处于变化之中。音乐可增强人想要的能量特质。当找对音乐配方、音乐符合特定人的需求时，就能增进人对自我更深刻的理解与接受。当人内心最独特的部分无法与外界沟通时，可以从音乐中找到空间。

第三节　旅游企业员工挫折与管理

需要产生动机，动机导致行为，行为达到目的，这是人类行为的基本模式。人们一旦产生某种需要，就会产生满足此需要的愿望，进而采取行动，达到目的。但由于受各种因素的制约，人们的行为可能达不到预期的目的，行为受阻，会导致人们心理受挫，这就是挫折。企业员工在生产、工作和生活中同样会遇到各种障碍，引发消极和不良行为。这种行为具有一定的危害性，所以企业的领导者应及时了解员工产生挫折的原因、受挫后的行为表现以及应对挫折的方法，这对提高员工的积极性是很有意义的。

一、挫折与挫折容忍力[一]

（一）挫折

所谓挫折，是指人们在实现目标过程当中，遇到了某种障碍，是目标难以实

[一] 刘纯.《旅游心理学》. 南开大学出版社. 2000.

现甚至无法实现而导致的一种失落的心理状态。人们在复杂的社会生活当中，不管知识如何渊博，工作能力怎样强，都难免遇到困难和挫折。而挫折理论就是运用心理学的有关知识，专门研究在实现不了目标或满足不了需要的情况下，人们的心理状态和行为的变化规律。

在一般情况下，一方面，人们遭受挫折后心理上就会产生一种紧张不安的情绪，这时，下丘脑会过度兴奋，影响脑垂体和内分泌系统，使人体分泌大量肾上腺素，增加抗紧张激素，进而破坏了消化系统、血液循环系统的正常运行，于是在人体的薄弱环节容易产生疾病而给人带来一定的损失。另一方面，人们在遭受挫折以后，由于心理上的紧张和不安，往往会导致反常的行为，形成消极甚至对抗因素，如不及时地给予正确引导，可能会带来不良后果。因此，研究挫折理论，正确引导人们在挫折以后的行为，无论对个人还是对组织，都是十分必要的。

（二）挫折容忍力

所谓挫折容忍力，即个体对挫折的心理承受能力。人随时都有可能受到挫折，有的挫折是短暂的、轻微的，有的挫折是长时间的、严重的。人在遭受挫折时，都会作出相应的反应，但不同的人在心理和行为上的反应强度是不一样的，有的人可以面对严重挫折而毫不灰心丧气，不折不饶，有的人可能因此一蹶不振，精神崩溃。由于人们对挫折的容忍力不同，因而对挫折的反应也千差万别。心理学研究表明，一个人对挫折的容忍力强弱主要受以下因素影响：

（1）身体条件。身心健康、身强力壮的人往往比体弱多病的人对挫折的容忍力强一些。

（2）生活经历。如果一个人在成长过程中经常遭遇挫折，那么他应对生活磨难的能力就比较强；反之，如果一直一帆风顺，终日养尊处优，则他对挫折的容忍力可能较差。

（3）对挫折的认知。挫折作为一种情感或行为反应，直接受个人认知水平的影响，由于每个人对客观现实认知的程度不同，因而对挫折强度的判断也就有所不同。对同样的挫折，有的人可能认为很严重，在心理和行为上所引起的反应就特别强烈，有的人则可能根本就没有意识到或可能觉得无所谓。

（4）个性特点。不同气质类型的人对挫折的容忍力有相当大的差异，胆汁质和多血质的人比抑郁质的人对挫折的承受力要大得多。在四种气质类型中，抑郁质的人最容易受挫，所以这种人出现心理疾患的比例要比其他类型多。

二、挫折产生的原因

（一）外在因素

外在因素又称客观因素，主要包括自然因素和社会因素两类。

1. 自然因素

自然因素即阻碍和影响人的目标实现、需要得不到满足的自然条件。这些又有轻重之分。严重的，如自然灾害、衰老、疾病、死亡；轻微的，如突然天降大雨、无法守时等。自然因素带有不可抗拒性和不可控制性。随着科学技术和生产力的发展，虽然人们对自然灾害的抗御能力逐步提高了，但这些因素使人受挫折仍是不可避免的。

2. 社会因素

社会因素是指在社会生活中使人遭受挫折的各种社会性的原因，包括政治、经济、组织、人际关系、家庭、道德、风俗等因素。社会因素造成个体的挫折有三种情况。一是个体与社会规范相背离，受到社会、组织和群体的阻止或惩处。比如，个体以权谋私，以不道德的手段达到个人的目的，当然要受到社会的限制乃至棒喝。二是个体的目标和社会规范一致，但受到一些错误势力、不良风气的阻挠，使个人受挫折。三是个体要求及目标脱离社会现实，不可能实现。

（二）内在因素

内在因素主要是指个体的主观因素，主要包括以下几种：

1. 个体的生理条件

个体的生理条件包括个人的身体、容貌、健康状况等。这些因素在一定条件下，也限制和阻碍个人的目标实现，造成挫折。例如，旅游饭店在招聘一线服务员、公关人员、大堂副理等工作人员时，对应聘者的身高、容貌、健康状况等有特殊要求，有些不符合这些要求的应聘者，虽然对该工种有一定的兴趣，但还是可能会被拒之门外。

2. 个性因素

个性因素包括个人的价值观、人生观、生活态度、抱负、气质、性格、能力等，它对人的挫折也有很大影响。缺乏正确的世界观、人生观，则遇到困难常常悲观失望，遇到挫折一蹶不振，悲观厌世。心胸开阔、性格开朗的人，利于克服困难；而心胸狭窄、性格内向的人在困难面前往往焦急泄气，于克服困难不利。

3. 知识、经验与才能

这是一个人能否做好工作、实现目标的重要条件。

4. 动机冲突

动机冲突即在日常生活中，一个人同时产生两个或两个以上的动机。这些动机无法同时获得满足，甚至相互之间是对立和相互排斥的，这样就产生了难以抉择的心理状态，这就是动机冲突。例如，一个青年面临提拔重用和上学深造两种选择，一时下不了决心，“鱼和熊掌”都想得到，结果“鸡飞蛋打”，提拔不成，上学机会错过，造成受挫折。

（三）工作情境因素

在组织管理中，使员工产生挫折，除了一般的外在因素和内在因素外，还有与组织管理有关的特殊因素，即工作情境因素，主要包括以下几种：

（1）组织管理方式引起的挫折。例如，领导者作风不民主，独断专行，对下属过分严厉的监督、控制以至惩罚，缺乏信任、尊重，不听取、不采纳下属的正确意见，甚至视下属的意见为不服从领导，嫉妒下属的才能等，造成下属无法做好工作，做不好又挨领导批评。员工的这种挫折纯属领导造成，而个体却有苦难言。

（2）由组织中的人际关系引起的挫折。组织中上下级之间缺乏信息沟通，互不信任；组织成员之间关系紧张，互相猜疑、嫉妒；人与人之间心理互不相容，从而使个体的友爱、亲和需要得不到满足，产生挫折感。

（3）工作安排不当引起挫折。组织领导对个体工作的安排，不适合个体的兴趣、气质、能力与性格，使个体产生挫折感。

（4）工作环境引起的挫折。例如，工作环境不安全，经常发生事故，或者工作环境太差，使人心情郁闷、烦躁，产生挫折感，不利于工作效率的提高。

（5）报酬不合理，晋级、职务提拔不公平，引起员工的挫折感。

三、个体受到挫折后的反应

（一）理性的挫折反应

这一类挫折反应通常说来既符合组织管理的需要，又有利于挫折者的社会适应与心理健康。所以，它们是管理者期望的挫折反应。

（1）继续努力。个体经过理智分析，认为眼前的失败或错误源于自身主观努力不够，只要坚定信念，调整行为，加强努力，便能实现期望目标。

（2）更换目标。个体经过理智分析认为，目前的失败或错误源于一时难以改变的自然因素或社会条件的约束，或者由于自身生理或心理条件与目标要求尚有距离，即使自己加倍努力，实现目标仍遥不可及，明智的做法是调低期望目标或更换目标。

（3）自我升华。个体经过理智分析认为，自己的某些需要与动机是社会规范所不认可的，个体只能对其加以自觉的改变，借助社会所许可的活动，求得变相的、象征性的满足。

（二）非理性的挫折反应

（1）攻击。美国耶鲁大学人群关系研究所的德兰（J. Dollard）曾提出“挫折攻击假说”：攻击是挫折的结果，由攻击行为的产生可以预测挫折的存在；反之，挫折的存在必定引起某种形式的攻击行为。个体受到挫折后，引起愤怒的情绪，会对构成挫折的人或物进行攻击。攻击分为直接攻击和转向攻击两种。例如，一个人受到同事的无故谴责，他可能以牙还牙、反唇相讥，表现为直接攻击。转向攻击即把愤怒的情绪发泄到其他人或物上去，这种情况是比较常见的。例如，一个人在单位出了事故，受到批评处分，回到家里骂老婆、打孩子、摔东西，以发泄自己的情绪。

（2）冷漠。个人对造成挫折的对象无法攻击，又找不到合适的“替罪羊”，就会把愤怒的情绪压抑下来，变得对挫折无动于衷、漠不关心。

（3）退化。当一个人受挫折时，表现出一种与自己的年龄、身份很不相称的幼稚行为，似乎又恢复到儿童时期的习惯与行为方式。例如，有的人在工作中遇到挫折或受到批评时，会像小孩一样号啕大哭，装病不起，或为一点小事暴跳如雷，粗暴地对待他人等。退化的另一种表现是易受暗示，盲目地相信他人，盲目地执行某个人的指示。

（4）固执。这里的固执通常是指被迫重复某种无效的动作，尽管反复进行某种动作并无任何结果，但仍要继续这种动作。例如，鲁迅笔下的祥林嫂遭受挫折后，总是唠唠叨叨地重复孩子被狼叼走的过程，就属于固执行为。批评不当或过多的惩罚，可能使人产生固执行为，所以在使用惩罚手段时要特别谨慎，否则会产生事与愿违的结果。

四、员工挫折与旅游企业管理

挫折所带来的后果，往往引起心理上和行为上的消极反应，挫伤员工的工作积极性。因此，在管理中应尽量消除引起员工挫折的环境，避免使员工受到不应有的挫折；当员工受到挫折后，应尽量减低挫折所带来的不良影响，提高员工对挫折的容忍力。

（一）宽以待之

遭遇挫折的员工，有时可能会采取消极的甚至有害的方法来发泄自己的不满情绪，如讽刺谩骂管理者、公然违背管理制度、破坏公共财物、消极怠工等，对此管理者不能单从思想意识和道德品质中去找原因，还应考虑心理因素。要采取宽容的态度，向受挫者伸出热情之手，雪中送炭，关怀鼓励，营造一种解决问题的氛围，千万不能落井下石、乘人之危，或者幸灾乐祸、冷嘲热讽。总之，管理者对受挫员工的行为应采取宽容的态度，耐心、细致地做他们的思想工作，以理服人。即使对言行过激的员工，也应该宽容，而不应采取针锋相对的措施，这并不表明管理者软弱，而是说明管理者有比针锋相对更好的方法。若采取针锋相对的办法，不但收不到良好的效果，还有可能使矛盾进一步激化。

管理者应把受挫者看成心理病人，他们非常需要得到管理者如医生般的帮助。医生看病不能只针对表现出来的症状，而必须弄清病理、查明病因，管理者对待不同的员工也要采取不同办法进行教育、引导。不管员工犯了什么过错，管理者都应该采取宽容的态度，但宽容不等于不讲原则，不分是非。在采取宽容态度之后，管理者应在受挫者冷静下来时，实事求是、以理服人地帮助他们提高认识、分清是非，如果确属管理者工作失误而引起的员工受挫，管理者要勇于承认错误，只有这样才更有利于受挫者变消极行为为积极行为。

（二）提高认识

人生的道路是复杂曲折的，每个人无论是在工作上，还是在生活上，不可能万事遂意，不可避免地要遇到这样那样的挫折。因此，旅游企业的各级管理者要经常教育、提醒员工对生活、工作中可能遇到的挫折有充分的思想准备。在遇到挫折时，有无思想准备是不一样的。有准备者，往往能够冷静地分析原因，总结经验教训，坦然面对挫折；没有准备者，面对突如其来的困难往往手足无措，无法应对，失去信心和勇气。

[补充案例]

范雎的故事

战国时期，有位出生于魏国的范雎，因家道没落于是投奔魏国大夫须贾手下当门客。有一次，须贾奉命出使齐国，范雎作为随从前往。到了齐国，齐襄王迟迟不接见须贾，却因仰慕范雎的辩才，叫人赏给范雎十斤黄金和酒，但范雎辞谢了。须贾却由此产生了疑心，认为范雎是因为把秘密情报告诉齐国，才得到礼物。回国后，须贾把自己的疑心告诉了魏国宰相魏齐。魏齐下令把范雎传来，用竹板责打他，打折了肋骨，打落了牙齿。范雎假装死了，被人用箔卷起来，丢在厕所里，接着魏齐设宴喝酒，喝醉了，轮流朝范雎身上小便。范雎备受屈辱，但忍耐不发。后来，范雎设法逃出魏国，改名换姓，辗转到了秦国，做了秦国的宰相，留名于青史。

在现代商业社会，变化往往比计划来得快，机会的凸显往往伴随着更多的波折。许多突如其来、意想不到的事情常常折磨人们心中原本的纯真或善良，有时风霜雨雪会裹挟着残酷压迫打击人进取的雄心和志气。

是怨天尤人在痛苦中消失，还是审时度势忍耐坚持，以期东山再起？人的一生再如何顺利也会遭受社会中不确定的对待，还得直面挫折带来的沉重精神负荷，忍耐并等待机会将是最大的精神自慰。

古语说：“莫大之祸，起于须臾之不忍。”“忍得一时之气，免得百日之殃。”人遇困境之时，必是自身力量弱小之时，不能忍耐，自身必将受到伤害，何谈日后成就大事？

（三）改变环境

对待挫折的有效方法之一就是改变挫折的环境，其方法有两种：一是调离原工作和生活环境，到新的环境里去；二是改变环境气氛，给受挫者以同情和温暖，使他们感到自己没有受到集体的排挤，仍是集体的一员。为了更有效地把受挫者的消极行为转化为积极行为，管理者应尽可能地少采取惩罚性的措施，因为这样会加深挫折感。例如，一个导游人员在带团过程中发生了责任事故，或由于某种原因受到游客的投诉，并因此受到领导的严厉批评，他很有可能感到没有面子，在同事面前抬不起头，出现一些消极情绪和行为。对此，管理者应果断地为其调整工作岗位，让其重新树立信心。很多事实证明，变换环境后，对人们重新找回自信、实现自己的价值非常有帮助。

（四）精神发泄

精神发泄是指创造一种情境使受挫者把压抑的情感自由表达出来，这样有助于恢复理智行为，达到心理平衡。精神发泄的具体方法很多。例如，可以给制造挫折的人写信，发泄不满，但信写好可不发出去，以免伤害对方，造成更大的矛盾冲突。也可以找好朋友谈谈内心积压的不满，恢复心理平衡。国外企业中还有开设“泄气室”的做法。例如，日本一家电器公司专门设立了“情绪发泄室”，在里面放着各种棍子，心里有气的员工可以进去用棍子或拳头打人体模型，以发泄自己的愤怒。

第四节　旅游工作者常用的自我防御机制

当个体面对压力、挫折、冲突等情况时，就可能产生焦虑。为了应对这种压力，减轻或摆脱焦虑的困扰，保持心理相对平衡，人们会自觉或不自觉地使用各种自我防御机制，以减少挫折对自己的伤害，减轻和消除内心的不安感。

下面将分析旅游工作者常见的自我防御机制及其运用。

一、升华

升华即把本能的心理能量提高到高级的、为社会文化能够接受的状态。升华是防御机制中最具有积极意义的一种形式。在运用升华机制时，本能没有被阻挠或转移，而是另辟蹊径。例如，旅游工作者把自己遭受挫折产生的攻击欲望加以升华，努力学习专业知识，使自己成为一个业务能手，或者通过有趣的游戏、运动和业余爱好来表达自己的攻击性。在升华的防御方式作用下，原来的动机冲突得到了宣泄，不但可以产生适应的本能性满足，消除因动机受挫而产生的焦虑，而且能够使个体顺应社会文化，获得成功的满足。

二、补偿

补偿是指一个人在生活的某一方面的需要无法获得满足而产生挫折感时，转而选择其他能够使自己成功的活动加以代替，从而掩盖自己的自卑感和不安全感，弥补自尊和自信，减轻不适感。例如，某饭店的某位电话接线员是位下肢瘫痪的残疾人，由于身体原因不能直接进行对客服务，但她却用甜美的声音为客人提供了优质的服务，取得了突出的工作业绩。

三、幽默

幽默是指以潜意识的语言或象征来应付紧张的情境或表达潜意识的欲望。一般来说，人格较为成熟的人，常懂得在适当的场合，使用合适的幽默转变困境，大事化小，小事化了，渡过难关，较成功地适应窘境。同时也能引发喜悦和快乐，创造一种轻松、愉快的环境气氛。幽默的防御机制有益于身心健康、人际交往，有益于旅游服务工作。

四、克制

克制是指一个人在行将作出冲动的反应时，在意识或潜意识中暂且压制这种冲动，延迟行动。例如，面对盛气凌人、胡搅蛮缠的客人，旅游工作者可以使用压制的自我防御机制："我现在不能发怒，下班以后我会处理这种情绪的。"以后也确实处理了这种情绪。在与客人交谈中急于开口去反驳对方时，也可以使用这种防御机制延缓反应，如端起茶杯来喝口水，就延缓了"反驳"这种行为。

五、合理化

合理化是指通过使用一种歪曲现实的理由或借口，来使自己的行为在自己和他人的心目中显得更合乎理性，以起到保护自己自尊心的作用；这些理由和借口未必是真实的，而且在他人看来往往是不合乎逻辑的，但其本人却能以此说服自己，并感到心安理得。自我辩解、自我解嘲、自欺欺人等，都属于合理化作用。

六、逃避机制

逃避机制是指个人不敢面对自己预感的挫折场景，而逃到比较安全的地方。它包括三种形式。一是逃向另一现实。例如，刚进入旅游企业不久的工作人员因为不能胜任工作而极力想调到其他岗位上，甚至放弃应该做的工作而埋头于自己的嗜好或娱乐。二是逃向幻想，从现实困境撤退到幻想世界。如此不但能避免痛苦，还可以使很多欲望获得虚假的满足。三是逃向生理疾病。例如，出于过度紧张，服务人员在接待贵宾的重要场合失声。个人借生理上的某种机能性障碍得以逃避面对的困难，是一种病态反应，而非有意识装病。但本质上，逃避的自我防御机制不利于旅游服务工作的开展。

七、投射机制

投射机制是指把自己不能接受的欲望、动机、观念、态度等“投射”到他人身上，说成是他人有这些欲望、动机、观念、态度等，以此来降低自己的焦虑。例如，有的旅游工作者缺乏耐心及敬业精神，当客人对其服务质量提出质疑、投诉时，他反而到处诉苦说客人如何挑剔、难伺候，对客人百般刁难。总之，投诉的问题是客人找碴儿而不是他自身的原因。

八、攻击机制㊀

攻击机制是指个人受到挫折后，产生强烈的敌视心理和愤怒的情绪，为了发泄自我的不满情绪，在言行上表现出对抗性的行为反应。前文中已经提到，攻击可以分为直接攻击和转向攻击两种。直接攻击就是在个体受挫后直接把矛头指向造成挫折的人或物。常见的有顶撞、谩骂、吵闹，甚至拳脚相加。一般来说，自尊心过强、脾气暴躁的人，容易将愤怒的情绪向外发泄，而采取直接攻击的行为反应。转向攻击的表现有三：一是“迁怒”，即将愤怒的情绪发泄到其他人或物上；二是“无名烦恼”，即没有明显的对象可以攻击，或受挫不知如何攻击，而使情绪陷入低潮；三是“自罪”，是指对自己缺乏信心的悲观者，认为受挫是因为自己无能，自己不中用，而把攻击的矛头对准自己，责备自己，甚至践踏自己，性格内向的人容易产生这种行为。使用这种防御机制对旅游服务工作有极大的危害。

自我防御机制有成熟和不成熟之分，以上八种自我防御机制中，前四种是成熟的自我防御机制，不仅对个体适应社会有效，而且可以被一般社会文化所接受，所产生的效果是积极的、建设性的，有利于提高旅游工作者的心理健康水平，帮助他们调整好心态，为客人提供优质的服务；后四种是不成熟的自我防御机制，虽然使用它们也能够在一定程度上降低和缓解焦虑、恢复心理平衡，但却可能成为一种心理障碍的原因，会产生消极的效果和破坏性的作用，甚至激化各我矛盾，降低旅游服务质量，是旅游服务工作中应该极力避免的。

[关键概念]

1. 心理健康（psychological health）
2. 情感（emotion）

㊀ 吕勤.《旅游心理学导论》. 重庆大学出版社. 2007.

3. 情绪（mood）
4. 心境（state of mind）
5. 激情（enthusiasm）
6. 应激（stress）
7. 冥想（meditation）
8. 挫折（frustration）
9. 挫折容忍力（frustration tolerance）
10. 克制（restraint）
11. 逃避机制（escape mechanism）
12. 投射机制（projection mechanism）
13. 攻击机制（attack mechanism）

[复习与思考]

1. 美国心理学家马斯洛和米特曼提出的心理健康标准是什么？
2. 愤怒、性急、悲观、厌倦等几种消极情绪如何处理？
3. 举例说明：如何运用形象和联想控制法、动作和姿态矫正法来调节情绪？
4. 试一试你是否已经学会本章介绍的冥想训练法和放松训练法。
5. 什么是挫折？引起挫折的原因有哪些？
6. 挫折后的行为反应有哪些？
7. 试述旅游企业应对员工挫折的对策。
8. 旅游工作者常用的自我防御机制中哪些是建设性的？哪些是消极的？

[案例分析]

忧郁的导游人员小于

导游人员小于最近心情很烦躁，因为他工作的旅行社要裁员，并且女朋友对他的态度忽然变得冷漠了，让他不知所措，所以，他总想随处坐躺，感到无所事事，每一件事情都显得晦暗，时间变得很难熬。他的脾气变得暴躁，而且常用睡眠来驱走忧郁或烦闷，但后来此方法也失效了，出现了慢性疲劳症候群、失眠或经常睡觉且睡眠时间过长、失去食欲或狼吞虎咽、头痛、背痛、结肠毛病，而且会感到人生空虚及毫无意义。

低落的情绪状态严重影响了他的工作，他所带旅游团的客人都投诉他。客人反映他每天都拉长了脸，像谁欠了他钱似的，在导游过程中，面部毫无表情，总是和客人保持着很远的物理距离和心理距离，常常出现客人找不到他的情况，甚至出现了由于他没有明确、清楚地通知客人上船游小三峡的具体时间、地点，让两位老先生错上了其他旅游团的船，让大家等待、寻找了一个上午。结果，大大影响了旅游团客人的游兴，引得大家集体抗议他这样不负责的行为。

旅行社刘经理面对客人对小于的投诉，没有采取简单、粗暴的批评和处罚，而是与他敞开心扉谈话，了解这些行为背后的真正原因，小于感觉找到了倾吐烦恼的对象，将自己的焦虑、不安、烦恼全吐露出来。刘经理循循善诱，为他减压，并建议小于可以到医院看医生，得到专业的治疗。

后来，小于说："走出刘经理的办公室，我就感到轻松了一半，不然，我连自杀的念头都有了。我真的很感谢刘经理，他不但是我的好领导，也是我生活中的好老师，在我迷茫的时候为我指引道路！"

小于接受刘经理的建议，到医院精神科进行了治疗，很快小于又恢复了往日的欢笑。雨过天晴之后，小于的导游工作不再是被投诉第一，而是得到了客人的表扬。小于以从未有过的精力和热忱投入到了工作中。

[问题讨论]：

1. 简述情绪对旅游企业员工的影响。
2. 评价一下刘经理的做法。

第十二章

旅游企业领导心理

[学习目标]

通过对本章的学习，了解领导、领导者的含义及区别，掌握领导的功能、领导者的影响力；了解构成领导者心理品质的要素；掌握领导者群体的优化心理结构及具体要求。

◆[案例导入]

校长对教师的管理方法

某校校长管理教师分三种情况：对青年教师，尤其是新来的教师，他每月交代一次任务，并告诉他们怎样去具体完成；对中年教师，他很注意关心他们的生活困难，教学工作上喜欢听取他们的意见；对老教师，除关心他们的身体外，对日常教学工作，校长一概不问。

这位校长的管理方法对吗?

在旅游企业管理中，领导是一个关键因素。企业中各种规章制度制定得是否合理，执行得是否公正，领导者与下属的关系是否融洽，是否能有效地调动员工的工作积极性，与下属能否进行良好的沟通等，这些问题的解决都离不开领导。领导者的心理品质和领导风格也是影响旅游企业员工积极性和创造性的重要因素，因为不同的领导行为会给企业造成不同的氛围，给人以不同的心理影响。而企业的氛围是决定人的行为表现和积极性高低的重要条件。因此，领导心理的研究是旅游企业管理工作的重要课题之一。

第一节　领导的基本问题

领导领什么？什么时候领？怎样领？看起来是一个不值得提出的问题，但实际上并不是一个容易回答的问题。特别是在知识经济时代，管理中领导的概念逐渐从传统的“管”过渡到“协调、合作”，领导方式、行为模式也发生了重大的变化。领导是组织运行与发展的主导因素，领导者决定着组织发展的方向和水平的高低，研究领导者在领导过程中的心理和行为，有助于提高领导的有效性和促进旅游企业的发展。

一、领导与领导者

什么是领导？不同学者从不同角度进行了解释。传统管理理论认为，领导是组织赋予领导者的职位和权力，以率领其下属实现组织目标。现代管理学家认为，领导是对组织内群体或个人施行影响的活动过程，领导是影响一个集体走向目标的能力。管理心理学家认为，领导是影响人们为实现团体目标而自觉努力的一种行为；领导是一门促使其部属充满信心、满怀热情完成任务的艺术。行为科学家认为，领导是一种行为和影响力，这种行为和影响力可以引导和激励人们去实现组织目标，是在一定条件下实现组织目标的行动过程。

综上所述，可以把领导概括为：领导是指引和影响个体、群体或组织在一定条件下实现目标的行为过程。而致力于实现这个过程的人则是领导者。由此可见领导和领导者是两个不同的概念。

领导是领导者为实现组织的目标而运用权力向其下属施加影响力的一种行为或行为过程。领导工作包括五个必不可少的要素，领导者、被领导者、作用对象（即客观环境）、职权和领导行为。

在英语中领导（leadership）与领导者（leader）是两个词，很容易区分。在汉语里，领导一词有双重含义：一是作名词用，指的是领导者、带头人或领袖；二是作动词用，有率领、引导的意思。人们习惯把领导者称为领导，把领导者的行为也称为领导，显然是不准确的。领导者是组织中的一种角色，而领导是领导者的一种行为。领导者的行为与领导者本人紧密相连，直接受领导者个人心理特征的影响。领导的本质是一种人与人的关系，即领导者与被领导者之间的关系。领导就是要通过这种人与人的关系，激发每一个员工的工作积极性和工作热情，使之为实现组织目标而努力。

领导工作的特点在于它本身是一种投入，而其产出却表现为他人的行为，因此，领导效率的高低和领导工作的成功与否，并不反映在领导者行为的本身，而要从被领导者的行为效率来鉴定。被领导者的行为效率（对企业贡献的大小）受各种因素的制约，如工作动机、热情、工作能力等，这些因素很多都与领导者的行为有关。因此作为一个领导者，不管他自己是否意识到了，实际上他的行为随时都在影响着被领导者的行为。原因在于领导者投入的变化，必然要导致被领导者产出的变化。当然，领导者的投入与被领导者的产出，不是简单的、机械的、一对一的关系，而是一个十分复杂的心理过程。

领导是一个动态的过程。这个过程是由领导者、被领导者及其所处的环境这三个因素所组成的复合函数，用公式表示即：

$$领导 = f(领导者，被领导者，环境)$$

即领导是由三个变量因素组成的，而且变量之间都存在着内在的联系，同时每个变量的变化都会引起领导行为的变化。在领导这一动态过程中，领导者诚然是一个起主导作用的因素，但是被领导者素质的高低、能力的强弱，对领导行为也有着重要的影响。任何企业都处在某种特定环境下，客观环境对人的行为有很大的影响。

二、领导的功能

领导的功能是指领导者在领导过程必须发挥的作用，即领导者在带领、引导和鼓舞下属为实现组织目标而努力的过程中，要发挥组织、激励和控制作用。

1. 组织功能

组织功能主要是为实现企业的目标，科学、合理地组织生产、经营管理活动。它一方面表现为制定工作目标，进行决策；另一方面表现为合理组织使用人、财、物，科学管理。组织功能是领导的首要功能，没有领导者的组织过程，一个组织中的人、财、物只可能是独立的、分散的要素，难以形成有效的生产力；通过领导者的组织活动，人、财、物之间合理配置，构成一个有机整体，才能实现组织的目标。

2. 激励功能

激励功能是领导的主要功能，一个领导者能否激发和调动员工的工作积极性，是衡量他领导水平的主要标准之一，它直接关系到领导行为的效能。

激励功能主要包括以下三方面的内容：

（1）提高被领导者接受和执行组织目标的自觉性。

（2）激发被领导者实现组织目标的热情。

（3）提高被领导者的工作、生产效率。

3. 控制功能

控制功能是指在领导过程中，领导者对下级和员工以及整个组织活动的驾驭和支配的功能。在实现组织的目标过程中，“偏差”是不可避免的。这种“偏差”的发生可能源自于不可预见的外部因素的影响，也可能源自于内部不合理的组织结构、规章制度、不合格管理人员的影响，纠正“偏差”、消除导致“偏差”的各种因素是领导的基本功能。

三、领导影响力[1]

影响力一般是指人在人际交往中影响和改变他人心理与行为的能力。领导影响力就是领导者在领导过程中，有效改变和影响他人心理和行为的一种能力或力量。任何领导活动都是在领导者与被领导者的相互作用中进行的。领导工作的本质就是人与人之间的一种互动关系，在领导过程中，领导者如果不能有效影响或改变被领导者的心理或行为，那他就很难实现领导的功能，组织目标也就无法实现。

领导影响力在领导过程中发挥着重要的作用，具体表现在：领导影响力是整个领导活动得以顺利进行的前提条件；领导影响力影响着组织群体的凝聚力与团结；领导影响力可以改变和影响组织成员的行为。

四、领导方式

领导方式是指领导者与被领导者之间发生影响和作用的方式。按照不同的标准可对领导方式作不同的划分。领导方式是领导过程中领导者、被领导者及其作用对象相结合的具体形式。组织管理的成效如何，取决于领导者的领导方式是否得当。领导方式是直接影响领导效能的重要因素。了解和认识领导方式，并且善于随着时代的变化转变领导方式，是实现领导目标、做好领导工作的重要条件。

1. 集权式、分权式与均权式

按领导权力的控制和运用方式，领导方式可以分为集权式、分权式与均权式。

集权式领导方式是一切权力集中于领导集团或个人，偏重于运用集权形式推行工作，而不注意授权。集权式只在特定环境下使用才有效。

分权式领导方式是指领导者决定目标、政策、任务的方向，对下属完成任务的行为活动不加干预，下属有一定的自主决定权。

均权式领导方式则是领导者掌握一些重大权力，同时适当分权给下属，使下属在其职能范围内有一定的自主权。其特点是保持权力平衡，不偏于集权，也不偏于分权。

2. 强制命令式、自由放任式与教育激励式

按领导指挥模式，领导方式可以分为强制命令式、自由放任式与教育激励式。

强制命令式的领导方式，注重正式组织结构、组织规章及纪律的作用，通过组织系统，采取命令方式实施领导。用这种方式，领导效率较高，但下属的主动性和积极性不易发挥。

自由放任式的领导方式，不注意权力和规章制度、纪律的作用，对下属采取

---

[1] 刘纯.《旅游心理学》. 高等教育出版社. 2004.

自由放任的态度。这种方式容易出现混乱和失控的状况。

教育激励式的领导方式，注重思想教育和激励工作，运用灌输、对话、启发、商讨等说服教育的方法和各种激励手段，激发人的内在动力，使下属心悦诚服地领会和接受领导的意图，自觉地为实现特定领导目标而努力。它是一种行之有效的领导方式。

3. 重人式、重事式与人事并重式

按领导活动的侧重点，领导方式可以分为重人式、重事式与人事并重式。

重人式领导方式致力于建立和谐的人际关系和宽松的工作环境，以人为中心进行领导活动。

重事式领导方式注重组织的目标、任务的完成和领导效率的提高，以事为中心进行领导活动。

人事并重式领导方式则既关心人，也注重工作，做到关心人与关心事两方面的辩证统一。只有关心人，才可能调动人的积极性，也只有同时关心工作，才可能使每一个人都有明确的责任和奋斗目标。

第二节　领导者的心理品质

任何一个领导者要适应领导工作的需要，就必须具有从事领导工作所必需的心理品质。领导者应该具有什么样的心理品质，主要是由领导者在社会活动中充当的角色和领导者活动的一般特点决定的。对领导者应该具备的心理品质的研究具有非常重要的意义。

人的心理品质指的是一个人在心理过程和个性心理特征方面表现出来的根本特点。人的心理现象是由两部分构成的，即心理过程和个性心理特征。在这两个方面，每个人都会表现出经常的、稳定的根本特点。由于每个人的先天素质、后天生活环境以及实践经历不同，因此，每个人在心理活动中所表现出来的特点也是不同的。所以，每一个领导者在心理品质上，都有自己的特殊性。领导心理学对领导者心理品质的研究，并不是要研究每一个领导者在心理品质上的特殊性，而是要研究为了适应领导工作的需要，领导者应该具备的心理品质。在现实生活中，经常会看到这样的情况，在同一个单位，同样的条件下，由于领导者的心理品质不同，工作效果就大不相同。在一个单位，由于领导者的更换，可能导致群体心理气氛、工作效率、群体中的人际关系等各方面的变化。在这里，领导者的心理品质起着重要的作用。

那么，领导者应该具备什么样的心理品质，才能适应领导工作的需要呢？根据领导者所扮演的社会角色和领导者活动的一般特点，领导者应该具备的心理品质包括以下几个方面：

（1）良好的认识品质。领导者良好的认识品质是由敏锐的观察力、稳定的注意力、牢固的记忆力、丰富的想象力和深刻而完备的思维能力构成的。

（2）优秀的情感意志品质。领导者优秀的情感意志品质是由高尚的情操、稳定的情绪和坚强的意志品质构成的。

（3）完善的个性心理品质。领导者完善的个性心理品质，主要是由健全的性格和必备的能力构成的。

总之，领导者所从事的领导工作，是与紧张冒险的社会活动、大量信息的保存和加工、高效率的工作方式、创造性的活动内容紧密相连的。这就决定了领导者的心理活动是极为紧张、极其频繁的，他要承受比一般人更为沉重的心理压力。所以，一个领导者要胜任自己的工作，没有良好的心理品质是根本不行的。

一、领导者的认识品质

领导者认识方面的心理品质，在领导活动中起着重要的作用。它是领导者收集信息、了解情况、分析问题和解决问题的心理基础，是领导者获得成功的前提条件。任何领导者的一切活动都是建立在对客观世界认识的基础上的。领导者要正确、有效地认识客观世界，就必须具备良好的认识品质。

领导者的认识品质是指一个领导者能够顺利、有效地进行认识活动所必备的各种特定的心理特点。它是领导者应具备的敏锐的观察力、稳定的注意力、牢固的记忆力、丰富的想象力以及深刻而完备的思维能力的综合。

（一）领导者的观察力

人的认识是从感觉和知觉开始的。感觉是人脑对直接作用于感觉器官的客观事物的个别属性的反映。知觉则是人脑对直接作用于人的感觉器官的客观事物的整体反映。依据人在知觉客观事物时是否有预定的目的，知觉可分为有意知觉和无意知觉。观察是有意知觉的最高形式，是一种有目的、有计划、有组织的知觉。人的有意知觉的能力称为观察力。它是人们在观察活动中表现出来的心理特点。

由于人们的素质和其他方面的原因，人们的观察力是有差异的，有的人强一些，有的人弱一些。一个人是否具有良好的观察力，直接影响人们对客观事物认识的范围和程度。作为一个领导者应该具有良好的观察力。领导者良好的观察力主要有如下基本特征：

1. 观察的客观性

观察的客观性就是说，一个领导者在观察客观事物的过程中，要克服各种因素造成的错觉和偏见，正确地反映客观事物的本来面貌。人的感觉和知觉与客观事物是直接相联系的，它们与反映对象之间没有、也不需要任何中间环节。人们能否正确地认识客观事物，首先就在于在观察的过程中能否真正排除各种不利因素的干扰，反映客观事物的本来面貌。对于一个领导者来说，他身负重任，他的观察是否具有客观性，有着更为重要的意义。革命导师列宁曾指出："只有客观地考察该社会发展的客观阶段，考察该社会和其他社会之间的相互关系，先进阶级才能以此为依据，制定出正确的策略。"

2. 观察的全面性

世界上的一切事物都是十分复杂的，任何事物的自身都包含着各种不同的因素；任何事物都与周围的其他事物有着不可分割的联系，任何事物都有它的过去、现在和未来。这就要求领导者在观察事物时，必须全面地看问题，对一个事物要从各个方面进行系统的观察。

3. 观察的敏锐性

观察的敏锐性就是一个领导者在观察活动中，迅速地抓住那些反映事物的本质而又不易觉察的现象。这也是领导者良好观察力的极为重要的特点。

（二）领导者的注意力

所谓注意，是指心理活动对一定对象的指向和集中，就是特定时间内心理活动有选择地指向一定的对象而抛开其他对象。例如，人们在聚精会神地做某件事的时候，对其他的事就会视而不见、听而不闻，这就是注意现象。人的注意可以按其是否有确定的目的、是否需要意志努力分为两种，即随意注意和不随意注意。注意力就是人随意注意的能力，也就是一个人能按预定的目的在特定时间内把心理活动指向特定对象的能力。作为一个领导者，为了适应领导工作的需要必须具有良好的注意力。

1. 注意的稳定性是良好注意力的第一个重要特征

注意的稳定性是指能够在长时间内把注意保持在稳定的对象或活动上。一个人能做到这一点他的注意力就稳定，否则就不稳定。这实际上是一个专心和分心的问题。

2. 注意的广阔性是良好注意力的第二个基本特征

注意的广阔性是指一个人在同一时间内把握对象的数量多、注意范围大。人在注意范围方面是有差异的，例如，有的人一眼只能看清一两个字母，有的人却可以看清五六个，前者注意范围比较窄，而后者则较为广阔。历史上一些杰出的领导者和当代一些国家领导人都具有超人的注意的广阔性。据列宁的战友回忆说："经年累月的实践使列宁养成了十分独特的阅读方法。他惯于一目十行、二十行，迅速抓住整段整页的意思……他不像一般人那样，一行接一行的默诵字句，而是像强大的抽水机似的，不停地急速吸取一本书的内容。"据斯大林身边的工作人员讲，斯大林注意的广阔性也是惊人的，一般的书籍他一小时能读200多页，而且能够准确地掌握书中的要点。此外，美国的罗斯福总统、法国的蓬皮杜总统都有这种一目十行的速读本领，表现了他们注意力上的超人的广阔性。

3. 注意的转移性是领导者良好注意力的第三个基本特征

注意的转移性是指一个人能够根据新的要求，有意识地、迅速地把自己的注意力从一个对象转移到另一个对象上的能力。对于领导者来说，也就是在处理完一件事后，注意力能迅速地转移到另一件事上去；在完成上一阶段的工作后，注意力能马上转到下一段工作上去。

（三）领导者的记忆力

领导者在日常的工作中通过感知获得的各种信息，有许多是需要加以保存的，以便用时随时提取。记忆就是信息的输入、存储、编码和提取的过程，在领导活动中，领导者的记忆力有着非常重要的作用。因此，领导者必须努力培养自己的记忆力。

所谓记忆，是指过去经验过的事物在头脑中的反映。人们过去感知过、思考过和经历过的事物，总会不同程度地留在人们的脑海中，并在一定的条件下重新反映出来，这种对过去经验过的事物的重新反映就是记忆。人通过记忆可以保持和再现自己已经获得的知识和经验。

人的记忆包括识记（识别和记住事物的过程）、保持（巩固已获得的知识）、重现（把过去感知的事物回想起来）、再认（当过去感知过的事物出现在眼前时能够认识它）四个基本环节，人的记忆力就是在这四个基本环节表现出来的认识能力。衡量一个领导者记忆力如何，主要就是看其识记是否敏捷，保持是否持久，在需要的时候是否能迅速地把需要的内容回忆和再认出来，以及记忆的内容是否准确。领导者的良好记忆力具有以下基本特征：

1. 识记的敏捷性

人们对反映的对象反复地观察，在头脑中建立起暂时的神经联系形成经验就是识记。人们识记的速度是有差异的，对于同一个对象有的人可以做到过目不忘，而有的人记住它则需要较长时间的努力。识记的敏捷性对于提高领导者的认识水平起着非常重要的作用。

2. 记忆的精确性

所谓记忆的精确性，是指能准确而精细地记住反映对象，而且没有任何的歪曲和附会。记忆的精确性可以保证一个领导者把接受的各种信息准确无误地存储下来。如果一个领导者记忆不精确，那么，他所记的就没有价值。领导者的任何一个决定和行动都关系到整个部门的全局。领导者记忆的精确性，是领导者作出正确的决定和采取正确行动的一个前提条件。

3. 保存的持久性

保存的持久性是指对一些需要长期记忆的事物或事件，能在头脑中扎扎实实地保存下来。人的记忆力分为短时记忆和长时记忆。对于一个领导者来说，有些并不需要长时记忆，例如，每天临时处理的问题和每天的工作步骤，并不需要长期地保存在记忆之中。然而，有一些却是需要长时记忆的，例如，工作中根本性的经验教训、一些必备的知识、单位的某些重要情况，甚至每个被领导者的名字等，必须有意识地、长期地保存在头脑中。这就需要领导者的记忆力除了具有记得快、记得准的特点之外，还要有记得牢的特点。

4. 记忆的准备性

记忆的准备性是指能迅速地把当时需要的、已经获得的知识和经验提取出来。记忆的目的是以备应用，如果一个领导者不能及时地把工作中所需要的知识和经验提取出来，那么他所获得的知识和经验即使再丰富，也不可能有效地为工作服务。

（四）领导者的想象力

在领导活动中，领导者要想卓有成效地完成自己的工作，也需要展开想象的翅膀。领导者丰富的想象力在领导活动中有着非常重要的作用。

想象是人脑对原有的感知形象进行加工改造形成新形象的心理过程。人们在认识活动中，通过对事物的感知，在头脑中形成许多形象，这就是表象。人们根据自己的知识和经验把某些形象在头脑中加工成新的形象，这种心理过程就是想象的过程。想象创造的新形象是想象者并没有亲自感知过的。但是，它不是超现实的，而是人们在已往感知过的旧形象基础上加工而成的。想象只是对原有形象的一种改造，是以实践为基础的，受实践制约的。在不同的历史时期、不同的社会制度下，不同的人想象的内容是不同的。

想象在性质上可以分为两大类：一类是消极的想象；另一类是积极的想象。所谓消极的想象，是指没有一定目的、意图，顺其自然而进行的想象。在这种想象过程中所想到的各种情景，往往是东拉西扯、离奇古怪，例如，梦、出神、假寐状态中的想象都是一种消极的无意的想象。所谓积极的想象，是指根据一定的目的自觉进行的想象。想象力主要是指人进行积极想象的能力。

领导者应该具有丰富的想象力，这种丰富的想象力主要表现为：

1. 要有再建性想象的能力

再建性想象就是指自己没有亲身经历过，根据他人的描述在头脑中形成新形象的过程。例如，领导者在听取汇报过程中，根据汇报人的描述，在头脑中对汇报的情况形成具体的形象，就是一种再建性想象。

2. 要有创造性想象的能力

创造性想象是指在他人没有现成描述的情况下，在脑子里依据已往的知识和经验创造新形象的过程。例如，作家塑造自己作品中的人物形象；工程师在设计的过程中，在头脑中构想新产品的形象等。作为领导者，创造性想象主要表现在对领导目标和实现领导目标的设想之中，以及对工作计划实施具体步骤的构想之中。

3. 要有憧憬的能力

憧憬就是一个人对自己追求的未来事物进行的想象。憧憬也是一种幻想，它可向两个方向发展：趋向客观规律，并在实践中努力实现就是理想；脱离现实，背向客观规律，使幻想无法实现便是空想。领导者应发展自己的憧憬能力，并尽力使它趋向客观规律和伟大的理想。这是领导者丰富想象力的一个极其重要的内容。

（五）领导者的思维能力

在人的认识过程中，经过感性直观阶段后便进入了理性思维阶段。对于领导者来说，思维能力就是他智慧的最高表现。一个领导者之所以能够做到运筹帷幄，决胜千里，良好的思维能力是他成功的重要条件之一。领导者要实现自己的领导职能，必须具有良好的思维能力。

所谓思维就是指人脑对客观事物的一般特性和内部联系的反映。它是认识的高级阶段，是以已有的知识为中介进行推断和解决问题的过程。这个过程包括分析、综合、比较、抽象和概括等环节。思维的基本形式是概念、判断和推理。一个人在思维过程中表现出来的基本特点就是一个人的思维能力。

领导者应该具备的良好的思维能力具有如下基本特征：

1. 思维的广阔性

思维的广阔性是指一个人在思维活动中，能够抓住问题的全面，而又不忽视重要的细节的能力。对于领导者来说，思维的广阔性就是在决策和处理问题过程中，考虑问题要全面、周到，既要分析全局的情况，又要考虑局部细节；既要照顾该事物本身，又要照顾与该事物有关的各种条件；既要考虑这一事物的现状，又要分析它的历史和发展前途。要避免考虑不周带来的失误。

2. 思维的精确性

思维的精确性是指在思维过程中具有求实精神，论据准确、论证充分，不下任何草率结论的能力。对领导者来说，在思维论证过程中，更要保持其思维的精确性。每一论点都要有准确的根据，每一论证都要有经过严格检验的具体材料。

3. 思维的敏捷性

思维的敏捷性就是指一个人在进行思维的过程中，思维速度快、当机立断和及时解决问题的能力。领导者思维的敏捷性主要表现在：在思维的具体过程中，反应速度快，分析、综合、比较、抽象、概括等心智操作过程能在短时间内迅速完成；在处理问题时，能够适应各种情况，积极进行思维，周密地考虑，准确地判断和迅速地得出结论，因而，分析问题简单明了，解决问题干脆利落。

4. 思维的灵活性

所谓思维的灵活性，是指一个人在进行思维的过程中，善于随机应变、相机行事的思维能力。领导者思维的灵活性主要表现在：在领导工作中，能够根据不同的情况和条件灵活地运用知识和经验；在解决问题时，能够随时依据实际情况，灵活地采用不同的解决问题的方法。总之，面对错综复杂、不断变化的客观情况，能准确、及时地作出反应，并采取切合实际的对策。

5. 思维的逻辑性

思维的逻辑性是指思维具有严密的逻辑，严格遵循着逻辑规律进行的能力。领导者思维的逻辑性表现在：提出问题明确、清晰；论证问题有条有理。杰出的领导者思维的逻辑性都是很强的。

6. 思维的深刻性

思维的深刻性就是善于透过现象看本质、把握事物的规律的能力。领导者思维的深刻性表现在：能够冲破眼前局势的束缚，高瞻远瞩地预示到事物发展的前途。与思维的深刻性相反的，是思维的肤浅性。它在领导活动中表现为：认识仅停留在表面现象上，鼠目寸光，缺少韬略。

7. 思维的创造性

思维的创造性就是指在思维领域内追求“独到”和“最佳”，在前人、常人的基础上有新见解、新突破。领导者思维的创造性具体表现为两个方面。一是思维具有独创性，不满足于上传下达、循规蹈矩、重复上级的指示和他人的经验，而是在上级指示和他人经验的基础上刻意求新，运用自己的聪明才智，寻求新的解决问题的方法。即使是上级没有想到的、他人没有涉及的，也能提出自己的独到见解。二是思维具有发散性的特点，在一个问题面前，能提出多种方案和多种设想，扩大选择的余地。因而，能够超出常规地进行思维。人们通常所讲的某领导者点子多、道道儿多，那就是因为他具有较强的发散性思维的能力。思维的创造性对一个现代领导者来说是非常重要的。

二、领导者的情感意志品质

人的心理过程除了认识过程之外，还有情感过程和意志过程，它们在人的心理活动中占有非常重要的地位。领导者的情感意志品质，不仅直接影响领导者的其他心理品质，而且直接影响领导者的行为，因此，对领导者应该具备的情感意志品质的培养，是领导者完善自己心理品质的一个重要方面。

（一）情感和情操

所谓情感，是指一个人对于自己所认识和所做的一切以及对周围事物的态度体验。人在接触客观事物的过程中，对自己所看到的和自己所接触的事物，总要产生一定的态度：或者表示喜爱；或者表示厌恶；或者对失去感到悲哀；或者对得到感到喜悦……这种种对周围和自己所认识的事物的态度体验就是情感。人们日常生活中所熟悉的爱、恨、高兴、烦躁、悲哀等都属于情感的范畴。

情感和其他心理活动一样，也是人们对现实世界的一种反映形式。但是，情感与认识不同，它不是对现实事物本身的反映，而是对现实事物是否符合人的需要和社会要求而产生的一种态度体验。人的需要是人的情感产生的基本动力，人之所以对客观对象产生各种情感，是以客观对象是否满足人的需要为转移的。人的需要得到某种满足就会产生满意、愉快、喜爱等肯定的情感；当某些需要得不到满足时，就会产生不满意、烦恼、忧虑，甚至憎恨等否定的情感。

由于情感产生的动力是人的需要，依需要的层次不同，情感也就有其不同的层次。人的需要一般说来，分为两大类。一类是生理需要，也就是人的吃、穿、住、行以及性生活和睡眠等方面的需要，由人的生理需要产生的是原始的低级的情感，就是情绪。人的情绪有三种基本状态，即心境、激情、应激。另一类是社会需要，这是在一定社会实践及教育影响下形成的需要。人对劳动、交际、文化科学知识、道德和美等方面的需要，就是人的社会需要。由社会需要而产生的则是高级的情感，包括政治道德感、理智感和美感，这三种高级情感统称为情操。人的情感品质就是人的情操水平和人的情绪状态。情操是高级情感，一个领导者应该具有高尚的情操。领导者必备的情操包括高尚的道德感、健康的美感和高度的理智感。

（二）意志品质

所谓意志，就是自觉确定目的，并根据目的来支配、调节自己的行动，克服困难，从而达到目的的心理过程。人们为了达到某种预想的目的，根据自己对客观现实的认识，能动地、坚决地克服困难，变革客观现实的活动就叫做意志活动。在意志活动过程中，个人形成的意志特点，就是一个人的意志品质。

人的意志品质是完成困难任务所必备的主观条件。

1. 良好的意志品质是领导者顺利、有效地进行领导工作的重要保证

领导者的工作复杂而繁重。在从事领导工作的过程中，任何一个领导者的工作都不会是一帆风顺的，困难和障碍是不可避免的，特别是在竞争激烈、发展迅速的现代社会，只有不断进取、不断变革才能跟上时代的步伐。因此，领导者面临的风险和困难就更为突出。考察一下在改革中作出贡献的一些优秀领导者的事迹，就可以发现没有一个人是一帆风顺获得成功的。他们几乎都是在上下内外各方面的压力下顽强地拼搏，求得自己事业的成功。事实上，领导者所做的每一项工作都需要意志的努力。决策从制定到执行几乎每一个环节都是与克服困难相联系的，都需要作出意志的努力。决策活动本身就包含着意志活动。领导者要进行的思想工作，更是一种复杂而细致的工作，需要有水滴石穿的顽强精神才能

做好。

2. 领导者的意志品质直接影响整个集体的士气

领导者的大量工作是做人的工作，领导者在克服困难过程中，所表现出来的意志品质，直接影响群众对待困难和风险的态度。领导者要使集体具有明确的目的，首先自己要有明确的目的；领导者要使集体保持高涨的士气，首先自己就要有战胜困难的勇气和决心。因而，领导者坚强的意志品质不但是自己的宝贵财富，而且也是整个集体的宝贵财富。

3. 领导者的意志品质是领导者自我修养的重要条件

领导者无论是进行认识品质的自我修养，还是个性品质的自我完善，都必须经过意志的努力才能取得成效。领导者的情绪控制就更离不开意志的努力。一个人要想不断地提高自己的心理修养，就必须不断地克服心理品质方面的弱点和缺点。任何缺点和弱点的克服都不是轻而易举的，只有意志坚强的人才能严于律己、勇于改过。意志薄弱的人，往往是勇于检讨而怯于改过，甚至文过饰非，一错再错，根本不可能提高自己的修养水平。

所以，领导者要进行自我修养，良好的意志品质也是不可缺少的。

三、领导者的气质、性格和能力

领导者的气质、性格和能力构成了领导者的个性心理特征，它反映了一个领导者的基本精神面貌。领导者在气质、性格和能力等方面的特征，会给他的工作留下他所特有的、个性的痕迹。因而，领导者注意自己气质、性格和能力的修养在任何时候都是必要的。

(一) 气质

气质是一个人比较稳定的心理活动的动力特征，也是人在心理活动和外部动作的进程中表现出来的某些关于速度、强度、稳定性、灵活性等方面心理特征的综合。在日常生活中，人们总喜欢评论周围人的脾气和性情：某人性子急，某人性子慢，某人活泼好动，某人孤僻不合群等。这些脾气和性情就是一个人气质的表现。人的气质主要具有以下三个方面的特点：

1. 先天性

气质带有与生俱来的特点。气质的生理基础是神经系统类型，气质的不同类型是高级神经活动在人们的行为和活动中的表现。因而气质主要受神经生理活动的特点所制约，受遗传因素影响较大，带有先天性的特点。

2. 稳定性

气质的特点是变化比较缓慢。人的气质是由神经系统类型决定的，而人的神经系统类型的变化是非常缓慢的。人的气质特征经常稳定地渗透于一个人的情绪和活动方式之中，在一定时间内不会有大的改变。因而，气质具有稳定性的特点。

3. 可变性

气质可以随着年龄、生活和教育条件的变化而变化。人的气质虽然由先天因素决定，但也并不是绝对不变的。人的神经系统类型具有很大的可塑性，年龄、生活条件、教育条件的变化都可引起气质的变化。青少年时期，血气方刚、活泼好动、敏捷热情、性情急躁的人，到了壮年时期，随着阅历的加深可以变得坚毅、沉着；到了老年，就可能变得老成持重、沉着安详和迂缓。另外，性情活泼的孩子又可由于家庭变故而变得孤僻。

（二）性格

性格是一个人对现实稳定的态度和习惯化了的行为方式，也就是一个人表现在态度和行为上的比较稳定的心理特征。人在实践活动中，总要对客观世界的影响产生一定的反应，久而久之，这种反应就形成了稳定的心理特点和行为方式，这就是性格。

人的性格主要表现在对现实的态度上，包括对社会、对他人、对自己、对劳动、对事物等各方面的态度。例如，集体性与自私性、纪律性与散漫性等是属于对社会、对集体的态度的性格特征。诚实与虚伪、宽容与狭隘、同情与残酷、礼貌与粗野等属于对他人的态度的性格特征。谦逊与骄傲、自信与自卑、自尊与无耻等属于对自己的态度的性格特征。勤劳与懒惰、细心与粗心、创新与守旧、负责与玩忽职守则是属于对工作、对劳动的态度的性格特征。勤俭与奢侈、廉洁与浪费、整洁与邋遢等又是属于对事、对物的态度的性格特征。人的性格除了表现在对现实的态度上，还表现在认识、情感、意志的各个方面，它与人心理生活的各个方面都是密切联系的。

（三）能力

能力是一个人顺利地进行某项活动而在主观上所必须具备的心理特征。心理学上把人的能力分为三类；

1. 智力

智力是指符合多种要求的某些一般能力。例如，前面讲的观察、注意、记忆、想象、思维的能力等，这些是人最基本的、最一般的能力，符合多种活动的要求，是从事任何活动都必须具备的能力。

2. 专门能力

专门能力是指符合各种专门职业要求的特殊能力。例如，音乐能力、绘画能力、教育能力等，它们是在特殊领域内发生作用的能力，它们分别由一些特殊的能力构成。

3. 创造力

创造力是符合创造活动要求的某些能力的结合，具有创造力的人善于解决各个领域中的新问题。

总之，能力的结构是十分复杂的，从事各种事业的人都必须具有必备的能力。

领导能力是由领导工作的特点决定的。领导活动本身是高效能的智力活动，因而需要具有良好的智力品质；领导活动又是非常特殊的活动，因而需要具备一些专门能力；领导者的工作还具有高度创造性的特点，这就决定了领导者必须具备高度的创造力。㊀

第三节　领导者群体的心理结构分析

领导行为不但与各个领导成员的个体素质有关，而且还取决于领导班子的组合方式。在旅游企业管理过程中，可能会遇到各种各样的问题，这些问题单纯依靠某个领导者或某个部门的能力是不可能解决的，而是要依靠若干个领导者组成的领导者群体来行使领导职能。所以建立一个合理的领导班子是十分必要的。一个具有合理结构的领导班子，不仅能使每个领导成员做到人尽其才、才尽其用，而且能通过有效的结构组合，发挥出集体的力量。

一、领导者群体的心理结构与效能

领导者群体，通俗地讲，就是领导班子。领导者群体的心理结构，指的是由若干个具有不同个体特征的领导者，按照一定的原则和要求进行的组合，是领导者群体成员的情感、意志特征和个性心理特征等结构的动态综合体。

（一）领导者群体的心理结构直接影响领导者群体的整体效应

任何一个领导者群体都是由若干个人组成的，每个人都有自己的个性，所以就存在一个心理结构的问题。班子的心理结构是否合理、是否优化，直接影响到领导班子的整体效应和成员的个体心理效率。假设一个领导者群体的心理结构不合理，即使每个领导者都是响当当的人才，有着高超的领导才能，也未必能收到好的效果。有时反而会造成“三个和尚没水吃”的局面。本来每个人单独列出来都非常能干，但是如果组合到一块，就会造成心理结构不合理、内部不团结，每个人都不能很好地发挥自己的聪明才智。

通过对内部不够团结的领导班子所作的调查获知，心理结构不合理是领导班子内部不团结的一个重要原因。例如，认识上的差距、目标上的分歧、情操上的相悖及脾气秉性不和等，常常造成一些不必要的摩擦，这样领导班子的步调、意

㊀ 张树夫.《旅游心理学》. 高等教育出版社. 2001.

见就很难协调起来。在现实中常有这种情况，在一个领导班子里，每个成员都是很优秀的领导人才，但是组合到一块，由于每个人的个性不同，经常会发生矛盾，没有一个和谐的心理气氛，每个人心里都很不痛快，所以尽管每个人都付出了很多，却收不到好的效果，整体效应很差。有时，矛盾激化了，领导之间互相拆台，钩心斗角，把精力和时间都消耗在内部斗争上，根本就不可能齐心协力。由此可见，领导班子的心理结构对整体效应的影响是非常大的。

（二）领导者群体的心理结构直接影响领导者群体内每个成员的工作效率

一个领导者要想做好工作，不但要有下级的支持、上级的关怀和信任，而且要有领导班子内其他成员的大力配合。领导班子的任何成员在行使领导职能时，都要受领导班子内其他成员和领导班子集体活动的制约。

一个心理结构比较合理的领导班子，能够促进班子内部各成员之间心理上的协调一致，大家相处得和谐、融洽，就会心情舒畅，这样的心理气氛能够使人人满意、团结一致，相互之间不存戒备之心，每个人都可以把精力和时间用在工作上，充分发挥自己的领导才能，并且互相支持，这样工作效率就会大大提高。如果领导班子内部心理结构不合理，就会破坏班子成员之间的心理协调，班子内部不团结，心理气氛不和谐，成员心情郁闷，互相存着戒备心理，谁也不敢大胆工作，这样就会抑制领导者个体才能的发挥，当然就更谈不上有效地发挥每个人的创造性了。因此，领导班子的心理结构是保证班子内每个领导者正常工作、提高个体工作效率的重要条件。

二、领导者群体的优化心理结构

领导者群体是一个多序列、多层次、多要素的动态平衡的群体。领导者的优化心理结构包括年龄结构、知识结构和智能结构等。

（一）领导者的年龄结构

领导者的年龄结构是指领导者群体内的平均年龄及年龄比例构成。合理的年龄结构是保证领导者群体最佳功能状态、最佳效率的重要条件。心理学研究表明，不同年龄段的人，其心理行为也不同。一般来说，青年人精力旺盛，富有创造、开拓精神，求知欲强，上进心强，对新鲜事物敏感，富于幻想，敢说敢做，但由于初出茅庐、阅历浅、经验不足，看问题容易片面，处理问题有时爱感情用事。中年人在生理和心理上都走向成熟，在工作中一般都能够深思熟虑，有独立见解，正是干事业出成果的时候，但是由于中年人家庭负担比较重，容易分散精力，有可能也会影响他们的积极性。老年人阅历深，知识经验丰富、老练沉着，遇事能深思熟虑，善于谋划，办事稳妥，能凭经验处理复杂的事情，但往往精力不够充沛，办事心有余而力不足，在接受新事物、开拓创新方面缺乏勇气和决心。

（二）领导者的知识结构

所谓知识结构就是指在领导班子中，具有各类知识专长的人才之间的合理比例。旅游企业的生存与发展不仅要求领导者具有广博的知识面，而且要求是某个知识领域的专家，即所谓的“通才加专才”。但是领导者本身的精力又是有限的，而企业经营的多样化发展是一个整体趋势，一个领导者不可能涉足旅游企业经营所需要的各个领域，只能通过领导者集体的力量来相互补充。所以，旅游企业的领导班子中应该有与旅游企业相适应的各种人才。

（三）领导者的智能结构

智能是一个人的智慧和知识能力的综合。智能结构是领导班子心理智能的一个重要组成部分，它对领导水平、领导效率起着决定性作用。领导者的智能包括学习能力、研究能力、思维能力、表达能力、组织能力和创新能力等。每个人的智能都是有差异的。有的人对政治形势和方针政策极为敏感，长于把握企业的政治方向；有的人预见能力强，长于目标设计，富有创新开拓精神；有的人善于发现问题、分析问题等。所以，在旅游企业的领导者群体中，应该包括不同类型的人，这样才能做到各种才能的兼容并蓄。[㊀]

三、领导者群体心理结构优化的要求

所谓领导者群体心理结构优化，是指形成能够充分发挥领导者群体最佳功能的心理结构。也就是说，领导者群体中每个成员的情感、意志、个性心理特征等心理品质，都能适合集体领导的需要，从而达到领导者群体内部所有成员之间心理上的认同性、相容性、互补性和适应性。这是现代化的集体领导对领导者群体心理结构提出来的基本要求。

（一）心理认同性

心理认同性即一种心理上的默契，认同主要包括目标上的认同和情感上的认同。目标上的认同就是领导班子所有成员都必须具有共同的目标，每个人的个人目标必须同领导者群体的共同目标相一致。领导成员对目标认同能够使全体领导成员产生凝聚作用，使大家在统一目标的指引下，心往一处想，劲往一处使，步调一致，配合默契，形成合力。反之，领导成员对目标不能认同，那就会各行其是，必然会对领导班子的整体功能产生干扰而降低整体功能。情感上的认同就是领导班子全体成员必须具有共同的价值观和责任感。每个人都应深切感受到自己对集体所肩负的责任，都应该以极大的热情投身到领导工作中去。否则，有的人拼命工作，有的人却得过且过，这样的领导班子在行动上就没有一致性可言。

㊀ 颜绍梅.《旅游心理学》. 中央广播电视台大学出版社. 2007.

（二）心理相容性

心理相容性是指由于集体成员具有共同的目标或价值观所形成的感情融洽、团结一致的心理状态。它主要是指领导班子成员之间融洽的心理交往状态，也就是领导班子成员之间都能以诚相待，彼此互相谅解，求大同，存小异，有着良好的人际关系。

（三）心理互补性

心理互补性即在配备领导班子的过程中，必须使领导班子内部成员之间在心理品质上相互补充，从而适应其工作，以保证形成最佳的整体功能。领导班子成员之间的心理互补，主要是个性心理特征的互补。

（四）心理适应性

心理适应性主要表现在两个方面。首先是指领导班子内部各个成员对领导班子整体功能及其变化的要求在心理上的适应以及适应的程度。适应会使个体的心理和行为与系统整体功能相和谐，从而促进个体积极性的发挥；反之，则会使个体产生反感和厌烦心理，抑制个体积极性的发挥，同时也会对领导班子的整体功能产生削减作用。这种心理上的不适应往往是由自己所担负的职务和自己的特长不符合，使自己的特长不能很好地发挥出来造成的。其次是指领导班子内部不同成员之间对他人个性特征的适应。不同的人具有不同的个性特点，不同的领导者在领导方式、领导风格，甚至言行举止方面皆不一样，所以领导班子成员要做到彼此心理适应，就要做到不要根据自己的好恶来衡量他人，更不能把自己的风格强加给他人，要求同存异，增强相互之间的适应性，减少不必要的摩擦。

[关键概念]

1. 领导（leadership）
2. 领导者（leader）
3. 影响力（influence）
4. 领导影响力（leadership influence）
5. 领导方式（leadership style）
6. 心理品质（mental quality）
7. 认识品质（perceived quality）
8. 观察力（observation）
9. 注意力（attention）
10. 记忆力（memory）
11. 想象力（imagination）
12. 思维能力（thinking ability）
13. 意志品质（quality of will）

14. 情操（sentiment）
15. 心理结构（psychological structure）
16. 效能（efficacy）
17. 优化（optimization）

[复习与思考]

1. 什么是领导？什么是领导者？
2. 领导的功能有哪些？
3. 在旅游企业中，你认为什么样的领导方式最有效？
4. 旅游企业领导者的心理品质主要表现在哪些方面？
5. 领导者群体心理结构优化的要求主要包括哪些方面？
6. 试分析领导者群体的心理结构。
7. 谈谈你对当前我国旅游企业领导班子结构的看法。

[案例分析]

三位副局长走马上任时的经历

三个大学期间的同学，20 世纪 60 年代初毕业后，各奔前程，少有来往。20 年后，一次偶然的机会他们在校友会上又见面了，想不到都被推上了领导岗位，分别在三个工业局担任分管生产的副局长。这三位老同学、新局长聚在一起，自然就说到了走马上任时各自的经历。

A 副局长说，他上任后抓的第一件事是：召集有关处室的负责人开座谈会。他认为，通过这种形式，一方面可以让大家了解自己，另一方面自己又可以熟悉各处室的负责人，从而对局里的整个情况有一个大致的了解。为了尽快熟悉分管工作的情况，他采取的方法是：机关工作一有空闲，就深入到局属厂矿、公司去，力争在最短时间内熟悉各基层单位的情况。

B 副局长与 A 副局长不同，他上任后选择做的第一件事，是与局里其他领导者逐个进行一次谈心，向他们了解局里的情况，谈谈自己新上任后的想法。这位副局长说这样做可以先沟通领导班子的思想，彼此有所了解，为今后顺利开展工作打下基础。为了更快地了解全局的情况，特别是了解局属的全部企业，他说：“作为一个领导干部，就是要十分熟悉所辖的干部群众，与他们建立起密切的联系，只有这样，才能在指挥上有发言权。”

C 副局长上任后做的事又完全不同于前两位。他显得很自信，上任后即行使职权，要求有关处室画出六张图来，这六张图的内容分别是：组织结构图、功能图（岗位责任制）、内部关系图（处、室内部关系以及协调）、外部关系图（处室与处室之间和处室与外局对应处室之间的关系）、信息流程图、局内重大事情处理程序图。他自己也参加这项工作，并根据自己的理解与同志们共同商讨和修改。他谈到为何要选择这样一种方法时说："要尽快熟悉局里的情况，依靠传统的做法是很难在短期内做到的。现在，我构思出六张图，并参与有关处室绘图的过程，是因为通过看这六张图，可以在较短时间内基本了解清楚局里的机构设置、工作范围、相互关系等，以后在深入厂矿、公司研究工作、处理问题时，也基本可以做到心中有数。"

[问题讨论]：

1. A副局长采取的是什么样的领导方式？他是怎样的领导者？

2. B副局长上任后，逐个与其他领导者谈心，这表明了B副局长实行了怎样的领导方式？

3. C副局长上任后，要求有关处室画出六张图来，局内重大事情按照程序处理，这反映了哪种领导艺术和方法？

4. 评价这三位领导者，说出你比较欣赏哪一位，并说明理由。

参 考 文 献

［1］甘朝有．旅游心理学［M］．天津：南开大学出版社，2000.

［2］毛福禄，樊志勇．导游概论［M］．天津：南开大学出版社，2005.

［3］李天元．旅游学概论［M］．天津：南开大学出版社，2010.

［4］张树夫．旅游心理学［M］．北京：中国林业出版社，2000.

［5］杜友珍，裴玉昌，吴洪亮．旅游概论［M］．重庆：西南师范大学出版社，2007.

［6］吕勤，徐施．旅游心理学［M］．北京：北京师范大学出版社，2010.

［7］喻国华．消费心理学［M］．北京：中国科学技术出版社，1995.

［8］聂贵洪．旅游购物心理与旅游商品开发［J］．贵州财经学院学报，2003（1）.

［9］唐文跃．旅游购物心理成本与营销对策［J］．中国地理报，2002（18）.

［10］赵琴，王东海，胡文波．如何根据旅游者的消费心理做好旅游购物工作［J］．市场论坛，2006（8）.

［11］孙海琴．从旅游购物心理角度谈旅游商品开发与服务的策略［J］．沿海企业与科技，2008（8）.

［12］金帆．旅游商品：旅游业的一块“软肋”［J］．旅游管理，2002（1）.

［13］屠如骥，等．现代旅游心理学［M］．青岛：青岛出版社，2000.

［14］李灿．旅游心理学［M］．北京：高等教育出版社，2005.

［15］吴宝华．礼貌礼节［M］．北京：高等教育出版社，2002.

［16］范运铭，支海成．客房服务与管理［M］．北京：高等教育出版社，2005.

［17］李灿佳．旅游心理学［M］．北京：高等教育出版社，2011.

［18］朱易安，柏桦．女性与社会性别［M］．上海：上海教育出版社，2003.

［19］刘纯．旅游心理学［M］．北京：高等教育出版社，2004.

［20］彭萍．旅游市场营销［M］．北京：高等教育出版社，2005.

［21］陈琦．旅游心理学［M］．北京：北京大学出版社，2006.

［22］李肇荣，罗仕伟．旅游资源开发与旅游规划［M］．北京：中国财政经济出版社，2011.

［23］秦明．旅游心理学［M］．北京：北京大学出版社，2005.

［24］游旭群．旅游心理学［M］．上海：华东师范大学出版社，2003.

［25］孙喜林．旅游心理学［M］．大连：东北财经大学出版社，2004.

［26］徐永清，李长秋．旅游心理学［M］．北京：旅游教育出版社，2012.

［27］王婉飞．旅游心理学［M］．杭州：浙江大学出版社，2006.

［28］贾静．旅游心理学［M］．郑州：郑州大学出版社，2004.

［29］邹海燕，柳礼泉，张君．社会心理学［M］．长沙：湖南大学出版社，2003.

［30］陈筱．旅游心理学［M］．武汉：武汉大学出版社，2003.

［31］谢彦君．基础旅游学［M］．北京：中国旅游出版社，2004.

［32］张梅．旅游心理学［M］．天津：南开大学出版社，2005.

[33] 孙惠君，王青．旅游心理学［M］．北京：首都经济贸易大学出版社，2011.
[34] 李祝舜．旅游心理学［M］．北京：机械工业出版社，2005.
[35] 刘晓杰．旅游心理学［M］．南京：东南大学出版社，2007.
[36] 杜炜．旅游心理学［M］．北京：旅游教育出版社，2005.
[37] 刘永芳．管理心理学［M］．北京：清华大学出版社，2008.
[38] 苏东水．管理心理学［M］．上海：复旦大学出版社，2003.
[39] 娄世娣．旅游心理学［M］．郑州：郑州大学出版社，2006.
[40] 佟静．旅游心理学［M］．沈阳：辽宁师范大学出版社，1997.
[41] 吕勤．旅游心理学［M］．北京：中国人民大学出版社，2001.
[42] 朱德明．旅游服务心理学［M］．北京：高等教育出版社，2005.
[43] 舒伯阳．旅游心理学［M］．北京：清华大学出版社，2008.
[44] 李灿佳．旅游心理学［M］．北京：高等教育出版社，2005.
[45] 张树夫．旅游心理学［M］．北京：高等教育出版社，2001.
[46] 陈永发．导游业务［M］．上海：东方出版中心，2002.
[47] 薛群慧，田里．旅游心理学［M］．昆明：云南大学出版社，2000.
[48] 薛群慧．现代旅游心理学［M］．北京：科学出版社，2005.
[49] 时蓉华．社会心理学［M］．杭州：浙江教育出版社，1998.
[50] 李维．心理学百科全书第一卷［M］．杭州：浙江教育出版社，1995.
[51] 马伯健，范能船．导游业务［M］．大连：东北财经大学出版社，2002.
[52] 叶奕乾，祝蓓里．心理学［M］．上海：华东师范大学出版社，1988.
[53] 徐堃耿．导游业务［M］．北京：旅游教育出版社，1995.
[54] 彭聃龄．普通心理学［M］．2 版．北京：北京师范大学出版社，2001.
[55] 吕宛青．旅游导游学［M］．昆明：云南大学出版社，1994.
[56] 杜炜，张建梅．导游业务［M］．北京：高等教育出版社，2002.
[57] 陶汉军，黄松山．导游服务学概论［M］．北京：中国旅游出版社，2003.
[58] 戴松年．导游基础知识［M］．北京：旅游教育出版社，2002.
[59] 颜绍梅．旅游心理学［M］．北京：中央广播电视大学出版社，2007.
[60] 王连义．导游技巧与艺术［M］．北京：旅游教育出版社，2002.
[61] 理查德·格里格，菲利普·津巴多．心理学与生活［M］．王垒，王甦，等译．北京：人民邮电出版社，2003.